Klemmbuch gegen Leistenbruch
Für Gewichtheber, Bodybuilder und
Hustende

AF282142

Vincent Hohne

Klemmbuch gegen Leistenbruch

Für Gewichtheber, Bodybuilder und Hustende

Bibliografische Information der Deutschen
Nationalbibliothek
Die Deutsche Nationalbibliothek verzeichnet
diese Publikation in der Deutschen
Nationalbibliografie; detaillierte bibliografische
Daten sind im Internet über http://dnb.d-nb.de
abrufbar.

ISBN: 978-3-7693-0472-5

Verlag: BoD · Books on Demand GmbH,
In de Tarpen 42, 22848 Norderstedt
Druck: Libri Plureos GmbH, Friedensallee 273,
22763 Hamburg

19,99 Euro

Willkommen zu deinem *Klemmbuch gegen Leistenbruch*! In diesem einzigartigen und praktischen Buch findest du keine komplexen Anleitungen oder medizinischen Fachtexte. Stattdessen handelt es sich um ein funktionales Werkzeug, das speziell entwickelt wurde, um dir zu helfen, einen Leistenbruch zu verhindern.

Ein Leistenbruch kann schmerzhaft und lästig sein, besonders wenn du schwere Lasten heben oder während einer Erkältung häufig husten musst. In solchen Momenten ist es wichtig, deine Leisten zu unterstützen und zu entlasten. Dieses Klemmbuch bietet genau die Unterstützung, die du benötigst.

Die Anwendung ist einfach: Klemme das Buch zwischen deinem Hosenbund und deinem Unterbauch. Die sanfte Druckeinwirkung hilft, deine Leisten zu stabilisieren und das Risiko eines Leistenbruchs zu minimieren. Du kannst es besonders beim Heben schwerer Gegenstände tragen oder auch konstant, wenn du bereits eine schwache Leiste hast.

Die Seiten dieses Buches sind schlicht und enthalten nur die Aufschrift "Klemmbuch". Dies soll dich daran erinnern, dass dieses Buch nicht zum Lesen gedacht ist, sondern als hilfreiches Hilfsmittel dient, das dir in kritischen Momenten Unterstützung bietet.

Schütze deinen Körper und sorge dafür, dass du stark bleibst – mit deinem *Klemmbuch gegen Leistenbruch*!

Klemmbuch Klemmbuch Klemmbuch Klemmbuch
Klemmbuch Klemmbuch Klemmbuch Klemmbuch
Klemmbuch Klemmbuch Klemmbuch Klemmbuch
Klemmbuch Klemmbuch Klemmbuch Klemmbuch
Klemmbuch Klemmbuch Klemmbuch Klemmbuch
Klemmbuch Klemmbuch Klemmbuch Klemmbuch
Klemmbuch Klemmbuch Klemmbuch Klemmbuch
Klemmbuch Klemmbuch Klemmbuch Klemmbuch
Klemmbuch Klemmbuch Klemmbuch Klemmbuch
Klemmbuch Klemmbuch Klemmbuch Klemmbuch
Klemmbuch Klemmbuch Klemmbuch Klemmbuch
Klemmbuch Klemmbuch Klemmbuch Klemmbuch
Klemmbuch Klemmbuch Klemmbuch Klemmbuch
Klemmbuch Klemmbuch Klemmbuch Klemmbuch
Klemmbuch Klemmbuch Klemmbuch Klemmbuch
Klemmbuch Klemmbuch Klemmbuch Klemmbuch
Klemmbuch Klemmbuch Klemmbuch Klemmbuch
Klemmbuch Klemmbuch Klemmbuch Klemmbuch
Klemmbuch Klemmbuch Klemmbuch Klemmbuch
Klemmbuch Klemmbuch Klemmbuch Klemmbuch
Klemmbuch Klemmbuch Klemmbuch Klemmbuch
Klemmbuch Klemmbuch Klemmbuch Klemmbuch
Klemmbuch Klemmbuch Klemmbuch Klemmbuch
Klemmbuch Klemmbuch Klemmbuch Klemmbuch
Klemmbuch Klemmbuch Klemmbuch Klemmbuch
Klemmbuch Klemmbuch Klemmbuch Klemmbuch
Klemmbuch Klemmbuch Klemmbuch Klemmbuch
Klemmbuch Klemmbuch Klemmbuch Klemmbuch
Klemmbuch Klemmbuch Klemmbuch Klemmbuch
Klemmbuch Klemmbuch Klemmbuch Klemmbuch
Klemmbuch Klemmbuch Klemmbuch Klemmbuch
Klemmbuch Klemmbuch Klemmbuch Klemmbuch
Klemmbuch Klemmbuch Klemmbuch Klemmbuch
Klemmbuch Klemmbuch Klemmbuch Klemmbuch
Klemmbuch Klemmbuch Klemmbuch Klemmbuch
Klemmbuch Klemmbuch Klemmbuch Klemmbuch

Klemmbuch Klemmbuch Klemmbuch Klemmbuch
Klemmbuch Klemmbuch Klemmbuch Klemmbuch
Klemmbuch Klemmbuch Klemmbuch Klemmbuch
Klemmbuch Klemmbuch Klemmbuch Klemmbuch
Klemmbuch Klemmbuch Klemmbuch Klemmbuch
Klemmbuch Klemmbuch Klemmbuch Klemmbuch
Klemmbuch Klemmbuch Klemmbuch Klemmbuch
Klemmbuch Klemmbuch Klemmbuch Klemmbuch
Klemmbuch Klemmbuch Klemmbuch Klemmbuch
Klemmbuch Klemmbuch Klemmbuch Klemmbuch
Klemmbuch Klemmbuch Klemmbuch Klemmbuch
Klemmbuch Klemmbuch Klemmbuch Klemmbuch
Klemmbuch Klemmbuch Klemmbuch Klemmbuch
Klemmbuch Klemmbuch Klemmbuch Klemmbuch
Klemmbuch Klemmbuch Klemmbuch Klemmbuch
Klemmbuch Klemmbuch Klemmbuch Klemmbuch
Klemmbuch Klemmbuch Klemmbuch Klemmbuch
Klemmbuch Klemmbuch Klemmbuch Klemmbuch
Klemmbuch Klemmbuch Klemmbuch Klemmbuch
Klemmbuch Klemmbuch Klemmbuch Klemmbuch
Klemmbuch Klemmbuch Klemmbuch Klemmbuch
Klemmbuch Klemmbuch Klemmbuch Klemmbuch
Klemmbuch Klemmbuch Klemmbuch Klemmbuch
Klemmbuch Klemmbuch Klemmbuch Klemmbuch
Klemmbuch Klemmbuch Klemmbuch Klemmbuch
Klemmbuch Klemmbuch Klemmbuch Klemmbuch
Klemmbuch Klemmbuch Klemmbuch Klemmbuch
Klemmbuch Klemmbuch Klemmbuch Klemmbuch
Klemmbuch Klemmbuch Klemmbuch Klemmbuch
Klemmbuch Klemmbuch Klemmbuch Klemmbuch
Klemmbuch Klemmbuch Klemmbuch Klemmbuch
Klemmbuch Klemmbuch Klemmbuch Klemmbuch
Klemmbuch Klemmbuch Klemmbuch Klemmbuch
Klemmbuch Klemmbuch Klemmbuch Klemmbuch
Klemmbuch Klemmbuch Klemmbuch Klemmbuch
Klemmbuch Klemmbuch Klemmbuch Klemmbuch
Klemmbuch Klemmbuch Klemmbuch Klemmbuch

Klemmbuch Klemmbuch Klemmbuch Klemmbuch
Klemmbuch Klemmbuch Klemmbuch Klemmbuch
Klemmbuch Klemmbuch Klemmbuch Klemmbuch
Klemmbuch Klemmbuch Klemmbuch Klemmbuch
Klemmbuch Klemmbuch Klemmbuch Klemmbuch
Klemmbuch Klemmbuch Klemmbuch Klemmbuch
Klemmbuch Klemmbuch Klemmbuch Klemmbuch
Klemmbuch Klemmbuch Klemmbuch Klemmbuch
Klemmbuch Klemmbuch Klemmbuch Klemmbuch
Klemmbuch Klemmbuch Klemmbuch Klemmbuch
Klemmbuch Klemmbuch Klemmbuch Klemmbuch
Klemmbuch Klemmbuch Klemmbuch Klemmbuch
Klemmbuch Klemmbuch Klemmbuch Klemmbuch
Klemmbuch Klemmbuch Klemmbuch Klemmbuch
Klemmbuch Klemmbuch Klemmbuch Klemmbuch
Klemmbuch Klemmbuch Klemmbuch Klemmbuch
Klemmbuch Klemmbuch Klemmbuch Klemmbuch
Klemmbuch Klemmbuch Klemmbuch Klemmbuch
Klemmbuch Klemmbuch Klemmbuch Klemmbuch
Klemmbuch Klemmbuch Klemmbuch Klemmbuch
Klemmbuch Klemmbuch Klemmbuch Klemmbuch
Klemmbuch Klemmbuch Klemmbuch Klemmbuch
Klemmbuch Klemmbuch Klemmbuch Klemmbuch
Klemmbuch Klemmbuch Klemmbuch Klemmbuch
Klemmbuch Klemmbuch Klemmbuch Klemmbuch
Klemmbuch Klemmbuch Klemmbuch Klemmbuch
Klemmbuch Klemmbuch Klemmbuch Klemmbuch
Klemmbuch Klemmbuch Klemmbuch Klemmbuch
Klemmbuch Klemmbuch Klemmbuch Klemmbuch
Klemmbuch Klemmbuch Klemmbuch Klemmbuch
Klemmbuch Klemmbuch Klemmbuch Klemmbuch
Klemmbuch Klemmbuch Klemmbuch Klemmbuch
Klemmbuch Klemmbuch Klemmbuch Klemmbuch
Klemmbuch Klemmbuch Klemmbuch Klemmbuch
Klemmbuch Klemmbuch Klemmbuch Klemmbuch
Klemmbuch Klemmbuch Klemmbuch Klemmbuch

Klemmbuch Klemmbuch Klemmbuch Klemmbuch
Klemmbuch Klemmbuch Klemmbuch Klemmbuch
Klemmbuch Klemmbuch Klemmbuch Klemmbuch
Klemmbuch Klemmbuch Klemmbuch Klemmbuch
Klemmbuch Klemmbuch Klemmbuch Klemmbuch
Klemmbuch Klemmbuch Klemmbuch Klemmbuch
Klemmbuch Klemmbuch Klemmbuch Klemmbuch
Klemmbuch Klemmbuch Klemmbuch Klemmbuch
Klemmbuch Klemmbuch Klemmbuch Klemmbuch
Klemmbuch Klemmbuch Klemmbuch Klemmbuch
Klemmbuch Klemmbuch Klemmbuch Klemmbuch
Klemmbuch Klemmbuch Klemmbuch Klemmbuch
Klemmbuch Klemmbuch Klemmbuch Klemmbuch
Klemmbuch Klemmbuch Klemmbuch Klemmbuch
Klemmbuch Klemmbuch Klemmbuch Klemmbuch
Klemmbuch Klemmbuch Klemmbuch Klemmbuch
Klemmbuch Klemmbuch Klemmbuch Klemmbuch
Klemmbuch Klemmbuch Klemmbuch Klemmbuch
Klemmbuch Klemmbuch Klemmbuch Klemmbuch
Klemmbuch Klemmbuch Klemmbuch Klemmbuch

Klemmbuch Klemmbuch Klemmbuch Klemmbuch
Klemmbuch Klemmbuch Klemmbuch Klemmbuch
Klemmbuch Klemmbuch Klemmbuch Klemmbuch
Klemmbuch Klemmbuch Klemmbuch Klemmbuch
Klemmbuch Klemmbuch Klemmbuch Klemmbuch
Klemmbuch Klemmbuch Klemmbuch Klemmbuch
Klemmbuch Klemmbuch Klemmbuch Klemmbuch
Klemmbuch Klemmbuch Klemmbuch Klemmbuch
Klemmbuch Klemmbuch Klemmbuch Klemmbuch
Klemmbuch Klemmbuch Klemmbuch Klemmbuch
Klemmbuch Klemmbuch Klemmbuch Klemmbuch
Klemmbuch Klemmbuch Klemmbuch Klemmbuch
Klemmbuch Klemmbuch Klemmbuch Klemmbuch
Klemmbuch Klemmbuch Klemmbuch Klemmbuch
Klemmbuch Klemmbuch Klemmbuch Klemmbuch

Klemmbuch Klemmbuch Klemmbuch Klemmbuch
Klemmbuch Klemmbuch Klemmbuch Klemmbuch
Klemmbuch Klemmbuch Klemmbuch Klemmbuch
Klemmbuch Klemmbuch Klemmbuch Klemmbuch
Klemmbuch Klemmbuch Klemmbuch Klemmbuch
Klemmbuch Klemmbuch Klemmbuch Klemmbuch
Klemmbuch Klemmbuch Klemmbuch Klemmbuch

Klemmbuch Klemmbuch Klemmbuch Klemmbuch
Klemmbuch Klemmbuch Klemmbuch Klemmbuch
Klemmbuch Klemmbuch Klemmbuch Klemmbuch
Klemmbuch Klemmbuch Klemmbuch Klemmbuch
Klemmbuch Klemmbuch Klemmbuch Klemmbuch
Klemmbuch Klemmbuch Klemmbuch Klemmbuch
Klemmbuch Klemmbuch Klemmbuch Klemmbuch
Klemmbuch Klemmbuch Klemmbuch Klemmbuch
Klemmbuch Klemmbuch Klemmbuch Klemmbuch
Klemmbuch Klemmbuch Klemmbuch Klemmbuch
Klemmbuch Klemmbuch Klemmbuch Klemmbuch
Klemmbuch Klemmbuch Klemmbuch Klemmbuch
Klemmbuch Klemmbuch Klemmbuch Klemmbuch
Klemmbuch Klemmbuch Klemmbuch Klemmbuch
Klemmbuch Klemmbuch Klemmbuch Klemmbuch
Klemmbuch Klemmbuch Klemmbuch Klemmbuch
Klemmbuch Klemmbuch Klemmbuch Klemmbuch
Klemmbuch Klemmbuch Klemmbuch Klemmbuch
Klemmbuch Klemmbuch Klemmbuch Klemmbuch
Klemmbuch Klemmbuch Klemmbuch Klemmbuch
Klemmbuch Klemmbuch Klemmbuch Klemmbuch

Klemmbuch Klemmbuch Klemmbuch Klemmbuch
Klemmbuch Klemmbuch Klemmbuch Klemmbuch
Klemmbuch Klemmbuch Klemmbuch Klemmbuch
Klemmbuch Klemmbuch Klemmbuch Klemmbuch
Klemmbuch Klemmbuch Klemmbuch Klemmbuch
Klemmbuch Klemmbuch Klemmbuch Klemmbuch

Klemmbuch Klemmbuch Klemmbuch Klemmbuch
Klemmbuch Klemmbuch Klemmbuch Klemmbuch
Klemmbuch Klemmbuch Klemmbuch Klemmbuch
Klemmbuch Klemmbuch Klemmbuch Klemmbuch
Klemmbuch Klemmbuch Klemmbuch Klemmbuch
Klemmbuch Klemmbuch Klemmbuch Klemmbuch
Klemmbuch Klemmbuch Klemmbuch Klemmbuch
Klemmbuch Klemmbuch Klemmbuch Klemmbuch
Klemmbuch Klemmbuch Klemmbuch Klemmbuch
Klemmbuch Klemmbuch Klemmbuch Klemmbuch
Klemmbuch Klemmbuch Klemmbuch Klemmbuch
Klemmbuch Klemmbuch Klemmbuch Klemmbuch
Klemmbuch Klemmbuch Klemmbuch Klemmbuch
Klemmbuch Klemmbuch Klemmbuch Klemmbuch
Klemmbuch Klemmbuch Klemmbuch Klemmbuch

Klemmbuch Klemmbuch Klemmbuch Klemmbuch
Klemmbuch Klemmbuch Klemmbuch Klemmbuch
Klemmbuch Klemmbuch Klemmbuch Klemmbuch
Klemmbuch Klemmbuch Klemmbuch Klemmbuch
Klemmbuch Klemmbuch Klemmbuch Klemmbuch
Klemmbuch Klemmbuch Klemmbuch Klemmbuch
Klemmbuch Klemmbuch Klemmbuch Klemmbuch
Klemmbuch Klemmbuch Klemmbuch Klemmbuch
Klemmbuch Klemmbuch Klemmbuch Klemmbuch
Klemmbuch Klemmbuch Klemmbuch Klemmbuch
Klemmbuch Klemmbuch Klemmbuch Klemmbuch
Klemmbuch Klemmbuch Klemmbuch Klemmbuch
Klemmbuch Klemmbuch Klemmbuch Klemmbuch
Klemmbuch Klemmbuch Klemmbuch Klemmbuch
Klemmbuch Klemmbuch Klemmbuch Klemmbuch
Klemmbuch Klemmbuch Klemmbuch Klemmbuch
Klemmbuch Klemmbuch Klemmbuch Klemmbuch
Klemmbuch Klemmbuch Klemmbuch Klemmbuch
Klemmbuch Klemmbuch Klemmbuch Klemmbuch

Klemmbuch Klemmbuch Klemmbuch Klemmbuch
Klemmbuch Klemmbuch Klemmbuch Klemmbuch

Klemmbuch Klemmbuch Klemmbuch Klemmbuch
Klemmbuch Klemmbuch Klemmbuch Klemmbuch
Klemmbuch Klemmbuch Klemmbuch Klemmbuch
Klemmbuch Klemmbuch Klemmbuch Klemmbuch
Klemmbuch Klemmbuch Klemmbuch Klemmbuch
Klemmbuch Klemmbuch Klemmbuch Klemmbuch
Klemmbuch Klemmbuch Klemmbuch Klemmbuch
Klemmbuch Klemmbuch Klemmbuch Klemmbuch
Klemmbuch Klemmbuch Klemmbuch Klemmbuch
Klemmbuch Klemmbuch Klemmbuch Klemmbuch
Klemmbuch Klemmbuch Klemmbuch Klemmbuch
Klemmbuch Klemmbuch Klemmbuch Klemmbuch
Klemmbuch Klemmbuch Klemmbuch Klemmbuch
Klemmbuch Klemmbuch Klemmbuch Klemmbuch
Klemmbuch Klemmbuch Klemmbuch Klemmbuch
Klemmbuch Klemmbuch Klemmbuch Klemmbuch
Klemmbuch Klemmbuch Klemmbuch Klemmbuch
Klemmbuch Klemmbuch Klemmbuch Klemmbuch
Klemmbuch Klemmbuch Klemmbuch Klemmbuch
Klemmbuch Klemmbuch Klemmbuch Klemmbuch
Klemmbuch Klemmbuch Klemmbuch Klemmbuch

Klemmbuch Klemmbuch Klemmbuch Klemmbuch
Klemmbuch Klemmbuch Klemmbuch Klemmbuch
Klemmbuch Klemmbuch Klemmbuch Klemmbuch
Klemmbuch Klemmbuch Klemmbuch Klemmbuch
Klemmbuch Klemmbuch Klemmbuch Klemmbuch
Klemmbuch Klemmbuch Klemmbuch Klemmbuch
Klemmbuch Klemmbuch Klemmbuch Klemmbuch
Klemmbuch Klemmbuch Klemmbuch Klemmbuch
Klemmbuch Klemmbuch Klemmbuch Klemmbuch
Klemmbuch Klemmbuch Klemmbuch Klemmbuch
Klemmbuch Klemmbuch Klemmbuch Klemmbuch

Klemmbuch Klemmbuch Klemmbuch Klemmbuch
Klemmbuch Klemmbuch Klemmbuch Klemmbuch
Klemmbuch Klemmbuch Klemmbuch Klemmbuch
Klemmbuch Klemmbuch Klemmbuch Klemmbuch
Klemmbuch Klemmbuch Klemmbuch Klemmbuch
Klemmbuch Klemmbuch Klemmbuch Klemmbuch
Klemmbuch Klemmbuch Klemmbuch Klemmbuch
Klemmbuch Klemmbuch Klemmbuch Klemmbuch
Klemmbuch Klemmbuch Klemmbuch Klemmbuch
Klemmbuch Klemmbuch Klemmbuch Klemmbuch
Klemmbuch Klemmbuch Klemmbuch Klemmbuch

Klemmbuch Klemmbuch Klemmbuch Klemmbuch
Klemmbuch Klemmbuch Klemmbuch Klemmbuch
Klemmbuch Klemmbuch Klemmbuch Klemmbuch
Klemmbuch Klemmbuch Klemmbuch Klemmbuch
Klemmbuch Klemmbuch Klemmbuch Klemmbuch
Klemmbuch Klemmbuch Klemmbuch Klemmbuch
Klemmbuch Klemmbuch Klemmbuch Klemmbuch
Klemmbuch Klemmbuch Klemmbuch Klemmbuch
Klemmbuch Klemmbuch Klemmbuch Klemmbuch
Klemmbuch Klemmbuch Klemmbuch Klemmbuch
Klemmbuch Klemmbuch Klemmbuch Klemmbuch
Klemmbuch Klemmbuch Klemmbuch Klemmbuch
Klemmbuch Klemmbuch Klemmbuch Klemmbuch
Klemmbuch Klemmbuch Klemmbuch Klemmbuch
Klemmbuch Klemmbuch Klemmbuch Klemmbuch
Klemmbuch Klemmbuch Klemmbuch Klemmbuch
Klemmbuch Klemmbuch Klemmbuch Klemmbuch
Klemmbuch Klemmbuch Klemmbuch Klemmbuch
Klemmbuch Klemmbuch Klemmbuch Klemmbuch
Klemmbuch Klemmbuch Klemmbuch Klemmbuch
Klemmbuch Klemmbuch Klemmbuch Klemmbuch

Klemmbuch Klemmbuch Klemmbuch Klemmbuch
Klemmbuch Klemmbuch Klemmbuch Klemmbuch

Klemmbuch Klemmbuch Klemmbuch Klemmbuch
Klemmbuch Klemmbuch Klemmbuch Klemmbuch
Klemmbuch Klemmbuch Klemmbuch Klemmbuch
Klemmbuch Klemmbuch Klemmbuch Klemmbuch
Klemmbuch Klemmbuch Klemmbuch Klemmbuch
Klemmbuch Klemmbuch Klemmbuch Klemmbuch
Klemmbuch Klemmbuch Klemmbuch Klemmbuch
Klemmbuch Klemmbuch Klemmbuch Klemmbuch
Klemmbuch Klemmbuch Klemmbuch Klemmbuch
Klemmbuch Klemmbuch Klemmbuch Klemmbuch
Klemmbuch Klemmbuch Klemmbuch Klemmbuch
Klemmbuch Klemmbuch Klemmbuch Klemmbuch
Klemmbuch Klemmbuch Klemmbuch Klemmbuch
Klemmbuch Klemmbuch Klemmbuch Klemmbuch
Klemmbuch Klemmbuch Klemmbuch Klemmbuch
Klemmbuch Klemmbuch Klemmbuch Klemmbuch
Klemmbuch Klemmbuch Klemmbuch Klemmbuch
Klemmbuch Klemmbuch Klemmbuch Klemmbuch
Klemmbuch Klemmbuch Klemmbuch Klemmbuch
Klemmbuch Klemmbuch Klemmbuch Klemmbuch

Klemmbuch Klemmbuch Klemmbuch Klemmbuch
Klemmbuch Klemmbuch Klemmbuch Klemmbuch
Klemmbuch Klemmbuch Klemmbuch Klemmbuch
Klemmbuch Klemmbuch Klemmbuch Klemmbuch
Klemmbuch Klemmbuch Klemmbuch Klemmbuch
Klemmbuch Klemmbuch Klemmbuch Klemmbuch
Klemmbuch Klemmbuch Klemmbuch Klemmbuch
Klemmbuch Klemmbuch Klemmbuch Klemmbuch
Klemmbuch Klemmbuch Klemmbuch Klemmbuch
Klemmbuch Klemmbuch Klemmbuch Klemmbuch
Klemmbuch Klemmbuch Klemmbuch Klemmbuch
Klemmbuch Klemmbuch Klemmbuch Klemmbuch
Klemmbuch Klemmbuch Klemmbuch Klemmbuch
Klemmbuch Klemmbuch Klemmbuch Klemmbuch
Klemmbuch Klemmbuch Klemmbuch Klemmbuch
Klemmbuch Klemmbuch Klemmbuch Klemmbuch
Klemmbuch Klemmbuch Klemmbuch Klemmbuch

Klemmbuch Klemmbuch Klemmbuch Klemmbuch
Klemmbuch Klemmbuch Klemmbuch Klemmbuch
Klemmbuch Klemmbuch Klemmbuch Klemmbuch
Klemmbuch Klemmbuch Klemmbuch Klemmbuch
Klemmbuch Klemmbuch Klemmbuch Klemmbuch

Klemmbuch Klemmbuch Klemmbuch Klemmbuch
Klemmbuch Klemmbuch Klemmbuch Klemmbuch
Klemmbuch Klemmbuch Klemmbuch Klemmbuch
Klemmbuch Klemmbuch Klemmbuch Klemmbuch
Klemmbuch Klemmbuch Klemmbuch Klemmbuch
Klemmbuch Klemmbuch Klemmbuch Klemmbuch
Klemmbuch Klemmbuch Klemmbuch Klemmbuch
Klemmbuch Klemmbuch Klemmbuch Klemmbuch
Klemmbuch Klemmbuch Klemmbuch Klemmbuch
Klemmbuch Klemmbuch Klemmbuch Klemmbuch
Klemmbuch Klemmbuch Klemmbuch Klemmbuch
Klemmbuch Klemmbuch Klemmbuch Klemmbuch
Klemmbuch Klemmbuch Klemmbuch Klemmbuch
Klemmbuch Klemmbuch Klemmbuch Klemmbuch
Klemmbuch Klemmbuch Klemmbuch Klemmbuch
Klemmbuch Klemmbuch Klemmbuch Klemmbuch
Klemmbuch Klemmbuch Klemmbuch Klemmbuch
Klemmbuch Klemmbuch Klemmbuch Klemmbuch
Klemmbuch Klemmbuch Klemmbuch Klemmbuch
Klemmbuch Klemmbuch Klemmbuch Klemmbuch
Klemmbuch Klemmbuch Klemmbuch Klemmbuch
Klemmbuch Klemmbuch Klemmbuch Klemmbuch

Klemmbuch Klemmbuch Klemmbuch Klemmbuch
Klemmbuch Klemmbuch Klemmbuch Klemmbuch
Klemmbuch Klemmbuch Klemmbuch Klemmbuch
Klemmbuch Klemmbuch Klemmbuch Klemmbuch
Klemmbuch Klemmbuch Klemmbuch Klemmbuch
Klemmbuch Klemmbuch Klemmbuch Klemmbuch
Klemmbuch Klemmbuch Klemmbuch Klemmbuch
Klemmbuch Klemmbuch Klemmbuch Klemmbuch

Klemmbuch Klemmbuch Klemmbuch Klemmbuch
Klemmbuch Klemmbuch Klemmbuch Klemmbuch
Klemmbuch Klemmbuch Klemmbuch Klemmbuch
Klemmbuch Klemmbuch Klemmbuch Klemmbuch
Klemmbuch Klemmbuch Klemmbuch Klemmbuch
Klemmbuch Klemmbuch Klemmbuch Klemmbuch
Klemmbuch Klemmbuch Klemmbuch Klemmbuch
Klemmbuch Klemmbuch Klemmbuch Klemmbuch
Klemmbuch Klemmbuch Klemmbuch Klemmbuch
Klemmbuch Klemmbuch Klemmbuch Klemmbuch
Klemmbuch Klemmbuch Klemmbuch Klemmbuch
Klemmbuch Klemmbuch Klemmbuch Klemmbuch
Klemmbuch Klemmbuch Klemmbuch Klemmbuch
Klemmbuch Klemmbuch Klemmbuch Klemmbuch

Klemmbuch Klemmbuch Klemmbuch Klemmbuch
Klemmbuch Klemmbuch Klemmbuch Klemmbuch
Klemmbuch Klemmbuch Klemmbuch Klemmbuch
Klemmbuch Klemmbuch Klemmbuch Klemmbuch
Klemmbuch Klemmbuch Klemmbuch Klemmbuch
Klemmbuch Klemmbuch Klemmbuch Klemmbuch
Klemmbuch Klemmbuch Klemmbuch Klemmbuch
Klemmbuch Klemmbuch Klemmbuch Klemmbuch
Klemmbuch Klemmbuch Klemmbuch Klemmbuch
Klemmbuch Klemmbuch Klemmbuch Klemmbuch
Klemmbuch Klemmbuch Klemmbuch Klemmbuch
Klemmbuch Klemmbuch Klemmbuch Klemmbuch
Klemmbuch Klemmbuch Klemmbuch Klemmbuch
Klemmbuch Klemmbuch Klemmbuch Klemmbuch
Klemmbuch Klemmbuch Klemmbuch Klemmbuch
Klemmbuch Klemmbuch Klemmbuch Klemmbuch
Klemmbuch Klemmbuch Klemmbuch Klemmbuch
Klemmbuch Klemmbuch Klemmbuch Klemmbuch
Klemmbuch Klemmbuch Klemmbuch Klemmbuch
Klemmbuch Klemmbuch Klemmbuch Klemmbuch
Klemmbuch Klemmbuch Klemmbuch Klemmbuch

Klemmbuch Klemmbuch Klemmbuch Klemmbuch
Klemmbuch Klemmbuch Klemmbuch Klemmbuch
Klemmbuch Klemmbuch Klemmbuch Klemmbuch
Klemmbuch Klemmbuch Klemmbuch Klemmbuch
Klemmbuch Klemmbuch Klemmbuch Klemmbuch
Klemmbuch Klemmbuch Klemmbuch Klemmbuch
Klemmbuch Klemmbuch Klemmbuch Klemmbuch
Klemmbuch Klemmbuch Klemmbuch Klemmbuch
Klemmbuch Klemmbuch Klemmbuch Klemmbuch
Klemmbuch Klemmbuch Klemmbuch Klemmbuch
Klemmbuch Klemmbuch Klemmbuch Klemmbuch
Klemmbuch Klemmbuch Klemmbuch Klemmbuch
Klemmbuch Klemmbuch Klemmbuch Klemmbuch
Klemmbuch Klemmbuch Klemmbuch Klemmbuch
Klemmbuch Klemmbuch Klemmbuch Klemmbuch
Klemmbuch Klemmbuch Klemmbuch Klemmbuch
Klemmbuch Klemmbuch Klemmbuch Klemmbuch
Klemmbuch Klemmbuch Klemmbuch Klemmbuch
Klemmbuch Klemmbuch Klemmbuch Klemmbuch
Klemmbuch Klemmbuch Klemmbuch Klemmbuch
Klemmbuch Klemmbuch Klemmbuch Klemmbuch

Klemmbuch Klemmbuch Klemmbuch Klemmbuch
Klemmbuch Klemmbuch Klemmbuch Klemmbuch
Klemmbuch Klemmbuch Klemmbuch Klemmbuch
Klemmbuch Klemmbuch Klemmbuch Klemmbuch
Klemmbuch Klemmbuch Klemmbuch Klemmbuch
Klemmbuch Klemmbuch Klemmbuch Klemmbuch
Klemmbuch Klemmbuch Klemmbuch Klemmbuch
Klemmbuch Klemmbuch Klemmbuch Klemmbuch
Klemmbuch Klemmbuch Klemmbuch Klemmbuch
Klemmbuch Klemmbuch Klemmbuch Klemmbuch
Klemmbuch Klemmbuch Klemmbuch Klemmbuch
Klemmbuch Klemmbuch Klemmbuch Klemmbuch
Klemmbuch Klemmbuch Klemmbuch Klemmbuch
Klemmbuch Klemmbuch Klemmbuch Klemmbuch
Klemmbuch Klemmbuch Klemmbuch Klemmbuch

Klemmbuch Klemmbuch Klemmbuch Klemmbuch
Klemmbuch Klemmbuch Klemmbuch Klemmbuch
Klemmbuch Klemmbuch Klemmbuch Klemmbuch
Klemmbuch Klemmbuch Klemmbuch Klemmbuch
Klemmbuch Klemmbuch Klemmbuch Klemmbuch
Klemmbuch Klemmbuch Klemmbuch Klemmbuch
Klemmbuch Klemmbuch Klemmbuch Klemmbuch

Klemmbuch Klemmbuch Klemmbuch Klemmbuch
Klemmbuch Klemmbuch Klemmbuch Klemmbuch
Klemmbuch Klemmbuch Klemmbuch Klemmbuch
Klemmbuch Klemmbuch Klemmbuch Klemmbuch
Klemmbuch Klemmbuch Klemmbuch Klemmbuch
Klemmbuch Klemmbuch Klemmbuch Klemmbuch
Klemmbuch Klemmbuch Klemmbuch Klemmbuch
Klemmbuch Klemmbuch Klemmbuch Klemmbuch
Klemmbuch Klemmbuch Klemmbuch Klemmbuch
Klemmbuch Klemmbuch Klemmbuch Klemmbuch
Klemmbuch Klemmbuch Klemmbuch Klemmbuch
Klemmbuch Klemmbuch Klemmbuch Klemmbuch
Klemmbuch Klemmbuch Klemmbuch Klemmbuch
Klemmbuch Klemmbuch Klemmbuch Klemmbuch
Klemmbuch Klemmbuch Klemmbuch Klemmbuch
Klemmbuch Klemmbuch Klemmbuch Klemmbuch
Klemmbuch Klemmbuch Klemmbuch Klemmbuch
Klemmbuch Klemmbuch Klemmbuch Klemmbuch
Klemmbuch Klemmbuch Klemmbuch Klemmbuch
Klemmbuch Klemmbuch Klemmbuch Klemmbuch
Klemmbuch Klemmbuch Klemmbuch Klemmbuch
Klemmbuch Klemmbuch Klemmbuch Klemmbuch

Klemmbuch Klemmbuch Klemmbuch Klemmbuch
Klemmbuch Klemmbuch Klemmbuch Klemmbuch
Klemmbuch Klemmbuch Klemmbuch Klemmbuch
Klemmbuch Klemmbuch Klemmbuch Klemmbuch
Klemmbuch Klemmbuch Klemmbuch Klemmbuch
Klemmbuch Klemmbuch Klemmbuch Klemmbuch

Klemmbuch Klemmbuch Klemmbuch Klemmbuch
Klemmbuch Klemmbuch Klemmbuch Klemmbuch
Klemmbuch Klemmbuch Klemmbuch Klemmbuch
Klemmbuch Klemmbuch Klemmbuch Klemmbuch
Klemmbuch Klemmbuch Klemmbuch Klemmbuch
Klemmbuch Klemmbuch Klemmbuch Klemmbuch
Klemmbuch Klemmbuch Klemmbuch Klemmbuch
Klemmbuch Klemmbuch Klemmbuch Klemmbuch
Klemmbuch Klemmbuch Klemmbuch Klemmbuch
Klemmbuch Klemmbuch Klemmbuch Klemmbuch
Klemmbuch Klemmbuch Klemmbuch Klemmbuch
Klemmbuch Klemmbuch Klemmbuch Klemmbuch
Klemmbuch Klemmbuch Klemmbuch Klemmbuch
Klemmbuch Klemmbuch Klemmbuch Klemmbuch
Klemmbuch Klemmbuch Klemmbuch Klemmbuch
Klemmbuch Klemmbuch Klemmbuch Klemmbuch

Klemmbuch Klemmbuch Klemmbuch Klemmbuch
Klemmbuch Klemmbuch Klemmbuch Klemmbuch
Klemmbuch Klemmbuch Klemmbuch Klemmbuch
Klemmbuch Klemmbuch Klemmbuch Klemmbuch
Klemmbuch Klemmbuch Klemmbuch Klemmbuch
Klemmbuch Klemmbuch Klemmbuch Klemmbuch
Klemmbuch Klemmbuch Klemmbuch Klemmbuch
Klemmbuch Klemmbuch Klemmbuch Klemmbuch
Klemmbuch Klemmbuch Klemmbuch Klemmbuch
Klemmbuch Klemmbuch Klemmbuch Klemmbuch
Klemmbuch Klemmbuch Klemmbuch Klemmbuch
Klemmbuch Klemmbuch Klemmbuch Klemmbuch
Klemmbuch Klemmbuch Klemmbuch Klemmbuch
Klemmbuch Klemmbuch Klemmbuch Klemmbuch
Klemmbuch Klemmbuch Klemmbuch Klemmbuch
Klemmbuch Klemmbuch Klemmbuch Klemmbuch
Klemmbuch Klemmbuch Klemmbuch Klemmbuch
Klemmbuch Klemmbuch Klemmbuch Klemmbuch

Klemmbuch Klemmbuch Klemmbuch Klemmbuch
Klemmbuch Klemmbuch Klemmbuch Klemmbuch

Klemmbuch Klemmbuch Klemmbuch Klemmbuch
Klemmbuch Klemmbuch Klemmbuch Klemmbuch
Klemmbuch Klemmbuch Klemmbuch Klemmbuch
Klemmbuch Klemmbuch Klemmbuch Klemmbuch
Klemmbuch Klemmbuch Klemmbuch Klemmbuch
Klemmbuch Klemmbuch Klemmbuch Klemmbuch
Klemmbuch Klemmbuch Klemmbuch Klemmbuch
Klemmbuch Klemmbuch Klemmbuch Klemmbuch
Klemmbuch Klemmbuch Klemmbuch Klemmbuch
Klemmbuch Klemmbuch Klemmbuch Klemmbuch
Klemmbuch Klemmbuch Klemmbuch Klemmbuch
Klemmbuch Klemmbuch Klemmbuch Klemmbuch
Klemmbuch Klemmbuch Klemmbuch Klemmbuch
Klemmbuch Klemmbuch Klemmbuch Klemmbuch
Klemmbuch Klemmbuch Klemmbuch Klemmbuch
Klemmbuch Klemmbuch Klemmbuch Klemmbuch
Klemmbuch Klemmbuch Klemmbuch Klemmbuch
Klemmbuch Klemmbuch Klemmbuch Klemmbuch
Klemmbuch Klemmbuch Klemmbuch Klemmbuch
Klemmbuch Klemmbuch Klemmbuch Klemmbuch
Klemmbuch Klemmbuch Klemmbuch Klemmbuch
Klemmbuch Klemmbuch Klemmbuch Klemmbuch

Klemmbuch Klemmbuch Klemmbuch Klemmbuch
Klemmbuch Klemmbuch Klemmbuch Klemmbuch
Klemmbuch Klemmbuch Klemmbuch Klemmbuch
Klemmbuch Klemmbuch Klemmbuch Klemmbuch
Klemmbuch Klemmbuch Klemmbuch Klemmbuch
Klemmbuch Klemmbuch Klemmbuch Klemmbuch
Klemmbuch Klemmbuch Klemmbuch Klemmbuch
Klemmbuch Klemmbuch Klemmbuch Klemmbuch
Klemmbuch Klemmbuch Klemmbuch Klemmbuch
Klemmbuch Klemmbuch Klemmbuch Klemmbuch
Klemmbuch Klemmbuch Klemmbuch Klemmbuch

Klemmbuch Klemmbuch Klemmbuch Klemmbuch
Klemmbuch Klemmbuch Klemmbuch Klemmbuch
Klemmbuch Klemmbuch Klemmbuch Klemmbuch
Klemmbuch Klemmbuch Klemmbuch Klemmbuch
Klemmbuch Klemmbuch Klemmbuch Klemmbuch
Klemmbuch Klemmbuch Klemmbuch Klemmbuch
Klemmbuch Klemmbuch Klemmbuch Klemmbuch
Klemmbuch Klemmbuch Klemmbuch Klemmbuch
Klemmbuch Klemmbuch Klemmbuch Klemmbuch
Klemmbuch Klemmbuch Klemmbuch Klemmbuch
Klemmbuch Klemmbuch Klemmbuch Klemmbuch

Klemmbuch Klemmbuch Klemmbuch Klemmbuch
Klemmbuch Klemmbuch Klemmbuch Klemmbuch
Klemmbuch Klemmbuch Klemmbuch Klemmbuch
Klemmbuch Klemmbuch Klemmbuch Klemmbuch
Klemmbuch Klemmbuch Klemmbuch Klemmbuch
Klemmbuch Klemmbuch Klemmbuch Klemmbuch
Klemmbuch Klemmbuch Klemmbuch Klemmbuch
Klemmbuch Klemmbuch Klemmbuch Klemmbuch
Klemmbuch Klemmbuch Klemmbuch Klemmbuch
Klemmbuch Klemmbuch Klemmbuch Klemmbuch
Klemmbuch Klemmbuch Klemmbuch Klemmbuch
Klemmbuch Klemmbuch Klemmbuch Klemmbuch
Klemmbuch Klemmbuch Klemmbuch Klemmbuch
Klemmbuch Klemmbuch Klemmbuch Klemmbuch
Klemmbuch Klemmbuch Klemmbuch Klemmbuch
Klemmbuch Klemmbuch Klemmbuch Klemmbuch
Klemmbuch Klemmbuch Klemmbuch Klemmbuch
Klemmbuch Klemmbuch Klemmbuch Klemmbuch
Klemmbuch Klemmbuch Klemmbuch Klemmbuch
Klemmbuch Klemmbuch Klemmbuch Klemmbuch
Klemmbuch Klemmbuch Klemmbuch Klemmbuch
Klemmbuch Klemmbuch Klemmbuch Klemmbuch

Klemmbuch Klemmbuch Klemmbuch Klemmbuch
Klemmbuch Klemmbuch Klemmbuch Klemmbuch

Klemmbuch Klemmbuch Klemmbuch Klemmbuch
Klemmbuch Klemmbuch Klemmbuch Klemmbuch
Klemmbuch Klemmbuch Klemmbuch Klemmbuch
Klemmbuch Klemmbuch Klemmbuch Klemmbuch
Klemmbuch Klemmbuch Klemmbuch Klemmbuch
Klemmbuch Klemmbuch Klemmbuch Klemmbuch
Klemmbuch Klemmbuch Klemmbuch Klemmbuch
Klemmbuch Klemmbuch Klemmbuch Klemmbuch
Klemmbuch Klemmbuch Klemmbuch Klemmbuch
Klemmbuch Klemmbuch Klemmbuch Klemmbuch
Klemmbuch Klemmbuch Klemmbuch Klemmbuch
Klemmbuch Klemmbuch Klemmbuch Klemmbuch
Klemmbuch Klemmbuch Klemmbuch Klemmbuch
Klemmbuch Klemmbuch Klemmbuch Klemmbuch
Klemmbuch Klemmbuch Klemmbuch Klemmbuch
Klemmbuch Klemmbuch Klemmbuch Klemmbuch
Klemmbuch Klemmbuch Klemmbuch Klemmbuch
Klemmbuch Klemmbuch Klemmbuch Klemmbuch
Klemmbuch Klemmbuch Klemmbuch Klemmbuch
Klemmbuch Klemmbuch Klemmbuch Klemmbuch

Klemmbuch Klemmbuch Klemmbuch Klemmbuch
Klemmbuch Klemmbuch Klemmbuch Klemmbuch
Klemmbuch Klemmbuch Klemmbuch Klemmbuch
Klemmbuch Klemmbuch Klemmbuch Klemmbuch
Klemmbuch Klemmbuch Klemmbuch Klemmbuch
Klemmbuch Klemmbuch Klemmbuch Klemmbuch
Klemmbuch Klemmbuch Klemmbuch Klemmbuch
Klemmbuch Klemmbuch Klemmbuch Klemmbuch
Klemmbuch Klemmbuch Klemmbuch Klemmbuch
Klemmbuch Klemmbuch Klemmbuch Klemmbuch
Klemmbuch Klemmbuch Klemmbuch Klemmbuch
Klemmbuch Klemmbuch Klemmbuch Klemmbuch
Klemmbuch Klemmbuch Klemmbuch Klemmbuch
Klemmbuch Klemmbuch Klemmbuch Klemmbuch
Klemmbuch Klemmbuch Klemmbuch Klemmbuch
Klemmbuch Klemmbuch Klemmbuch Klemmbuch
Klemmbuch Klemmbuch Klemmbuch Klemmbuch

Klemmbuch Klemmbuch Klemmbuch Klemmbuch
Klemmbuch Klemmbuch Klemmbuch Klemmbuch
Klemmbuch Klemmbuch Klemmbuch Klemmbuch
Klemmbuch Klemmbuch Klemmbuch Klemmbuch
Klemmbuch Klemmbuch Klemmbuch Klemmbuch

Klemmbuch Klemmbuch Klemmbuch Klemmbuch
Klemmbuch Klemmbuch Klemmbuch Klemmbuch
Klemmbuch Klemmbuch Klemmbuch Klemmbuch
Klemmbuch Klemmbuch Klemmbuch Klemmbuch
Klemmbuch Klemmbuch Klemmbuch Klemmbuch
Klemmbuch Klemmbuch Klemmbuch Klemmbuch
Klemmbuch Klemmbuch Klemmbuch Klemmbuch
Klemmbuch Klemmbuch Klemmbuch Klemmbuch
Klemmbuch Klemmbuch Klemmbuch Klemmbuch
Klemmbuch Klemmbuch Klemmbuch Klemmbuch
Klemmbuch Klemmbuch Klemmbuch Klemmbuch
Klemmbuch Klemmbuch Klemmbuch Klemmbuch
Klemmbuch Klemmbuch Klemmbuch Klemmbuch
Klemmbuch Klemmbuch Klemmbuch Klemmbuch
Klemmbuch Klemmbuch Klemmbuch Klemmbuch
Klemmbuch Klemmbuch Klemmbuch Klemmbuch
Klemmbuch Klemmbuch Klemmbuch Klemmbuch
Klemmbuch Klemmbuch Klemmbuch Klemmbuch
Klemmbuch Klemmbuch Klemmbuch Klemmbuch
Klemmbuch Klemmbuch Klemmbuch Klemmbuch

Klemmbuch Klemmbuch Klemmbuch Klemmbuch
Klemmbuch Klemmbuch Klemmbuch Klemmbuch
Klemmbuch Klemmbuch Klemmbuch Klemmbuch
Klemmbuch Klemmbuch Klemmbuch Klemmbuch
Klemmbuch Klemmbuch Klemmbuch Klemmbuch
Klemmbuch Klemmbuch Klemmbuch Klemmbuch
Klemmbuch Klemmbuch Klemmbuch Klemmbuch
Klemmbuch Klemmbuch Klemmbuch Klemmbuch

Klemmbuch Klemmbuch Klemmbuch Klemmbuch
Klemmbuch Klemmbuch Klemmbuch Klemmbuch
Klemmbuch Klemmbuch Klemmbuch Klemmbuch
Klemmbuch Klemmbuch Klemmbuch Klemmbuch
Klemmbuch Klemmbuch Klemmbuch Klemmbuch
Klemmbuch Klemmbuch Klemmbuch Klemmbuch
Klemmbuch Klemmbuch Klemmbuch Klemmbuch
Klemmbuch Klemmbuch Klemmbuch Klemmbuch
Klemmbuch Klemmbuch Klemmbuch Klemmbuch
Klemmbuch Klemmbuch Klemmbuch Klemmbuch
Klemmbuch Klemmbuch Klemmbuch Klemmbuch
Klemmbuch Klemmbuch Klemmbuch Klemmbuch
Klemmbuch Klemmbuch Klemmbuch Klemmbuch
Klemmbuch Klemmbuch Klemmbuch Klemmbuch

Klemmbuch Klemmbuch Klemmbuch Klemmbuch
Klemmbuch Klemmbuch Klemmbuch Klemmbuch
Klemmbuch Klemmbuch Klemmbuch Klemmbuch
Klemmbuch Klemmbuch Klemmbuch Klemmbuch
Klemmbuch Klemmbuch Klemmbuch Klemmbuch
Klemmbuch Klemmbuch Klemmbuch Klemmbuch
Klemmbuch Klemmbuch Klemmbuch Klemmbuch
Klemmbuch Klemmbuch Klemmbuch Klemmbuch
Klemmbuch Klemmbuch Klemmbuch Klemmbuch
Klemmbuch Klemmbuch Klemmbuch Klemmbuch
Klemmbuch Klemmbuch Klemmbuch Klemmbuch
Klemmbuch Klemmbuch Klemmbuch Klemmbuch
Klemmbuch Klemmbuch Klemmbuch Klemmbuch
Klemmbuch Klemmbuch Klemmbuch Klemmbuch
Klemmbuch Klemmbuch Klemmbuch Klemmbuch
Klemmbuch Klemmbuch Klemmbuch Klemmbuch
Klemmbuch Klemmbuch Klemmbuch Klemmbuch
Klemmbuch Klemmbuch Klemmbuch Klemmbuch
Klemmbuch Klemmbuch Klemmbuch Klemmbuch
Klemmbuch Klemmbuch Klemmbuch Klemmbuch
Klemmbuch Klemmbuch Klemmbuch Klemmbuch

Klemmbuch Klemmbuch Klemmbuch Klemmbuch
Klemmbuch Klemmbuch Klemmbuch Klemmbuch
Klemmbuch Klemmbuch Klemmbuch Klemmbuch
Klemmbuch Klemmbuch Klemmbuch Klemmbuch
Klemmbuch Klemmbuch Klemmbuch Klemmbuch
Klemmbuch Klemmbuch Klemmbuch Klemmbuch
Klemmbuch Klemmbuch Klemmbuch Klemmbuch
Klemmbuch Klemmbuch Klemmbuch Klemmbuch
Klemmbuch Klemmbuch Klemmbuch Klemmbuch
Klemmbuch Klemmbuch Klemmbuch Klemmbuch
Klemmbuch Klemmbuch Klemmbuch Klemmbuch
Klemmbuch Klemmbuch Klemmbuch Klemmbuch
Klemmbuch Klemmbuch Klemmbuch Klemmbuch
Klemmbuch Klemmbuch Klemmbuch Klemmbuch
Klemmbuch Klemmbuch Klemmbuch Klemmbuch
Klemmbuch Klemmbuch Klemmbuch Klemmbuch
Klemmbuch Klemmbuch Klemmbuch Klemmbuch
Klemmbuch Klemmbuch Klemmbuch Klemmbuch
Klemmbuch Klemmbuch Klemmbuch Klemmbuch
Klemmbuch Klemmbuch Klemmbuch Klemmbuch
Klemmbuch Klemmbuch Klemmbuch Klemmbuch

Klemmbuch Klemmbuch Klemmbuch Klemmbuch
Klemmbuch Klemmbuch Klemmbuch Klemmbuch
Klemmbuch Klemmbuch Klemmbuch Klemmbuch
Klemmbuch Klemmbuch Klemmbuch Klemmbuch
Klemmbuch Klemmbuch Klemmbuch Klemmbuch
Klemmbuch Klemmbuch Klemmbuch Klemmbuch
Klemmbuch Klemmbuch Klemmbuch Klemmbuch
Klemmbuch Klemmbuch Klemmbuch Klemmbuch
Klemmbuch Klemmbuch Klemmbuch Klemmbuch
Klemmbuch Klemmbuch Klemmbuch Klemmbuch
Klemmbuch Klemmbuch Klemmbuch Klemmbuch
Klemmbuch Klemmbuch Klemmbuch Klemmbuch
Klemmbuch Klemmbuch Klemmbuch Klemmbuch
Klemmbuch Klemmbuch Klemmbuch Klemmbuch
Klemmbuch Klemmbuch Klemmbuch Klemmbuch

Klemmbuch Klemmbuch Klemmbuch Klemmbuch
Klemmbuch Klemmbuch Klemmbuch Klemmbuch
Klemmbuch Klemmbuch Klemmbuch Klemmbuch
Klemmbuch Klemmbuch Klemmbuch Klemmbuch
Klemmbuch Klemmbuch Klemmbuch Klemmbuch
Klemmbuch Klemmbuch Klemmbuch Klemmbuch
Klemmbuch Klemmbuch Klemmbuch Klemmbuch

Klemmbuch Klemmbuch Klemmbuch Klemmbuch
Klemmbuch Klemmbuch Klemmbuch Klemmbuch
Klemmbuch Klemmbuch Klemmbuch Klemmbuch
Klemmbuch Klemmbuch Klemmbuch Klemmbuch
Klemmbuch Klemmbuch Klemmbuch Klemmbuch
Klemmbuch Klemmbuch Klemmbuch Klemmbuch
Klemmbuch Klemmbuch Klemmbuch Klemmbuch
Klemmbuch Klemmbuch Klemmbuch Klemmbuch
Klemmbuch Klemmbuch Klemmbuch Klemmbuch
Klemmbuch Klemmbuch Klemmbuch Klemmbuch
Klemmbuch Klemmbuch Klemmbuch Klemmbuch
Klemmbuch Klemmbuch Klemmbuch Klemmbuch
Klemmbuch Klemmbuch Klemmbuch Klemmbuch
Klemmbuch Klemmbuch Klemmbuch Klemmbuch
Klemmbuch Klemmbuch Klemmbuch Klemmbuch
Klemmbuch Klemmbuch Klemmbuch Klemmbuch
Klemmbuch Klemmbuch Klemmbuch Klemmbuch
Klemmbuch Klemmbuch Klemmbuch Klemmbuch
Klemmbuch Klemmbuch Klemmbuch Klemmbuch
Klemmbuch Klemmbuch Klemmbuch Klemmbuch
Klemmbuch Klemmbuch Klemmbuch Klemmbuch

Klemmbuch Klemmbuch Klemmbuch Klemmbuch
Klemmbuch Klemmbuch Klemmbuch Klemmbuch
Klemmbuch Klemmbuch Klemmbuch Klemmbuch
Klemmbuch Klemmbuch Klemmbuch Klemmbuch
Klemmbuch Klemmbuch Klemmbuch Klemmbuch
Klemmbuch Klemmbuch Klemmbuch Klemmbuch

Klemmbuch Klemmbuch Klemmbuch Klemmbuch
Klemmbuch Klemmbuch Klemmbuch Klemmbuch
Klemmbuch Klemmbuch Klemmbuch Klemmbuch
Klemmbuch Klemmbuch Klemmbuch Klemmbuch
Klemmbuch Klemmbuch Klemmbuch Klemmbuch
Klemmbuch Klemmbuch Klemmbuch Klemmbuch
Klemmbuch Klemmbuch Klemmbuch Klemmbuch
Klemmbuch Klemmbuch Klemmbuch Klemmbuch
Klemmbuch Klemmbuch Klemmbuch Klemmbuch
Klemmbuch Klemmbuch Klemmbuch Klemmbuch
Klemmbuch Klemmbuch Klemmbuch Klemmbuch
Klemmbuch Klemmbuch Klemmbuch Klemmbuch
Klemmbuch Klemmbuch Klemmbuch Klemmbuch
Klemmbuch Klemmbuch Klemmbuch Klemmbuch
Klemmbuch Klemmbuch Klemmbuch Klemmbuch
Klemmbuch Klemmbuch Klemmbuch Klemmbuch

Klemmbuch Klemmbuch Klemmbuch Klemmbuch
Klemmbuch Klemmbuch Klemmbuch Klemmbuch
Klemmbuch Klemmbuch Klemmbuch Klemmbuch
Klemmbuch Klemmbuch Klemmbuch Klemmbuch
Klemmbuch Klemmbuch Klemmbuch Klemmbuch
Klemmbuch Klemmbuch Klemmbuch Klemmbuch
Klemmbuch Klemmbuch Klemmbuch Klemmbuch
Klemmbuch Klemmbuch Klemmbuch Klemmbuch
Klemmbuch Klemmbuch Klemmbuch Klemmbuch
Klemmbuch Klemmbuch Klemmbuch Klemmbuch
Klemmbuch Klemmbuch Klemmbuch Klemmbuch
Klemmbuch Klemmbuch Klemmbuch Klemmbuch
Klemmbuch Klemmbuch Klemmbuch Klemmbuch
Klemmbuch Klemmbuch Klemmbuch Klemmbuch
Klemmbuch Klemmbuch Klemmbuch Klemmbuch
Klemmbuch Klemmbuch Klemmbuch Klemmbuch
Klemmbuch Klemmbuch Klemmbuch Klemmbuch
Klemmbuch Klemmbuch Klemmbuch Klemmbuch
Klemmbuch Klemmbuch Klemmbuch Klemmbuch
Klemmbuch Klemmbuch Klemmbuch Klemmbuch

Klemmbuch Klemmbuch Klemmbuch Klemmbuch
Klemmbuch Klemmbuch Klemmbuch Klemmbuch

Klemmbuch Klemmbuch Klemmbuch Klemmbuch
Klemmbuch Klemmbuch Klemmbuch Klemmbuch
Klemmbuch Klemmbuch Klemmbuch Klemmbuch
Klemmbuch Klemmbuch Klemmbuch Klemmbuch
Klemmbuch Klemmbuch Klemmbuch Klemmbuch
Klemmbuch Klemmbuch Klemmbuch Klemmbuch
Klemmbuch Klemmbuch Klemmbuch Klemmbuch
Klemmbuch Klemmbuch Klemmbuch Klemmbuch
Klemmbuch Klemmbuch Klemmbuch Klemmbuch
Klemmbuch Klemmbuch Klemmbuch Klemmbuch
Klemmbuch Klemmbuch Klemmbuch Klemmbuch
Klemmbuch Klemmbuch Klemmbuch Klemmbuch
Klemmbuch Klemmbuch Klemmbuch Klemmbuch
Klemmbuch Klemmbuch Klemmbuch Klemmbuch
Klemmbuch Klemmbuch Klemmbuch Klemmbuch
Klemmbuch Klemmbuch Klemmbuch Klemmbuch
Klemmbuch Klemmbuch Klemmbuch Klemmbuch
Klemmbuch Klemmbuch Klemmbuch Klemmbuch
Klemmbuch Klemmbuch Klemmbuch Klemmbuch
Klemmbuch Klemmbuch Klemmbuch Klemmbuch
Klemmbuch Klemmbuch Klemmbuch Klemmbuch
Klemmbuch Klemmbuch Klemmbuch Klemmbuch

Klemmbuch Klemmbuch Klemmbuch Klemmbuch
Klemmbuch Klemmbuch Klemmbuch Klemmbuch
Klemmbuch Klemmbuch Klemmbuch Klemmbuch
Klemmbuch Klemmbuch Klemmbuch Klemmbuch
Klemmbuch Klemmbuch Klemmbuch Klemmbuch
Klemmbuch Klemmbuch Klemmbuch Klemmbuch
Klemmbuch Klemmbuch Klemmbuch Klemmbuch
Klemmbuch Klemmbuch Klemmbuch Klemmbuch
Klemmbuch Klemmbuch Klemmbuch Klemmbuch
Klemmbuch Klemmbuch Klemmbuch Klemmbuch
Klemmbuch Klemmbuch Klemmbuch Klemmbuch

Klemmbuch Klemmbuch Klemmbuch Klemmbuch
Klemmbuch Klemmbuch Klemmbuch Klemmbuch
Klemmbuch Klemmbuch Klemmbuch Klemmbuch
Klemmbuch Klemmbuch Klemmbuch Klemmbuch
Klemmbuch Klemmbuch Klemmbuch Klemmbuch
Klemmbuch Klemmbuch Klemmbuch Klemmbuch
Klemmbuch Klemmbuch Klemmbuch Klemmbuch
Klemmbuch Klemmbuch Klemmbuch Klemmbuch
Klemmbuch Klemmbuch Klemmbuch Klemmbuch
Klemmbuch Klemmbuch Klemmbuch Klemmbuch
Klemmbuch Klemmbuch Klemmbuch Klemmbuch

Klemmbuch Klemmbuch Klemmbuch Klemmbuch
Klemmbuch Klemmbuch Klemmbuch Klemmbuch
Klemmbuch Klemmbuch Klemmbuch Klemmbuch
Klemmbuch Klemmbuch Klemmbuch Klemmbuch
Klemmbuch Klemmbuch Klemmbuch Klemmbuch
Klemmbuch Klemmbuch Klemmbuch Klemmbuch
Klemmbuch Klemmbuch Klemmbuch Klemmbuch
Klemmbuch Klemmbuch Klemmbuch Klemmbuch
Klemmbuch Klemmbuch Klemmbuch Klemmbuch
Klemmbuch Klemmbuch Klemmbuch Klemmbuch
Klemmbuch Klemmbuch Klemmbuch Klemmbuch
Klemmbuch Klemmbuch Klemmbuch Klemmbuch
Klemmbuch Klemmbuch Klemmbuch Klemmbuch
Klemmbuch Klemmbuch Klemmbuch Klemmbuch
Klemmbuch Klemmbuch Klemmbuch Klemmbuch
Klemmbuch Klemmbuch Klemmbuch Klemmbuch
Klemmbuch Klemmbuch Klemmbuch Klemmbuch
Klemmbuch Klemmbuch Klemmbuch Klemmbuch
Klemmbuch Klemmbuch Klemmbuch Klemmbuch
Klemmbuch Klemmbuch Klemmbuch Klemmbuch
Klemmbuch Klemmbuch Klemmbuch Klemmbuch
Klemmbuch Klemmbuch Klemmbuch Klemmbuch

Klemmbuch Klemmbuch Klemmbuch Klemmbuch
Klemmbuch Klemmbuch Klemmbuch Klemmbuch

Klemmbuch Klemmbuch Klemmbuch Klemmbuch
Klemmbuch Klemmbuch Klemmbuch Klemmbuch
Klemmbuch Klemmbuch Klemmbuch Klemmbuch
Klemmbuch Klemmbuch Klemmbuch Klemmbuch
Klemmbuch Klemmbuch Klemmbuch Klemmbuch
Klemmbuch Klemmbuch Klemmbuch Klemmbuch
Klemmbuch Klemmbuch Klemmbuch Klemmbuch
Klemmbuch Klemmbuch Klemmbuch Klemmbuch
Klemmbuch Klemmbuch Klemmbuch Klemmbuch
Klemmbuch Klemmbuch Klemmbuch Klemmbuch
Klemmbuch Klemmbuch Klemmbuch Klemmbuch
Klemmbuch Klemmbuch Klemmbuch Klemmbuch
Klemmbuch Klemmbuch Klemmbuch Klemmbuch
Klemmbuch Klemmbuch Klemmbuch Klemmbuch
Klemmbuch Klemmbuch Klemmbuch Klemmbuch
Klemmbuch Klemmbuch Klemmbuch Klemmbuch
Klemmbuch Klemmbuch Klemmbuch Klemmbuch
Klemmbuch Klemmbuch Klemmbuch Klemmbuch
Klemmbuch Klemmbuch Klemmbuch Klemmbuch
Klemmbuch Klemmbuch Klemmbuch Klemmbuch

Klemmbuch Klemmbuch Klemmbuch Klemmbuch
Klemmbuch Klemmbuch Klemmbuch Klemmbuch
Klemmbuch Klemmbuch Klemmbuch Klemmbuch
Klemmbuch Klemmbuch Klemmbuch Klemmbuch
Klemmbuch Klemmbuch Klemmbuch Klemmbuch
Klemmbuch Klemmbuch Klemmbuch Klemmbuch
Klemmbuch Klemmbuch Klemmbuch Klemmbuch
Klemmbuch Klemmbuch Klemmbuch Klemmbuch
Klemmbuch Klemmbuch Klemmbuch Klemmbuch
Klemmbuch Klemmbuch Klemmbuch Klemmbuch
Klemmbuch Klemmbuch Klemmbuch Klemmbuch
Klemmbuch Klemmbuch Klemmbuch Klemmbuch
Klemmbuch Klemmbuch Klemmbuch Klemmbuch
Klemmbuch Klemmbuch Klemmbuch Klemmbuch
Klemmbuch Klemmbuch Klemmbuch Klemmbuch
Klemmbuch Klemmbuch Klemmbuch Klemmbuch
Klemmbuch Klemmbuch Klemmbuch Klemmbuch

Klemmbuch Klemmbuch Klemmbuch Klemmbuch
Klemmbuch Klemmbuch Klemmbuch Klemmbuch
Klemmbuch Klemmbuch Klemmbuch Klemmbuch
Klemmbuch Klemmbuch Klemmbuch Klemmbuch
Klemmbuch Klemmbuch Klemmbuch Klemmbuch

Klemmbuch Klemmbuch Klemmbuch Klemmbuch
Klemmbuch Klemmbuch Klemmbuch Klemmbuch
Klemmbuch Klemmbuch Klemmbuch Klemmbuch
Klemmbuch Klemmbuch Klemmbuch Klemmbuch
Klemmbuch Klemmbuch Klemmbuch Klemmbuch
Klemmbuch Klemmbuch Klemmbuch Klemmbuch
Klemmbuch Klemmbuch Klemmbuch Klemmbuch
Klemmbuch Klemmbuch Klemmbuch Klemmbuch
Klemmbuch Klemmbuch Klemmbuch Klemmbuch
Klemmbuch Klemmbuch Klemmbuch Klemmbuch
Klemmbuch Klemmbuch Klemmbuch Klemmbuch
Klemmbuch Klemmbuch Klemmbuch Klemmbuch
Klemmbuch Klemmbuch Klemmbuch Klemmbuch
Klemmbuch Klemmbuch Klemmbuch Klemmbuch
Klemmbuch Klemmbuch Klemmbuch Klemmbuch
Klemmbuch Klemmbuch Klemmbuch Klemmbuch
Klemmbuch Klemmbuch Klemmbuch Klemmbuch
Klemmbuch Klemmbuch Klemmbuch Klemmbuch
Klemmbuch Klemmbuch Klemmbuch Klemmbuch
Klemmbuch Klemmbuch Klemmbuch Klemmbuch
Klemmbuch Klemmbuch Klemmbuch Klemmbuch

Klemmbuch Klemmbuch Klemmbuch Klemmbuch
Klemmbuch Klemmbuch Klemmbuch Klemmbuch
Klemmbuch Klemmbuch Klemmbuch Klemmbuch
Klemmbuch Klemmbuch Klemmbuch Klemmbuch
Klemmbuch Klemmbuch Klemmbuch Klemmbuch
Klemmbuch Klemmbuch Klemmbuch Klemmbuch
Klemmbuch Klemmbuch Klemmbuch Klemmbuch
Klemmbuch Klemmbuch Klemmbuch Klemmbuch

Klemmbuch Klemmbuch Klemmbuch Klemmbuch
Klemmbuch Klemmbuch Klemmbuch Klemmbuch
Klemmbuch Klemmbuch Klemmbuch Klemmbuch
Klemmbuch Klemmbuch Klemmbuch Klemmbuch
Klemmbuch Klemmbuch Klemmbuch Klemmbuch
Klemmbuch Klemmbuch Klemmbuch Klemmbuch
Klemmbuch Klemmbuch Klemmbuch Klemmbuch
Klemmbuch Klemmbuch Klemmbuch Klemmbuch
Klemmbuch Klemmbuch Klemmbuch Klemmbuch
Klemmbuch Klemmbuch Klemmbuch Klemmbuch
Klemmbuch Klemmbuch Klemmbuch Klemmbuch
Klemmbuch Klemmbuch Klemmbuch Klemmbuch
Klemmbuch Klemmbuch Klemmbuch Klemmbuch
Klemmbuch Klemmbuch Klemmbuch Klemmbuch

Klemmbuch Klemmbuch Klemmbuch Klemmbuch
Klemmbuch Klemmbuch Klemmbuch Klemmbuch
Klemmbuch Klemmbuch Klemmbuch Klemmbuch
Klemmbuch Klemmbuch Klemmbuch Klemmbuch
Klemmbuch Klemmbuch Klemmbuch Klemmbuch
Klemmbuch Klemmbuch Klemmbuch Klemmbuch
Klemmbuch Klemmbuch Klemmbuch Klemmbuch
Klemmbuch Klemmbuch Klemmbuch Klemmbuch
Klemmbuch Klemmbuch Klemmbuch Klemmbuch
Klemmbuch Klemmbuch Klemmbuch Klemmbuch
Klemmbuch Klemmbuch Klemmbuch Klemmbuch
Klemmbuch Klemmbuch Klemmbuch Klemmbuch
Klemmbuch Klemmbuch Klemmbuch Klemmbuch
Klemmbuch Klemmbuch Klemmbuch Klemmbuch
Klemmbuch Klemmbuch Klemmbuch Klemmbuch
Klemmbuch Klemmbuch Klemmbuch Klemmbuch
Klemmbuch Klemmbuch Klemmbuch Klemmbuch
Klemmbuch Klemmbuch Klemmbuch Klemmbuch
Klemmbuch Klemmbuch Klemmbuch Klemmbuch
Klemmbuch Klemmbuch Klemmbuch Klemmbuch
Klemmbuch Klemmbuch Klemmbuch Klemmbuch

Klemmbuch Klemmbuch Klemmbuch Klemmbuch
Klemmbuch Klemmbuch Klemmbuch Klemmbuch
Klemmbuch Klemmbuch Klemmbuch Klemmbuch
Klemmbuch Klemmbuch Klemmbuch Klemmbuch
Klemmbuch Klemmbuch Klemmbuch Klemmbuch
Klemmbuch Klemmbuch Klemmbuch Klemmbuch
Klemmbuch Klemmbuch Klemmbuch Klemmbuch
Klemmbuch Klemmbuch Klemmbuch Klemmbuch
Klemmbuch Klemmbuch Klemmbuch Klemmbuch
Klemmbuch Klemmbuch Klemmbuch Klemmbuch
Klemmbuch Klemmbuch Klemmbuch Klemmbuch
Klemmbuch Klemmbuch Klemmbuch Klemmbuch
Klemmbuch Klemmbuch Klemmbuch Klemmbuch
Klemmbuch Klemmbuch Klemmbuch Klemmbuch
Klemmbuch Klemmbuch Klemmbuch Klemmbuch
Klemmbuch Klemmbuch Klemmbuch Klemmbuch
Klemmbuch Klemmbuch Klemmbuch Klemmbuch
Klemmbuch Klemmbuch Klemmbuch Klemmbuch
Klemmbuch Klemmbuch Klemmbuch Klemmbuch
Klemmbuch Klemmbuch Klemmbuch Klemmbuch
Klemmbuch Klemmbuch Klemmbuch Klemmbuch

Klemmbuch Klemmbuch Klemmbuch Klemmbuch
Klemmbuch Klemmbuch Klemmbuch Klemmbuch
Klemmbuch Klemmbuch Klemmbuch Klemmbuch
Klemmbuch Klemmbuch Klemmbuch Klemmbuch
Klemmbuch Klemmbuch Klemmbuch Klemmbuch
Klemmbuch Klemmbuch Klemmbuch Klemmbuch
Klemmbuch Klemmbuch Klemmbuch Klemmbuch
Klemmbuch Klemmbuch Klemmbuch Klemmbuch
Klemmbuch Klemmbuch Klemmbuch Klemmbuch
Klemmbuch Klemmbuch Klemmbuch Klemmbuch
Klemmbuch Klemmbuch Klemmbuch Klemmbuch
Klemmbuch Klemmbuch Klemmbuch Klemmbuch
Klemmbuch Klemmbuch Klemmbuch Klemmbuch
Klemmbuch Klemmbuch Klemmbuch Klemmbuch
Klemmbuch Klemmbuch Klemmbuch Klemmbuch

Klemmbuch Klemmbuch Klemmbuch Klemmbuch
Klemmbuch Klemmbuch Klemmbuch Klemmbuch
Klemmbuch Klemmbuch Klemmbuch Klemmbuch
Klemmbuch Klemmbuch Klemmbuch Klemmbuch
Klemmbuch Klemmbuch Klemmbuch Klemmbuch
Klemmbuch Klemmbuch Klemmbuch Klemmbuch
Klemmbuch Klemmbuch Klemmbuch Klemmbuch

Klemmbuch Klemmbuch Klemmbuch Klemmbuch
Klemmbuch Klemmbuch Klemmbuch Klemmbuch
Klemmbuch Klemmbuch Klemmbuch Klemmbuch
Klemmbuch Klemmbuch Klemmbuch Klemmbuch
Klemmbuch Klemmbuch Klemmbuch Klemmbuch
Klemmbuch Klemmbuch Klemmbuch Klemmbuch
Klemmbuch Klemmbuch Klemmbuch Klemmbuch
Klemmbuch Klemmbuch Klemmbuch Klemmbuch
Klemmbuch Klemmbuch Klemmbuch Klemmbuch
Klemmbuch Klemmbuch Klemmbuch Klemmbuch
Klemmbuch Klemmbuch Klemmbuch Klemmbuch
Klemmbuch Klemmbuch Klemmbuch Klemmbuch
Klemmbuch Klemmbuch Klemmbuch Klemmbuch
Klemmbuch Klemmbuch Klemmbuch Klemmbuch
Klemmbuch Klemmbuch Klemmbuch Klemmbuch
Klemmbuch Klemmbuch Klemmbuch Klemmbuch
Klemmbuch Klemmbuch Klemmbuch Klemmbuch
Klemmbuch Klemmbuch Klemmbuch Klemmbuch
Klemmbuch Klemmbuch Klemmbuch Klemmbuch
Klemmbuch Klemmbuch Klemmbuch Klemmbuch
Klemmbuch Klemmbuch Klemmbuch Klemmbuch

Klemmbuch Klemmbuch Klemmbuch Klemmbuch
Klemmbuch Klemmbuch Klemmbuch Klemmbuch
Klemmbuch Klemmbuch Klemmbuch Klemmbuch
Klemmbuch Klemmbuch Klemmbuch Klemmbuch
Klemmbuch Klemmbuch Klemmbuch Klemmbuch
Klemmbuch Klemmbuch Klemmbuch Klemmbuch

Klemmbuch Klemmbuch Klemmbuch Klemmbuch
Klemmbuch Klemmbuch Klemmbuch Klemmbuch
Klemmbuch Klemmbuch Klemmbuch Klemmbuch
Klemmbuch Klemmbuch Klemmbuch Klemmbuch
Klemmbuch Klemmbuch Klemmbuch Klemmbuch
Klemmbuch Klemmbuch Klemmbuch Klemmbuch
Klemmbuch Klemmbuch Klemmbuch Klemmbuch
Klemmbuch Klemmbuch Klemmbuch Klemmbuch
Klemmbuch Klemmbuch Klemmbuch Klemmbuch
Klemmbuch Klemmbuch Klemmbuch Klemmbuch
Klemmbuch Klemmbuch Klemmbuch Klemmbuch
Klemmbuch Klemmbuch Klemmbuch Klemmbuch
Klemmbuch Klemmbuch Klemmbuch Klemmbuch
Klemmbuch Klemmbuch Klemmbuch Klemmbuch
Klemmbuch Klemmbuch Klemmbuch Klemmbuch
Klemmbuch Klemmbuch Klemmbuch Klemmbuch

Klemmbuch Klemmbuch Klemmbuch Klemmbuch
Klemmbuch Klemmbuch Klemmbuch Klemmbuch
Klemmbuch Klemmbuch Klemmbuch Klemmbuch
Klemmbuch Klemmbuch Klemmbuch Klemmbuch
Klemmbuch Klemmbuch Klemmbuch Klemmbuch
Klemmbuch Klemmbuch Klemmbuch Klemmbuch
Klemmbuch Klemmbuch Klemmbuch Klemmbuch
Klemmbuch Klemmbuch Klemmbuch Klemmbuch
Klemmbuch Klemmbuch Klemmbuch Klemmbuch
Klemmbuch Klemmbuch Klemmbuch Klemmbuch
Klemmbuch Klemmbuch Klemmbuch Klemmbuch
Klemmbuch Klemmbuch Klemmbuch Klemmbuch
Klemmbuch Klemmbuch Klemmbuch Klemmbuch
Klemmbuch Klemmbuch Klemmbuch Klemmbuch
Klemmbuch Klemmbuch Klemmbuch Klemmbuch
Klemmbuch Klemmbuch Klemmbuch Klemmbuch
Klemmbuch Klemmbuch Klemmbuch Klemmbuch
Klemmbuch Klemmbuch Klemmbuch Klemmbuch
Klemmbuch Klemmbuch Klemmbuch Klemmbuch
Klemmbuch Klemmbuch Klemmbuch Klemmbuch

Klemmbuch Klemmbuch Klemmbuch Klemmbuch
Klemmbuch Klemmbuch Klemmbuch Klemmbuch

Klemmbuch Klemmbuch Klemmbuch Klemmbuch
Klemmbuch Klemmbuch Klemmbuch Klemmbuch
Klemmbuch Klemmbuch Klemmbuch Klemmbuch
Klemmbuch Klemmbuch Klemmbuch Klemmbuch
Klemmbuch Klemmbuch Klemmbuch Klemmbuch
Klemmbuch Klemmbuch Klemmbuch Klemmbuch
Klemmbuch Klemmbuch Klemmbuch Klemmbuch
Klemmbuch Klemmbuch Klemmbuch Klemmbuch
Klemmbuch Klemmbuch Klemmbuch Klemmbuch
Klemmbuch Klemmbuch Klemmbuch Klemmbuch
Klemmbuch Klemmbuch Klemmbuch Klemmbuch
Klemmbuch Klemmbuch Klemmbuch Klemmbuch
Klemmbuch Klemmbuch Klemmbuch Klemmbuch
Klemmbuch Klemmbuch Klemmbuch Klemmbuch
Klemmbuch Klemmbuch Klemmbuch Klemmbuch
Klemmbuch Klemmbuch Klemmbuch Klemmbuch
Klemmbuch Klemmbuch Klemmbuch Klemmbuch
Klemmbuch Klemmbuch Klemmbuch Klemmbuch
Klemmbuch Klemmbuch Klemmbuch Klemmbuch
Klemmbuch Klemmbuch Klemmbuch Klemmbuch
Klemmbuch Klemmbuch Klemmbuch Klemmbuch
Klemmbuch Klemmbuch Klemmbuch Klemmbuch

Klemmbuch Klemmbuch Klemmbuch Klemmbuch
Klemmbuch Klemmbuch Klemmbuch Klemmbuch
Klemmbuch Klemmbuch Klemmbuch Klemmbuch
Klemmbuch Klemmbuch Klemmbuch Klemmbuch
Klemmbuch Klemmbuch Klemmbuch Klemmbuch
Klemmbuch Klemmbuch Klemmbuch Klemmbuch
Klemmbuch Klemmbuch Klemmbuch Klemmbuch
Klemmbuch Klemmbuch Klemmbuch Klemmbuch
Klemmbuch Klemmbuch Klemmbuch Klemmbuch
Klemmbuch Klemmbuch Klemmbuch Klemmbuch
Klemmbuch Klemmbuch Klemmbuch Klemmbuch

Klemmbuch Klemmbuch Klemmbuch Klemmbuch
Klemmbuch Klemmbuch Klemmbuch Klemmbuch
Klemmbuch Klemmbuch Klemmbuch Klemmbuch
Klemmbuch Klemmbuch Klemmbuch Klemmbuch
Klemmbuch Klemmbuch Klemmbuch Klemmbuch
Klemmbuch Klemmbuch Klemmbuch Klemmbuch
Klemmbuch Klemmbuch Klemmbuch Klemmbuch
Klemmbuch Klemmbuch Klemmbuch Klemmbuch
Klemmbuch Klemmbuch Klemmbuch Klemmbuch
Klemmbuch Klemmbuch Klemmbuch Klemmbuch
Klemmbuch Klemmbuch Klemmbuch Klemmbuch

Klemmbuch Klemmbuch Klemmbuch Klemmbuch
Klemmbuch Klemmbuch Klemmbuch Klemmbuch
Klemmbuch Klemmbuch Klemmbuch Klemmbuch
Klemmbuch Klemmbuch Klemmbuch Klemmbuch
Klemmbuch Klemmbuch Klemmbuch Klemmbuch
Klemmbuch Klemmbuch Klemmbuch Klemmbuch
Klemmbuch Klemmbuch Klemmbuch Klemmbuch
Klemmbuch Klemmbuch Klemmbuch Klemmbuch
Klemmbuch Klemmbuch Klemmbuch Klemmbuch
Klemmbuch Klemmbuch Klemmbuch Klemmbuch
Klemmbuch Klemmbuch Klemmbuch Klemmbuch
Klemmbuch Klemmbuch Klemmbuch Klemmbuch
Klemmbuch Klemmbuch Klemmbuch Klemmbuch
Klemmbuch Klemmbuch Klemmbuch Klemmbuch
Klemmbuch Klemmbuch Klemmbuch Klemmbuch
Klemmbuch Klemmbuch Klemmbuch Klemmbuch
Klemmbuch Klemmbuch Klemmbuch Klemmbuch
Klemmbuch Klemmbuch Klemmbuch Klemmbuch
Klemmbuch Klemmbuch Klemmbuch Klemmbuch
Klemmbuch Klemmbuch Klemmbuch Klemmbuch
Klemmbuch Klemmbuch Klemmbuch Klemmbuch
Klemmbuch Klemmbuch Klemmbuch Klemmbuch

Klemmbuch Klemmbuch Klemmbuch Klemmbuch
Klemmbuch Klemmbuch Klemmbuch Klemmbuch

Klemmbuch Klemmbuch Klemmbuch Klemmbuch
Klemmbuch Klemmbuch Klemmbuch Klemmbuch
Klemmbuch Klemmbuch Klemmbuch Klemmbuch
Klemmbuch Klemmbuch Klemmbuch Klemmbuch
Klemmbuch Klemmbuch Klemmbuch Klemmbuch
Klemmbuch Klemmbuch Klemmbuch Klemmbuch
Klemmbuch Klemmbuch Klemmbuch Klemmbuch
Klemmbuch Klemmbuch Klemmbuch Klemmbuch
Klemmbuch Klemmbuch Klemmbuch Klemmbuch
Klemmbuch Klemmbuch Klemmbuch Klemmbuch
Klemmbuch Klemmbuch Klemmbuch Klemmbuch
Klemmbuch Klemmbuch Klemmbuch Klemmbuch
Klemmbuch Klemmbuch Klemmbuch Klemmbuch
Klemmbuch Klemmbuch Klemmbuch Klemmbuch
Klemmbuch Klemmbuch Klemmbuch Klemmbuch
Klemmbuch Klemmbuch Klemmbuch Klemmbuch
Klemmbuch Klemmbuch Klemmbuch Klemmbuch
Klemmbuch Klemmbuch Klemmbuch Klemmbuch
Klemmbuch Klemmbuch Klemmbuch Klemmbuch
Klemmbuch Klemmbuch Klemmbuch Klemmbuch

Klemmbuch Klemmbuch Klemmbuch Klemmbuch
Klemmbuch Klemmbuch Klemmbuch Klemmbuch
Klemmbuch Klemmbuch Klemmbuch Klemmbuch
Klemmbuch Klemmbuch Klemmbuch Klemmbuch
Klemmbuch Klemmbuch Klemmbuch Klemmbuch
Klemmbuch Klemmbuch Klemmbuch Klemmbuch
Klemmbuch Klemmbuch Klemmbuch Klemmbuch
Klemmbuch Klemmbuch Klemmbuch Klemmbuch
Klemmbuch Klemmbuch Klemmbuch Klemmbuch
Klemmbuch Klemmbuch Klemmbuch Klemmbuch
Klemmbuch Klemmbuch Klemmbuch Klemmbuch
Klemmbuch Klemmbuch Klemmbuch Klemmbuch
Klemmbuch Klemmbuch Klemmbuch Klemmbuch
Klemmbuch Klemmbuch Klemmbuch Klemmbuch
Klemmbuch Klemmbuch Klemmbuch Klemmbuch
Klemmbuch Klemmbuch Klemmbuch Klemmbuch
Klemmbuch Klemmbuch Klemmbuch Klemmbuch

Klemmbuch Klemmbuch Klemmbuch Klemmbuch
Klemmbuch Klemmbuch Klemmbuch Klemmbuch
Klemmbuch Klemmbuch Klemmbuch Klemmbuch
Klemmbuch Klemmbuch Klemmbuch Klemmbuch
Klemmbuch Klemmbuch Klemmbuch Klemmbuch

Klemmbuch Klemmbuch Klemmbuch Klemmbuch
Klemmbuch Klemmbuch Klemmbuch Klemmbuch
Klemmbuch Klemmbuch Klemmbuch Klemmbuch
Klemmbuch Klemmbuch Klemmbuch Klemmbuch
Klemmbuch Klemmbuch Klemmbuch Klemmbuch
Klemmbuch Klemmbuch Klemmbuch Klemmbuch
Klemmbuch Klemmbuch Klemmbuch Klemmbuch
Klemmbuch Klemmbuch Klemmbuch Klemmbuch
Klemmbuch Klemmbuch Klemmbuch Klemmbuch
Klemmbuch Klemmbuch Klemmbuch Klemmbuch
Klemmbuch Klemmbuch Klemmbuch Klemmbuch
Klemmbuch Klemmbuch Klemmbuch Klemmbuch
Klemmbuch Klemmbuch Klemmbuch Klemmbuch
Klemmbuch Klemmbuch Klemmbuch Klemmbuch
Klemmbuch Klemmbuch Klemmbuch Klemmbuch
Klemmbuch Klemmbuch Klemmbuch Klemmbuch
Klemmbuch Klemmbuch Klemmbuch Klemmbuch
Klemmbuch Klemmbuch Klemmbuch Klemmbuch
Klemmbuch Klemmbuch Klemmbuch Klemmbuch
Klemmbuch Klemmbuch Klemmbuch Klemmbuch

Klemmbuch Klemmbuch Klemmbuch Klemmbuch
Klemmbuch Klemmbuch Klemmbuch Klemmbuch
Klemmbuch Klemmbuch Klemmbuch Klemmbuch
Klemmbuch Klemmbuch Klemmbuch Klemmbuch
Klemmbuch Klemmbuch Klemmbuch Klemmbuch
Klemmbuch Klemmbuch Klemmbuch Klemmbuch
Klemmbuch Klemmbuch Klemmbuch Klemmbuch
Klemmbuch Klemmbuch Klemmbuch Klemmbuch

Klemmbuch Klemmbuch Klemmbuch Klemmbuch
Klemmbuch Klemmbuch Klemmbuch Klemmbuch
Klemmbuch Klemmbuch Klemmbuch Klemmbuch
Klemmbuch Klemmbuch Klemmbuch Klemmbuch
Klemmbuch Klemmbuch Klemmbuch Klemmbuch
Klemmbuch Klemmbuch Klemmbuch Klemmbuch
Klemmbuch Klemmbuch Klemmbuch Klemmbuch
Klemmbuch Klemmbuch Klemmbuch Klemmbuch
Klemmbuch Klemmbuch Klemmbuch Klemmbuch
Klemmbuch Klemmbuch Klemmbuch Klemmbuch
Klemmbuch Klemmbuch Klemmbuch Klemmbuch
Klemmbuch Klemmbuch Klemmbuch Klemmbuch
Klemmbuch Klemmbuch Klemmbuch Klemmbuch
Klemmbuch Klemmbuch Klemmbuch Klemmbuch

Klemmbuch Klemmbuch Klemmbuch Klemmbuch
Klemmbuch Klemmbuch Klemmbuch Klemmbuch
Klemmbuch Klemmbuch Klemmbuch Klemmbuch
Klemmbuch Klemmbuch Klemmbuch Klemmbuch
Klemmbuch Klemmbuch Klemmbuch Klemmbuch
Klemmbuch Klemmbuch Klemmbuch Klemmbuch
Klemmbuch Klemmbuch Klemmbuch Klemmbuch
Klemmbuch Klemmbuch Klemmbuch Klemmbuch
Klemmbuch Klemmbuch Klemmbuch Klemmbuch
Klemmbuch Klemmbuch Klemmbuch Klemmbuch
Klemmbuch Klemmbuch Klemmbuch Klemmbuch
Klemmbuch Klemmbuch Klemmbuch Klemmbuch
Klemmbuch Klemmbuch Klemmbuch Klemmbuch
Klemmbuch Klemmbuch Klemmbuch Klemmbuch
Klemmbuch Klemmbuch Klemmbuch Klemmbuch
Klemmbuch Klemmbuch Klemmbuch Klemmbuch
Klemmbuch Klemmbuch Klemmbuch Klemmbuch
Klemmbuch Klemmbuch Klemmbuch Klemmbuch
Klemmbuch Klemmbuch Klemmbuch Klemmbuch
Klemmbuch Klemmbuch Klemmbuch Klemmbuch
Klemmbuch Klemmbuch Klemmbuch Klemmbuch
Klemmbuch Klemmbuch Klemmbuch Klemmbuch

Klemmbuch Klemmbuch Klemmbuch Klemmbuch
Klemmbuch Klemmbuch Klemmbuch Klemmbuch
Klemmbuch Klemmbuch Klemmbuch Klemmbuch
Klemmbuch Klemmbuch Klemmbuch Klemmbuch
Klemmbuch Klemmbuch Klemmbuch Klemmbuch
Klemmbuch Klemmbuch Klemmbuch Klemmbuch
Klemmbuch Klemmbuch Klemmbuch Klemmbuch
Klemmbuch Klemmbuch Klemmbuch Klemmbuch
Klemmbuch Klemmbuch Klemmbuch Klemmbuch
Klemmbuch Klemmbuch Klemmbuch Klemmbuch
Klemmbuch Klemmbuch Klemmbuch Klemmbuch
Klemmbuch Klemmbuch Klemmbuch Klemmbuch
Klemmbuch Klemmbuch Klemmbuch Klemmbuch
Klemmbuch Klemmbuch Klemmbuch Klemmbuch
Klemmbuch Klemmbuch Klemmbuch Klemmbuch
Klemmbuch Klemmbuch Klemmbuch Klemmbuch
Klemmbuch Klemmbuch Klemmbuch Klemmbuch
Klemmbuch Klemmbuch Klemmbuch Klemmbuch
Klemmbuch Klemmbuch Klemmbuch Klemmbuch
Klemmbuch Klemmbuch Klemmbuch Klemmbuch
Klemmbuch Klemmbuch Klemmbuch Klemmbuch

Klemmbuch Klemmbuch Klemmbuch Klemmbuch
Klemmbuch Klemmbuch Klemmbuch Klemmbuch
Klemmbuch Klemmbuch Klemmbuch Klemmbuch
Klemmbuch Klemmbuch Klemmbuch Klemmbuch
Klemmbuch Klemmbuch Klemmbuch Klemmbuch
Klemmbuch Klemmbuch Klemmbuch Klemmbuch
Klemmbuch Klemmbuch Klemmbuch Klemmbuch
Klemmbuch Klemmbuch Klemmbuch Klemmbuch
Klemmbuch Klemmbuch Klemmbuch Klemmbuch
Klemmbuch Klemmbuch Klemmbuch Klemmbuch
Klemmbuch Klemmbuch Klemmbuch Klemmbuch
Klemmbuch Klemmbuch Klemmbuch Klemmbuch
Klemmbuch Klemmbuch Klemmbuch Klemmbuch
Klemmbuch Klemmbuch Klemmbuch Klemmbuch
Klemmbuch Klemmbuch Klemmbuch Klemmbuch

Klemmbuch Klemmbuch Klemmbuch Klemmbuch
Klemmbuch Klemmbuch Klemmbuch Klemmbuch
Klemmbuch Klemmbuch Klemmbuch Klemmbuch
Klemmbuch Klemmbuch Klemmbuch Klemmbuch
Klemmbuch Klemmbuch Klemmbuch Klemmbuch
Klemmbuch Klemmbuch Klemmbuch Klemmbuch
Klemmbuch Klemmbuch Klemmbuch Klemmbuch

Klemmbuch Klemmbuch Klemmbuch Klemmbuch
Klemmbuch Klemmbuch Klemmbuch Klemmbuch
Klemmbuch Klemmbuch Klemmbuch Klemmbuch
Klemmbuch Klemmbuch Klemmbuch Klemmbuch
Klemmbuch Klemmbuch Klemmbuch Klemmbuch
Klemmbuch Klemmbuch Klemmbuch Klemmbuch
Klemmbuch Klemmbuch Klemmbuch Klemmbuch
Klemmbuch Klemmbuch Klemmbuch Klemmbuch
Klemmbuch Klemmbuch Klemmbuch Klemmbuch
Klemmbuch Klemmbuch Klemmbuch Klemmbuch
Klemmbuch Klemmbuch Klemmbuch Klemmbuch
Klemmbuch Klemmbuch Klemmbuch Klemmbuch
Klemmbuch Klemmbuch Klemmbuch Klemmbuch
Klemmbuch Klemmbuch Klemmbuch Klemmbuch
Klemmbuch Klemmbuch Klemmbuch Klemmbuch
Klemmbuch Klemmbuch Klemmbuch Klemmbuch
Klemmbuch Klemmbuch Klemmbuch Klemmbuch
Klemmbuch Klemmbuch Klemmbuch Klemmbuch
Klemmbuch Klemmbuch Klemmbuch Klemmbuch
Klemmbuch Klemmbuch Klemmbuch Klemmbuch
Klemmbuch Klemmbuch Klemmbuch Klemmbuch

Klemmbuch Klemmbuch Klemmbuch Klemmbuch
Klemmbuch Klemmbuch Klemmbuch Klemmbuch
Klemmbuch Klemmbuch Klemmbuch Klemmbuch
Klemmbuch Klemmbuch Klemmbuch Klemmbuch
Klemmbuch Klemmbuch Klemmbuch Klemmbuch
Klemmbuch Klemmbuch Klemmbuch Klemmbuch

Klemmbuch Klemmbuch Klemmbuch Klemmbuch
Klemmbuch Klemmbuch Klemmbuch Klemmbuch
Klemmbuch Klemmbuch Klemmbuch Klemmbuch
Klemmbuch Klemmbuch Klemmbuch Klemmbuch
Klemmbuch Klemmbuch Klemmbuch Klemmbuch
Klemmbuch Klemmbuch Klemmbuch Klemmbuch
Klemmbuch Klemmbuch Klemmbuch Klemmbuch
Klemmbuch Klemmbuch Klemmbuch Klemmbuch
Klemmbuch Klemmbuch Klemmbuch Klemmbuch
Klemmbuch Klemmbuch Klemmbuch Klemmbuch
Klemmbuch Klemmbuch Klemmbuch Klemmbuch
Klemmbuch Klemmbuch Klemmbuch Klemmbuch
Klemmbuch Klemmbuch Klemmbuch Klemmbuch
Klemmbuch Klemmbuch Klemmbuch Klemmbuch
Klemmbuch Klemmbuch Klemmbuch Klemmbuch
Klemmbuch Klemmbuch Klemmbuch Klemmbuch

Klemmbuch Klemmbuch Klemmbuch Klemmbuch
Klemmbuch Klemmbuch Klemmbuch Klemmbuch
Klemmbuch Klemmbuch Klemmbuch Klemmbuch
Klemmbuch Klemmbuch Klemmbuch Klemmbuch
Klemmbuch Klemmbuch Klemmbuch Klemmbuch
Klemmbuch Klemmbuch Klemmbuch Klemmbuch
Klemmbuch Klemmbuch Klemmbuch Klemmbuch
Klemmbuch Klemmbuch Klemmbuch Klemmbuch
Klemmbuch Klemmbuch Klemmbuch Klemmbuch
Klemmbuch Klemmbuch Klemmbuch Klemmbuch
Klemmbuch Klemmbuch Klemmbuch Klemmbuch
Klemmbuch Klemmbuch Klemmbuch Klemmbuch
Klemmbuch Klemmbuch Klemmbuch Klemmbuch
Klemmbuch Klemmbuch Klemmbuch Klemmbuch
Klemmbuch Klemmbuch Klemmbuch Klemmbuch
Klemmbuch Klemmbuch Klemmbuch Klemmbuch
Klemmbuch Klemmbuch Klemmbuch Klemmbuch
Klemmbuch Klemmbuch Klemmbuch Klemmbuch

Klemmbuch Klemmbuch Klemmbuch Klemmbuch
Klemmbuch Klemmbuch Klemmbuch Klemmbuch

Klemmbuch Klemmbuch Klemmbuch Klemmbuch
Klemmbuch Klemmbuch Klemmbuch Klemmbuch
Klemmbuch Klemmbuch Klemmbuch Klemmbuch
Klemmbuch Klemmbuch Klemmbuch Klemmbuch
Klemmbuch Klemmbuch Klemmbuch Klemmbuch
Klemmbuch Klemmbuch Klemmbuch Klemmbuch
Klemmbuch Klemmbuch Klemmbuch Klemmbuch
Klemmbuch Klemmbuch Klemmbuch Klemmbuch
Klemmbuch Klemmbuch Klemmbuch Klemmbuch
Klemmbuch Klemmbuch Klemmbuch Klemmbuch
Klemmbuch Klemmbuch Klemmbuch Klemmbuch
Klemmbuch Klemmbuch Klemmbuch Klemmbuch
Klemmbuch Klemmbuch Klemmbuch Klemmbuch
Klemmbuch Klemmbuch Klemmbuch Klemmbuch
Klemmbuch Klemmbuch Klemmbuch Klemmbuch
Klemmbuch Klemmbuch Klemmbuch Klemmbuch
Klemmbuch Klemmbuch Klemmbuch Klemmbuch
Klemmbuch Klemmbuch Klemmbuch Klemmbuch
Klemmbuch Klemmbuch Klemmbuch Klemmbuch
Klemmbuch Klemmbuch Klemmbuch Klemmbuch
Klemmbuch Klemmbuch Klemmbuch Klemmbuch
Klemmbuch Klemmbuch Klemmbuch Klemmbuch

Klemmbuch Klemmbuch Klemmbuch Klemmbuch
Klemmbuch Klemmbuch Klemmbuch Klemmbuch
Klemmbuch Klemmbuch Klemmbuch Klemmbuch
Klemmbuch Klemmbuch Klemmbuch Klemmbuch
Klemmbuch Klemmbuch Klemmbuch Klemmbuch
Klemmbuch Klemmbuch Klemmbuch Klemmbuch
Klemmbuch Klemmbuch Klemmbuch Klemmbuch
Klemmbuch Klemmbuch Klemmbuch Klemmbuch
Klemmbuch Klemmbuch Klemmbuch Klemmbuch
Klemmbuch Klemmbuch Klemmbuch Klemmbuch
Klemmbuch Klemmbuch Klemmbuch Klemmbuch

Klemmbuch Klemmbuch Klemmbuch Klemmbuch
Klemmbuch Klemmbuch Klemmbuch Klemmbuch
Klemmbuch Klemmbuch Klemmbuch Klemmbuch
Klemmbuch Klemmbuch Klemmbuch Klemmbuch
Klemmbuch Klemmbuch Klemmbuch Klemmbuch
Klemmbuch Klemmbuch Klemmbuch Klemmbuch
Klemmbuch Klemmbuch Klemmbuch Klemmbuch
Klemmbuch Klemmbuch Klemmbuch Klemmbuch
Klemmbuch Klemmbuch Klemmbuch Klemmbuch
Klemmbuch Klemmbuch Klemmbuch Klemmbuch
Klemmbuch Klemmbuch Klemmbuch Klemmbuch

Klemmbuch Klemmbuch Klemmbuch Klemmbuch
Klemmbuch Klemmbuch Klemmbuch Klemmbuch
Klemmbuch Klemmbuch Klemmbuch Klemmbuch
Klemmbuch Klemmbuch Klemmbuch Klemmbuch
Klemmbuch Klemmbuch Klemmbuch Klemmbuch
Klemmbuch Klemmbuch Klemmbuch Klemmbuch
Klemmbuch Klemmbuch Klemmbuch Klemmbuch
Klemmbuch Klemmbuch Klemmbuch Klemmbuch
Klemmbuch Klemmbuch Klemmbuch Klemmbuch
Klemmbuch Klemmbuch Klemmbuch Klemmbuch
Klemmbuch Klemmbuch Klemmbuch Klemmbuch
Klemmbuch Klemmbuch Klemmbuch Klemmbuch
Klemmbuch Klemmbuch Klemmbuch Klemmbuch
Klemmbuch Klemmbuch Klemmbuch Klemmbuch
Klemmbuch Klemmbuch Klemmbuch Klemmbuch
Klemmbuch Klemmbuch Klemmbuch Klemmbuch
Klemmbuch Klemmbuch Klemmbuch Klemmbuch
Klemmbuch Klemmbuch Klemmbuch Klemmbuch
Klemmbuch Klemmbuch Klemmbuch Klemmbuch
Klemmbuch Klemmbuch Klemmbuch Klemmbuch
Klemmbuch Klemmbuch Klemmbuch Klemmbuch
Klemmbuch Klemmbuch Klemmbuch Klemmbuch

Klemmbuch Klemmbuch Klemmbuch Klemmbuch
Klemmbuch Klemmbuch Klemmbuch Klemmbuch

Klemmbuch Klemmbuch Klemmbuch Klemmbuch
Klemmbuch Klemmbuch Klemmbuch Klemmbuch
Klemmbuch Klemmbuch Klemmbuch Klemmbuch
Klemmbuch Klemmbuch Klemmbuch Klemmbuch
Klemmbuch Klemmbuch Klemmbuch Klemmbuch
Klemmbuch Klemmbuch Klemmbuch Klemmbuch
Klemmbuch Klemmbuch Klemmbuch Klemmbuch
Klemmbuch Klemmbuch Klemmbuch Klemmbuch
Klemmbuch Klemmbuch Klemmbuch Klemmbuch
Klemmbuch Klemmbuch Klemmbuch Klemmbuch
Klemmbuch Klemmbuch Klemmbuch Klemmbuch
Klemmbuch Klemmbuch Klemmbuch Klemmbuch
Klemmbuch Klemmbuch Klemmbuch Klemmbuch
Klemmbuch Klemmbuch Klemmbuch Klemmbuch
Klemmbuch Klemmbuch Klemmbuch Klemmbuch
Klemmbuch Klemmbuch Klemmbuch Klemmbuch
Klemmbuch Klemmbuch Klemmbuch Klemmbuch
Klemmbuch Klemmbuch Klemmbuch Klemmbuch
Klemmbuch Klemmbuch Klemmbuch Klemmbuch
Klemmbuch Klemmbuch Klemmbuch Klemmbuch

Klemmbuch Klemmbuch Klemmbuch Klemmbuch
Klemmbuch Klemmbuch Klemmbuch Klemmbuch
Klemmbuch Klemmbuch Klemmbuch Klemmbuch
Klemmbuch Klemmbuch Klemmbuch Klemmbuch
Klemmbuch Klemmbuch Klemmbuch Klemmbuch
Klemmbuch Klemmbuch Klemmbuch Klemmbuch
Klemmbuch Klemmbuch Klemmbuch Klemmbuch
Klemmbuch Klemmbuch Klemmbuch Klemmbuch
Klemmbuch Klemmbuch Klemmbuch Klemmbuch
Klemmbuch Klemmbuch Klemmbuch Klemmbuch
Klemmbuch Klemmbuch Klemmbuch Klemmbuch
Klemmbuch Klemmbuch Klemmbuch Klemmbuch
Klemmbuch Klemmbuch Klemmbuch Klemmbuch
Klemmbuch Klemmbuch Klemmbuch Klemmbuch
Klemmbuch Klemmbuch Klemmbuch Klemmbuch
Klemmbuch Klemmbuch Klemmbuch Klemmbuch
Klemmbuch Klemmbuch Klemmbuch Klemmbuch

Klemmbuch Klemmbuch Klemmbuch Klemmbuch
Klemmbuch Klemmbuch Klemmbuch Klemmbuch
Klemmbuch Klemmbuch Klemmbuch Klemmbuch
Klemmbuch Klemmbuch Klemmbuch Klemmbuch
Klemmbuch Klemmbuch Klemmbuch Klemmbuch

Klemmbuch Klemmbuch Klemmbuch Klemmbuch
Klemmbuch Klemmbuch Klemmbuch Klemmbuch
Klemmbuch Klemmbuch Klemmbuch Klemmbuch
Klemmbuch Klemmbuch Klemmbuch Klemmbuch
Klemmbuch Klemmbuch Klemmbuch Klemmbuch
Klemmbuch Klemmbuch Klemmbuch Klemmbuch
Klemmbuch Klemmbuch Klemmbuch Klemmbuch
Klemmbuch Klemmbuch Klemmbuch Klemmbuch
Klemmbuch Klemmbuch Klemmbuch Klemmbuch
Klemmbuch Klemmbuch Klemmbuch Klemmbuch
Klemmbuch Klemmbuch Klemmbuch Klemmbuch
Klemmbuch Klemmbuch Klemmbuch Klemmbuch
Klemmbuch Klemmbuch Klemmbuch Klemmbuch
Klemmbuch Klemmbuch Klemmbuch Klemmbuch
Klemmbuch Klemmbuch Klemmbuch Klemmbuch
Klemmbuch Klemmbuch Klemmbuch Klemmbuch
Klemmbuch Klemmbuch Klemmbuch Klemmbuch
Klemmbuch Klemmbuch Klemmbuch Klemmbuch
Klemmbuch Klemmbuch Klemmbuch Klemmbuch
Klemmbuch Klemmbuch Klemmbuch Klemmbuch
Klemmbuch Klemmbuch Klemmbuch Klemmbuch

Klemmbuch Klemmbuch Klemmbuch Klemmbuch
Klemmbuch Klemmbuch Klemmbuch Klemmbuch
Klemmbuch Klemmbuch Klemmbuch Klemmbuch
Klemmbuch Klemmbuch Klemmbuch Klemmbuch
Klemmbuch Klemmbuch Klemmbuch Klemmbuch
Klemmbuch Klemmbuch Klemmbuch Klemmbuch
Klemmbuch Klemmbuch Klemmbuch Klemmbuch
Klemmbuch Klemmbuch Klemmbuch Klemmbuch

Klemmbuch Klemmbuch Klemmbuch Klemmbuch
Klemmbuch Klemmbuch Klemmbuch Klemmbuch
Klemmbuch Klemmbuch Klemmbuch Klemmbuch
Klemmbuch Klemmbuch Klemmbuch Klemmbuch
Klemmbuch Klemmbuch Klemmbuch Klemmbuch
Klemmbuch Klemmbuch Klemmbuch Klemmbuch
Klemmbuch Klemmbuch Klemmbuch Klemmbuch
Klemmbuch Klemmbuch Klemmbuch Klemmbuch
Klemmbuch Klemmbuch Klemmbuch Klemmbuch
Klemmbuch Klemmbuch Klemmbuch Klemmbuch
Klemmbuch Klemmbuch Klemmbuch Klemmbuch
Klemmbuch Klemmbuch Klemmbuch Klemmbuch
Klemmbuch Klemmbuch Klemmbuch Klemmbuch
Klemmbuch Klemmbuch Klemmbuch Klemmbuch

Klemmbuch Klemmbuch Klemmbuch Klemmbuch
Klemmbuch Klemmbuch Klemmbuch Klemmbuch
Klemmbuch Klemmbuch Klemmbuch Klemmbuch
Klemmbuch Klemmbuch Klemmbuch Klemmbuch
Klemmbuch Klemmbuch Klemmbuch Klemmbuch
Klemmbuch Klemmbuch Klemmbuch Klemmbuch
Klemmbuch Klemmbuch Klemmbuch Klemmbuch
Klemmbuch Klemmbuch Klemmbuch Klemmbuch
Klemmbuch Klemmbuch Klemmbuch Klemmbuch
Klemmbuch Klemmbuch Klemmbuch Klemmbuch
Klemmbuch Klemmbuch Klemmbuch Klemmbuch
Klemmbuch Klemmbuch Klemmbuch Klemmbuch
Klemmbuch Klemmbuch Klemmbuch Klemmbuch
Klemmbuch Klemmbuch Klemmbuch Klemmbuch
Klemmbuch Klemmbuch Klemmbuch Klemmbuch
Klemmbuch Klemmbuch Klemmbuch Klemmbuch
Klemmbuch Klemmbuch Klemmbuch Klemmbuch
Klemmbuch Klemmbuch Klemmbuch Klemmbuch
Klemmbuch Klemmbuch Klemmbuch Klemmbuch
Klemmbuch Klemmbuch Klemmbuch Klemmbuch
Klemmbuch Klemmbuch Klemmbuch Klemmbuch
Klemmbuch Klemmbuch Klemmbuch Klemmbuch

Klemmbuch Klemmbuch Klemmbuch Klemmbuch
Klemmbuch Klemmbuch Klemmbuch Klemmbuch
Klemmbuch Klemmbuch Klemmbuch Klemmbuch
Klemmbuch Klemmbuch Klemmbuch Klemmbuch
Klemmbuch Klemmbuch Klemmbuch Klemmbuch
Klemmbuch Klemmbuch Klemmbuch Klemmbuch
Klemmbuch Klemmbuch Klemmbuch Klemmbuch
Klemmbuch Klemmbuch Klemmbuch Klemmbuch
Klemmbuch Klemmbuch Klemmbuch Klemmbuch
Klemmbuch Klemmbuch Klemmbuch Klemmbuch
Klemmbuch Klemmbuch Klemmbuch Klemmbuch
Klemmbuch Klemmbuch Klemmbuch Klemmbuch
Klemmbuch Klemmbuch Klemmbuch Klemmbuch
Klemmbuch Klemmbuch Klemmbuch Klemmbuch
Klemmbuch Klemmbuch Klemmbuch Klemmbuch
Klemmbuch Klemmbuch Klemmbuch Klemmbuch
Klemmbuch Klemmbuch Klemmbuch Klemmbuch
Klemmbuch Klemmbuch Klemmbuch Klemmbuch
Klemmbuch Klemmbuch Klemmbuch Klemmbuch
Klemmbuch Klemmbuch Klemmbuch Klemmbuch
Klemmbuch Klemmbuch Klemmbuch Klemmbuch

Klemmbuch Klemmbuch Klemmbuch Klemmbuch
Klemmbuch Klemmbuch Klemmbuch Klemmbuch
Klemmbuch Klemmbuch Klemmbuch Klemmbuch
Klemmbuch Klemmbuch Klemmbuch Klemmbuch
Klemmbuch Klemmbuch Klemmbuch Klemmbuch
Klemmbuch Klemmbuch Klemmbuch Klemmbuch
Klemmbuch Klemmbuch Klemmbuch Klemmbuch
Klemmbuch Klemmbuch Klemmbuch Klemmbuch
Klemmbuch Klemmbuch Klemmbuch Klemmbuch
Klemmbuch Klemmbuch Klemmbuch Klemmbuch
Klemmbuch Klemmbuch Klemmbuch Klemmbuch
Klemmbuch Klemmbuch Klemmbuch Klemmbuch
Klemmbuch Klemmbuch Klemmbuch Klemmbuch
Klemmbuch Klemmbuch Klemmbuch Klemmbuch
Klemmbuch Klemmbuch Klemmbuch Klemmbuch

Klemmbuch Klemmbuch Klemmbuch Klemmbuch
Klemmbuch Klemmbuch Klemmbuch Klemmbuch
Klemmbuch Klemmbuch Klemmbuch Klemmbuch
Klemmbuch Klemmbuch Klemmbuch Klemmbuch
Klemmbuch Klemmbuch Klemmbuch Klemmbuch
Klemmbuch Klemmbuch Klemmbuch Klemmbuch
Klemmbuch Klemmbuch Klemmbuch Klemmbuch

Klemmbuch Klemmbuch Klemmbuch Klemmbuch
Klemmbuch Klemmbuch Klemmbuch Klemmbuch
Klemmbuch Klemmbuch Klemmbuch Klemmbuch
Klemmbuch Klemmbuch Klemmbuch Klemmbuch
Klemmbuch Klemmbuch Klemmbuch Klemmbuch
Klemmbuch Klemmbuch Klemmbuch Klemmbuch
Klemmbuch Klemmbuch Klemmbuch Klemmbuch
Klemmbuch Klemmbuch Klemmbuch Klemmbuch
Klemmbuch Klemmbuch Klemmbuch Klemmbuch
Klemmbuch Klemmbuch Klemmbuch Klemmbuch
Klemmbuch Klemmbuch Klemmbuch Klemmbuch
Klemmbuch Klemmbuch Klemmbuch Klemmbuch
Klemmbuch Klemmbuch Klemmbuch Klemmbuch
Klemmbuch Klemmbuch Klemmbuch Klemmbuch
Klemmbuch Klemmbuch Klemmbuch Klemmbuch
Klemmbuch Klemmbuch Klemmbuch Klemmbuch
Klemmbuch Klemmbuch Klemmbuch Klemmbuch
Klemmbuch Klemmbuch Klemmbuch Klemmbuch
Klemmbuch Klemmbuch Klemmbuch Klemmbuch
Klemmbuch Klemmbuch Klemmbuch Klemmbuch
Klemmbuch Klemmbuch Klemmbuch Klemmbuch

Klemmbuch Klemmbuch Klemmbuch Klemmbuch
Klemmbuch Klemmbuch Klemmbuch Klemmbuch
Klemmbuch Klemmbuch Klemmbuch Klemmbuch
Klemmbuch Klemmbuch Klemmbuch Klemmbuch
Klemmbuch Klemmbuch Klemmbuch Klemmbuch
Klemmbuch Klemmbuch Klemmbuch Klemmbuch

Klemmbuch Klemmbuch Klemmbuch Klemmbuch
Klemmbuch Klemmbuch Klemmbuch Klemmbuch
Klemmbuch Klemmbuch Klemmbuch Klemmbuch
Klemmbuch Klemmbuch Klemmbuch Klemmbuch
Klemmbuch Klemmbuch Klemmbuch Klemmbuch
Klemmbuch Klemmbuch Klemmbuch Klemmbuch
Klemmbuch Klemmbuch Klemmbuch Klemmbuch
Klemmbuch Klemmbuch Klemmbuch Klemmbuch
Klemmbuch Klemmbuch Klemmbuch Klemmbuch
Klemmbuch Klemmbuch Klemmbuch Klemmbuch
Klemmbuch Klemmbuch Klemmbuch Klemmbuch
Klemmbuch Klemmbuch Klemmbuch Klemmbuch
Klemmbuch Klemmbuch Klemmbuch Klemmbuch
Klemmbuch Klemmbuch Klemmbuch Klemmbuch
Klemmbuch Klemmbuch Klemmbuch Klemmbuch
Klemmbuch Klemmbuch Klemmbuch Klemmbuch

Klemmbuch Klemmbuch Klemmbuch Klemmbuch
Klemmbuch Klemmbuch Klemmbuch Klemmbuch
Klemmbuch Klemmbuch Klemmbuch Klemmbuch
Klemmbuch Klemmbuch Klemmbuch Klemmbuch
Klemmbuch Klemmbuch Klemmbuch Klemmbuch
Klemmbuch Klemmbuch Klemmbuch Klemmbuch
Klemmbuch Klemmbuch Klemmbuch Klemmbuch
Klemmbuch Klemmbuch Klemmbuch Klemmbuch
Klemmbuch Klemmbuch Klemmbuch Klemmbuch
Klemmbuch Klemmbuch Klemmbuch Klemmbuch
Klemmbuch Klemmbuch Klemmbuch Klemmbuch
Klemmbuch Klemmbuch Klemmbuch Klemmbuch
Klemmbuch Klemmbuch Klemmbuch Klemmbuch
Klemmbuch Klemmbuch Klemmbuch Klemmbuch
Klemmbuch Klemmbuch Klemmbuch Klemmbuch
Klemmbuch Klemmbuch Klemmbuch Klemmbuch
Klemmbuch Klemmbuch Klemmbuch Klemmbuch
Klemmbuch Klemmbuch Klemmbuch Klemmbuch
Klemmbuch Klemmbuch Klemmbuch Klemmbuch
Klemmbuch Klemmbuch Klemmbuch Klemmbuch

Klemmbuch Klemmbuch Klemmbuch Klemmbuch
Klemmbuch Klemmbuch Klemmbuch Klemmbuch

Klemmbuch Klemmbuch Klemmbuch Klemmbuch
Klemmbuch Klemmbuch Klemmbuch Klemmbuch
Klemmbuch Klemmbuch Klemmbuch Klemmbuch
Klemmbuch Klemmbuch Klemmbuch Klemmbuch
Klemmbuch Klemmbuch Klemmbuch Klemmbuch
Klemmbuch Klemmbuch Klemmbuch Klemmbuch
Klemmbuch Klemmbuch Klemmbuch Klemmbuch
Klemmbuch Klemmbuch Klemmbuch Klemmbuch
Klemmbuch Klemmbuch Klemmbuch Klemmbuch
Klemmbuch Klemmbuch Klemmbuch Klemmbuch
Klemmbuch Klemmbuch Klemmbuch Klemmbuch
Klemmbuch Klemmbuch Klemmbuch Klemmbuch
Klemmbuch Klemmbuch Klemmbuch Klemmbuch
Klemmbuch Klemmbuch Klemmbuch Klemmbuch
Klemmbuch Klemmbuch Klemmbuch Klemmbuch
Klemmbuch Klemmbuch Klemmbuch Klemmbuch
Klemmbuch Klemmbuch Klemmbuch Klemmbuch
Klemmbuch Klemmbuch Klemmbuch Klemmbuch
Klemmbuch Klemmbuch Klemmbuch Klemmbuch
Klemmbuch Klemmbuch Klemmbuch Klemmbuch
Klemmbuch Klemmbuch Klemmbuch Klemmbuch
Klemmbuch Klemmbuch Klemmbuch Klemmbuch

Klemmbuch Klemmbuch Klemmbuch Klemmbuch
Klemmbuch Klemmbuch Klemmbuch Klemmbuch
Klemmbuch Klemmbuch Klemmbuch Klemmbuch
Klemmbuch Klemmbuch Klemmbuch Klemmbuch
Klemmbuch Klemmbuch Klemmbuch Klemmbuch
Klemmbuch Klemmbuch Klemmbuch Klemmbuch
Klemmbuch Klemmbuch Klemmbuch Klemmbuch
Klemmbuch Klemmbuch Klemmbuch Klemmbuch
Klemmbuch Klemmbuch Klemmbuch Klemmbuch
Klemmbuch Klemmbuch Klemmbuch Klemmbuch
Klemmbuch Klemmbuch Klemmbuch Klemmbuch

Klemmbuch Klemmbuch Klemmbuch Klemmbuch
Klemmbuch Klemmbuch Klemmbuch Klemmbuch
Klemmbuch Klemmbuch Klemmbuch Klemmbuch
Klemmbuch Klemmbuch Klemmbuch Klemmbuch
Klemmbuch Klemmbuch Klemmbuch Klemmbuch
Klemmbuch Klemmbuch Klemmbuch Klemmbuch
Klemmbuch Klemmbuch Klemmbuch Klemmbuch
Klemmbuch Klemmbuch Klemmbuch Klemmbuch
Klemmbuch Klemmbuch Klemmbuch Klemmbuch
Klemmbuch Klemmbuch Klemmbuch Klemmbuch
Klemmbuch Klemmbuch Klemmbuch Klemmbuch

Klemmbuch Klemmbuch Klemmbuch Klemmbuch
Klemmbuch Klemmbuch Klemmbuch Klemmbuch
Klemmbuch Klemmbuch Klemmbuch Klemmbuch
Klemmbuch Klemmbuch Klemmbuch Klemmbuch
Klemmbuch Klemmbuch Klemmbuch Klemmbuch
Klemmbuch Klemmbuch Klemmbuch Klemmbuch
Klemmbuch Klemmbuch Klemmbuch Klemmbuch
Klemmbuch Klemmbuch Klemmbuch Klemmbuch
Klemmbuch Klemmbuch Klemmbuch Klemmbuch
Klemmbuch Klemmbuch Klemmbuch Klemmbuch
Klemmbuch Klemmbuch Klemmbuch Klemmbuch
Klemmbuch Klemmbuch Klemmbuch Klemmbuch
Klemmbuch Klemmbuch Klemmbuch Klemmbuch
Klemmbuch Klemmbuch Klemmbuch Klemmbuch
Klemmbuch Klemmbuch Klemmbuch Klemmbuch
Klemmbuch Klemmbuch Klemmbuch Klemmbuch
Klemmbuch Klemmbuch Klemmbuch Klemmbuch
Klemmbuch Klemmbuch Klemmbuch Klemmbuch
Klemmbuch Klemmbuch Klemmbuch Klemmbuch
Klemmbuch Klemmbuch Klemmbuch Klemmbuch
Klemmbuch Klemmbuch Klemmbuch Klemmbuch

Klemmbuch Klemmbuch Klemmbuch Klemmbuch
Klemmbuch Klemmbuch Klemmbuch Klemmbuch

Klemmbuch Klemmbuch Klemmbuch Klemmbuch
Klemmbuch Klemmbuch Klemmbuch Klemmbuch
Klemmbuch Klemmbuch Klemmbuch Klemmbuch
Klemmbuch Klemmbuch Klemmbuch Klemmbuch
Klemmbuch Klemmbuch Klemmbuch Klemmbuch
Klemmbuch Klemmbuch Klemmbuch Klemmbuch
Klemmbuch Klemmbuch Klemmbuch Klemmbuch
Klemmbuch Klemmbuch Klemmbuch Klemmbuch
Klemmbuch Klemmbuch Klemmbuch Klemmbuch
Klemmbuch Klemmbuch Klemmbuch Klemmbuch
Klemmbuch Klemmbuch Klemmbuch Klemmbuch
Klemmbuch Klemmbuch Klemmbuch Klemmbuch
Klemmbuch Klemmbuch Klemmbuch Klemmbuch
Klemmbuch Klemmbuch Klemmbuch Klemmbuch
Klemmbuch Klemmbuch Klemmbuch Klemmbuch
Klemmbuch Klemmbuch Klemmbuch Klemmbuch
Klemmbuch Klemmbuch Klemmbuch Klemmbuch
Klemmbuch Klemmbuch Klemmbuch Klemmbuch
Klemmbuch Klemmbuch Klemmbuch Klemmbuch
Klemmbuch Klemmbuch Klemmbuch Klemmbuch

Klemmbuch Klemmbuch Klemmbuch Klemmbuch
Klemmbuch Klemmbuch Klemmbuch Klemmbuch
Klemmbuch Klemmbuch Klemmbuch Klemmbuch
Klemmbuch Klemmbuch Klemmbuch Klemmbuch
Klemmbuch Klemmbuch Klemmbuch Klemmbuch
Klemmbuch Klemmbuch Klemmbuch Klemmbuch
Klemmbuch Klemmbuch Klemmbuch Klemmbuch
Klemmbuch Klemmbuch Klemmbuch Klemmbuch
Klemmbuch Klemmbuch Klemmbuch Klemmbuch
Klemmbuch Klemmbuch Klemmbuch Klemmbuch
Klemmbuch Klemmbuch Klemmbuch Klemmbuch
Klemmbuch Klemmbuch Klemmbuch Klemmbuch
Klemmbuch Klemmbuch Klemmbuch Klemmbuch
Klemmbuch Klemmbuch Klemmbuch Klemmbuch
Klemmbuch Klemmbuch Klemmbuch Klemmbuch
Klemmbuch Klemmbuch Klemmbuch Klemmbuch
Klemmbuch Klemmbuch Klemmbuch Klemmbuch

Klemmbuch Klemmbuch Klemmbuch Klemmbuch
Klemmbuch Klemmbuch Klemmbuch Klemmbuch
Klemmbuch Klemmbuch Klemmbuch Klemmbuch
Klemmbuch Klemmbuch Klemmbuch Klemmbuch
Klemmbuch Klemmbuch Klemmbuch Klemmbuch

Klemmbuch Klemmbuch Klemmbuch Klemmbuch
Klemmbuch Klemmbuch Klemmbuch Klemmbuch
Klemmbuch Klemmbuch Klemmbuch Klemmbuch
Klemmbuch Klemmbuch Klemmbuch Klemmbuch
Klemmbuch Klemmbuch Klemmbuch Klemmbuch
Klemmbuch Klemmbuch Klemmbuch Klemmbuch
Klemmbuch Klemmbuch Klemmbuch Klemmbuch
Klemmbuch Klemmbuch Klemmbuch Klemmbuch
Klemmbuch Klemmbuch Klemmbuch Klemmbuch
Klemmbuch Klemmbuch Klemmbuch Klemmbuch
Klemmbuch Klemmbuch Klemmbuch Klemmbuch
Klemmbuch Klemmbuch Klemmbuch Klemmbuch
Klemmbuch Klemmbuch Klemmbuch Klemmbuch
Klemmbuch Klemmbuch Klemmbuch Klemmbuch
Klemmbuch Klemmbuch Klemmbuch Klemmbuch
Klemmbuch Klemmbuch Klemmbuch Klemmbuch
Klemmbuch Klemmbuch Klemmbuch Klemmbuch
Klemmbuch Klemmbuch Klemmbuch Klemmbuch
Klemmbuch Klemmbuch Klemmbuch Klemmbuch
Klemmbuch Klemmbuch Klemmbuch Klemmbuch
Klemmbuch Klemmbuch Klemmbuch Klemmbuch

Klemmbuch Klemmbuch Klemmbuch Klemmbuch
Klemmbuch Klemmbuch Klemmbuch Klemmbuch
Klemmbuch Klemmbuch Klemmbuch Klemmbuch
Klemmbuch Klemmbuch Klemmbuch Klemmbuch
Klemmbuch Klemmbuch Klemmbuch Klemmbuch
Klemmbuch Klemmbuch Klemmbuch Klemmbuch
Klemmbuch Klemmbuch Klemmbuch Klemmbuch
Klemmbuch Klemmbuch Klemmbuch Klemmbuch

Klemmbuch Klemmbuch Klemmbuch Klemmbuch
Klemmbuch Klemmbuch Klemmbuch Klemmbuch
Klemmbuch Klemmbuch Klemmbuch Klemmbuch
Klemmbuch Klemmbuch Klemmbuch Klemmbuch
Klemmbuch Klemmbuch Klemmbuch Klemmbuch
Klemmbuch Klemmbuch Klemmbuch Klemmbuch
Klemmbuch Klemmbuch Klemmbuch Klemmbuch
Klemmbuch Klemmbuch Klemmbuch Klemmbuch
Klemmbuch Klemmbuch Klemmbuch Klemmbuch
Klemmbuch Klemmbuch Klemmbuch Klemmbuch
Klemmbuch Klemmbuch Klemmbuch Klemmbuch
Klemmbuch Klemmbuch Klemmbuch Klemmbuch
Klemmbuch Klemmbuch Klemmbuch Klemmbuch
Klemmbuch Klemmbuch Klemmbuch Klemmbuch

Klemmbuch Klemmbuch Klemmbuch Klemmbuch
Klemmbuch Klemmbuch Klemmbuch Klemmbuch
Klemmbuch Klemmbuch Klemmbuch Klemmbuch
Klemmbuch Klemmbuch Klemmbuch Klemmbuch
Klemmbuch Klemmbuch Klemmbuch Klemmbuch
Klemmbuch Klemmbuch Klemmbuch Klemmbuch
Klemmbuch Klemmbuch Klemmbuch Klemmbuch
Klemmbuch Klemmbuch Klemmbuch Klemmbuch
Klemmbuch Klemmbuch Klemmbuch Klemmbuch
Klemmbuch Klemmbuch Klemmbuch Klemmbuch
Klemmbuch Klemmbuch Klemmbuch Klemmbuch
Klemmbuch Klemmbuch Klemmbuch Klemmbuch
Klemmbuch Klemmbuch Klemmbuch Klemmbuch
Klemmbuch Klemmbuch Klemmbuch Klemmbuch
Klemmbuch Klemmbuch Klemmbuch Klemmbuch
Klemmbuch Klemmbuch Klemmbuch Klemmbuch
Klemmbuch Klemmbuch Klemmbuch Klemmbuch
Klemmbuch Klemmbuch Klemmbuch Klemmbuch
Klemmbuch Klemmbuch Klemmbuch Klemmbuch
Klemmbuch Klemmbuch Klemmbuch Klemmbuch
Klemmbuch Klemmbuch Klemmbuch Klemmbuch

Klemmbuch Klemmbuch Klemmbuch Klemmbuch
Klemmbuch Klemmbuch Klemmbuch Klemmbuch
Klemmbuch Klemmbuch Klemmbuch Klemmbuch
Klemmbuch Klemmbuch Klemmbuch Klemmbuch
Klemmbuch Klemmbuch Klemmbuch Klemmbuch
Klemmbuch Klemmbuch Klemmbuch Klemmbuch
Klemmbuch Klemmbuch Klemmbuch Klemmbuch
Klemmbuch Klemmbuch Klemmbuch Klemmbuch
Klemmbuch Klemmbuch Klemmbuch Klemmbuch
Klemmbuch Klemmbuch Klemmbuch Klemmbuch
Klemmbuch Klemmbuch Klemmbuch Klemmbuch
Klemmbuch Klemmbuch Klemmbuch Klemmbuch
Klemmbuch Klemmbuch Klemmbuch Klemmbuch
Klemmbuch Klemmbuch Klemmbuch Klemmbuch
Klemmbuch Klemmbuch Klemmbuch Klemmbuch
Klemmbuch Klemmbuch Klemmbuch Klemmbuch
Klemmbuch Klemmbuch Klemmbuch Klemmbuch
Klemmbuch Klemmbuch Klemmbuch Klemmbuch
Klemmbuch Klemmbuch Klemmbuch Klemmbuch
Klemmbuch Klemmbuch Klemmbuch Klemmbuch
Klemmbuch Klemmbuch Klemmbuch Klemmbuch

Klemmbuch Klemmbuch Klemmbuch Klemmbuch
Klemmbuch Klemmbuch Klemmbuch Klemmbuch
Klemmbuch Klemmbuch Klemmbuch Klemmbuch
Klemmbuch Klemmbuch Klemmbuch Klemmbuch
Klemmbuch Klemmbuch Klemmbuch Klemmbuch
Klemmbuch Klemmbuch Klemmbuch Klemmbuch
Klemmbuch Klemmbuch Klemmbuch Klemmbuch
Klemmbuch Klemmbuch Klemmbuch Klemmbuch
Klemmbuch Klemmbuch Klemmbuch Klemmbuch
Klemmbuch Klemmbuch Klemmbuch Klemmbuch
Klemmbuch Klemmbuch Klemmbuch Klemmbuch
Klemmbuch Klemmbuch Klemmbuch Klemmbuch
Klemmbuch Klemmbuch Klemmbuch Klemmbuch
Klemmbuch Klemmbuch Klemmbuch Klemmbuch
Klemmbuch Klemmbuch Klemmbuch Klemmbuch

Klemmbuch Klemmbuch Klemmbuch Klemmbuch
Klemmbuch Klemmbuch Klemmbuch Klemmbuch
Klemmbuch Klemmbuch Klemmbuch Klemmbuch
Klemmbuch Klemmbuch Klemmbuch Klemmbuch
Klemmbuch Klemmbuch Klemmbuch Klemmbuch
Klemmbuch Klemmbuch Klemmbuch Klemmbuch
Klemmbuch Klemmbuch Klemmbuch Klemmbuch

Klemmbuch Klemmbuch Klemmbuch Klemmbuch
Klemmbuch Klemmbuch Klemmbuch Klemmbuch
Klemmbuch Klemmbuch Klemmbuch Klemmbuch
Klemmbuch Klemmbuch Klemmbuch Klemmbuch
Klemmbuch Klemmbuch Klemmbuch Klemmbuch
Klemmbuch Klemmbuch Klemmbuch Klemmbuch
Klemmbuch Klemmbuch Klemmbuch Klemmbuch
Klemmbuch Klemmbuch Klemmbuch Klemmbuch
Klemmbuch Klemmbuch Klemmbuch Klemmbuch
Klemmbuch Klemmbuch Klemmbuch Klemmbuch
Klemmbuch Klemmbuch Klemmbuch Klemmbuch
Klemmbuch Klemmbuch Klemmbuch Klemmbuch
Klemmbuch Klemmbuch Klemmbuch Klemmbuch
Klemmbuch Klemmbuch Klemmbuch Klemmbuch
Klemmbuch Klemmbuch Klemmbuch Klemmbuch
Klemmbuch Klemmbuch Klemmbuch Klemmbuch
Klemmbuch Klemmbuch Klemmbuch Klemmbuch
Klemmbuch Klemmbuch Klemmbuch Klemmbuch
Klemmbuch Klemmbuch Klemmbuch Klemmbuch
Klemmbuch Klemmbuch Klemmbuch Klemmbuch
Klemmbuch Klemmbuch Klemmbuch Klemmbuch

Klemmbuch Klemmbuch Klemmbuch Klemmbuch
Klemmbuch Klemmbuch Klemmbuch Klemmbuch
Klemmbuch Klemmbuch Klemmbuch Klemmbuch
Klemmbuch Klemmbuch Klemmbuch Klemmbuch
Klemmbuch Klemmbuch Klemmbuch Klemmbuch
Klemmbuch Klemmbuch Klemmbuch Klemmbuch

Klemmbuch Klemmbuch Klemmbuch Klemmbuch
Klemmbuch Klemmbuch Klemmbuch Klemmbuch
Klemmbuch Klemmbuch Klemmbuch Klemmbuch
Klemmbuch Klemmbuch Klemmbuch Klemmbuch
Klemmbuch Klemmbuch Klemmbuch Klemmbuch
Klemmbuch Klemmbuch Klemmbuch Klemmbuch
Klemmbuch Klemmbuch Klemmbuch Klemmbuch
Klemmbuch Klemmbuch Klemmbuch Klemmbuch
Klemmbuch Klemmbuch Klemmbuch Klemmbuch
Klemmbuch Klemmbuch Klemmbuch Klemmbuch
Klemmbuch Klemmbuch Klemmbuch Klemmbuch
Klemmbuch Klemmbuch Klemmbuch Klemmbuch
Klemmbuch Klemmbuch Klemmbuch Klemmbuch
Klemmbuch Klemmbuch Klemmbuch Klemmbuch
Klemmbuch Klemmbuch Klemmbuch Klemmbuch
Klemmbuch Klemmbuch Klemmbuch Klemmbuch

Klemmbuch Klemmbuch Klemmbuch Klemmbuch
Klemmbuch Klemmbuch Klemmbuch Klemmbuch
Klemmbuch Klemmbuch Klemmbuch Klemmbuch
Klemmbuch Klemmbuch Klemmbuch Klemmbuch
Klemmbuch Klemmbuch Klemmbuch Klemmbuch
Klemmbuch Klemmbuch Klemmbuch Klemmbuch
Klemmbuch Klemmbuch Klemmbuch Klemmbuch
Klemmbuch Klemmbuch Klemmbuch Klemmbuch
Klemmbuch Klemmbuch Klemmbuch Klemmbuch
Klemmbuch Klemmbuch Klemmbuch Klemmbuch
Klemmbuch Klemmbuch Klemmbuch Klemmbuch
Klemmbuch Klemmbuch Klemmbuch Klemmbuch
Klemmbuch Klemmbuch Klemmbuch Klemmbuch
Klemmbuch Klemmbuch Klemmbuch Klemmbuch
Klemmbuch Klemmbuch Klemmbuch Klemmbuch
Klemmbuch Klemmbuch Klemmbuch Klemmbuch
Klemmbuch Klemmbuch Klemmbuch Klemmbuch
Klemmbuch Klemmbuch Klemmbuch Klemmbuch
Klemmbuch Klemmbuch Klemmbuch Klemmbuch
Klemmbuch Klemmbuch Klemmbuch Klemmbuch

Klemmbuch Klemmbuch Klemmbuch Klemmbuch
Klemmbuch Klemmbuch Klemmbuch Klemmbuch

Klemmbuch Klemmbuch Klemmbuch Klemmbuch
Klemmbuch Klemmbuch Klemmbuch Klemmbuch
Klemmbuch Klemmbuch Klemmbuch Klemmbuch
Klemmbuch Klemmbuch Klemmbuch Klemmbuch
Klemmbuch Klemmbuch Klemmbuch Klemmbuch
Klemmbuch Klemmbuch Klemmbuch Klemmbuch
Klemmbuch Klemmbuch Klemmbuch Klemmbuch
Klemmbuch Klemmbuch Klemmbuch Klemmbuch
Klemmbuch Klemmbuch Klemmbuch Klemmbuch
Klemmbuch Klemmbuch Klemmbuch Klemmbuch
Klemmbuch Klemmbuch Klemmbuch Klemmbuch
Klemmbuch Klemmbuch Klemmbuch Klemmbuch
Klemmbuch Klemmbuch Klemmbuch Klemmbuch
Klemmbuch Klemmbuch Klemmbuch Klemmbuch
Klemmbuch Klemmbuch Klemmbuch Klemmbuch
Klemmbuch Klemmbuch Klemmbuch Klemmbuch
Klemmbuch Klemmbuch Klemmbuch Klemmbuch
Klemmbuch Klemmbuch Klemmbuch Klemmbuch
Klemmbuch Klemmbuch Klemmbuch Klemmbuch
Klemmbuch Klemmbuch Klemmbuch Klemmbuch
Klemmbuch Klemmbuch Klemmbuch Klemmbuch
Klemmbuch Klemmbuch Klemmbuch Klemmbuch

Klemmbuch Klemmbuch Klemmbuch Klemmbuch
Klemmbuch Klemmbuch Klemmbuch Klemmbuch
Klemmbuch Klemmbuch Klemmbuch Klemmbuch
Klemmbuch Klemmbuch Klemmbuch Klemmbuch
Klemmbuch Klemmbuch Klemmbuch Klemmbuch
Klemmbuch Klemmbuch Klemmbuch Klemmbuch
Klemmbuch Klemmbuch Klemmbuch Klemmbuch
Klemmbuch Klemmbuch Klemmbuch Klemmbuch
Klemmbuch Klemmbuch Klemmbuch Klemmbuch
Klemmbuch Klemmbuch Klemmbuch Klemmbuch
Klemmbuch Klemmbuch Klemmbuch Klemmbuch

Klemmbuch Klemmbuch Klemmbuch Klemmbuch
Klemmbuch Klemmbuch Klemmbuch Klemmbuch
Klemmbuch Klemmbuch Klemmbuch Klemmbuch
Klemmbuch Klemmbuch Klemmbuch Klemmbuch
Klemmbuch Klemmbuch Klemmbuch Klemmbuch
Klemmbuch Klemmbuch Klemmbuch Klemmbuch
Klemmbuch Klemmbuch Klemmbuch Klemmbuch
Klemmbuch Klemmbuch Klemmbuch Klemmbuch
Klemmbuch Klemmbuch Klemmbuch Klemmbuch
Klemmbuch Klemmbuch Klemmbuch Klemmbuch
Klemmbuch Klemmbuch Klemmbuch Klemmbuch

Klemmbuch Klemmbuch Klemmbuch Klemmbuch
Klemmbuch Klemmbuch Klemmbuch Klemmbuch
Klemmbuch Klemmbuch Klemmbuch Klemmbuch
Klemmbuch Klemmbuch Klemmbuch Klemmbuch
Klemmbuch Klemmbuch Klemmbuch Klemmbuch
Klemmbuch Klemmbuch Klemmbuch Klemmbuch
Klemmbuch Klemmbuch Klemmbuch Klemmbuch
Klemmbuch Klemmbuch Klemmbuch Klemmbuch
Klemmbuch Klemmbuch Klemmbuch Klemmbuch
Klemmbuch Klemmbuch Klemmbuch Klemmbuch
Klemmbuch Klemmbuch Klemmbuch Klemmbuch
Klemmbuch Klemmbuch Klemmbuch Klemmbuch
Klemmbuch Klemmbuch Klemmbuch Klemmbuch
Klemmbuch Klemmbuch Klemmbuch Klemmbuch
Klemmbuch Klemmbuch Klemmbuch Klemmbuch
Klemmbuch Klemmbuch Klemmbuch Klemmbuch
Klemmbuch Klemmbuch Klemmbuch Klemmbuch
Klemmbuch Klemmbuch Klemmbuch Klemmbuch
Klemmbuch Klemmbuch Klemmbuch Klemmbuch
Klemmbuch Klemmbuch Klemmbuch Klemmbuch
Klemmbuch Klemmbuch Klemmbuch Klemmbuch

Klemmbuch Klemmbuch Klemmbuch Klemmbuch
Klemmbuch Klemmbuch Klemmbuch Klemmbuch

Klemmbuch Klemmbuch Klemmbuch Klemmbuch
Klemmbuch Klemmbuch Klemmbuch Klemmbuch
Klemmbuch Klemmbuch Klemmbuch Klemmbuch
Klemmbuch Klemmbuch Klemmbuch Klemmbuch
Klemmbuch Klemmbuch Klemmbuch Klemmbuch
Klemmbuch Klemmbuch Klemmbuch Klemmbuch
Klemmbuch Klemmbuch Klemmbuch Klemmbuch
Klemmbuch Klemmbuch Klemmbuch Klemmbuch
Klemmbuch Klemmbuch Klemmbuch Klemmbuch
Klemmbuch Klemmbuch Klemmbuch Klemmbuch
Klemmbuch Klemmbuch Klemmbuch Klemmbuch
Klemmbuch Klemmbuch Klemmbuch Klemmbuch
Klemmbuch Klemmbuch Klemmbuch Klemmbuch
Klemmbuch Klemmbuch Klemmbuch Klemmbuch
Klemmbuch Klemmbuch Klemmbuch Klemmbuch
Klemmbuch Klemmbuch Klemmbuch Klemmbuch
Klemmbuch Klemmbuch Klemmbuch Klemmbuch
Klemmbuch Klemmbuch Klemmbuch Klemmbuch
Klemmbuch Klemmbuch Klemmbuch Klemmbuch
Klemmbuch Klemmbuch Klemmbuch Klemmbuch

Klemmbuch Klemmbuch Klemmbuch Klemmbuch
Klemmbuch Klemmbuch Klemmbuch Klemmbuch
Klemmbuch Klemmbuch Klemmbuch Klemmbuch
Klemmbuch Klemmbuch Klemmbuch Klemmbuch
Klemmbuch Klemmbuch Klemmbuch Klemmbuch
Klemmbuch Klemmbuch Klemmbuch Klemmbuch
Klemmbuch Klemmbuch Klemmbuch Klemmbuch
Klemmbuch Klemmbuch Klemmbuch Klemmbuch
Klemmbuch Klemmbuch Klemmbuch Klemmbuch
Klemmbuch Klemmbuch Klemmbuch Klemmbuch
Klemmbuch Klemmbuch Klemmbuch Klemmbuch
Klemmbuch Klemmbuch Klemmbuch Klemmbuch
Klemmbuch Klemmbuch Klemmbuch Klemmbuch
Klemmbuch Klemmbuch Klemmbuch Klemmbuch
Klemmbuch Klemmbuch Klemmbuch Klemmbuch
Klemmbuch Klemmbuch Klemmbuch Klemmbuch
Klemmbuch Klemmbuch Klemmbuch Klemmbuch

Klemmbuch Klemmbuch Klemmbuch Klemmbuch
Klemmbuch Klemmbuch Klemmbuch Klemmbuch
Klemmbuch Klemmbuch Klemmbuch Klemmbuch
Klemmbuch Klemmbuch Klemmbuch Klemmbuch
Klemmbuch Klemmbuch Klemmbuch Klemmbuch

Klemmbuch Klemmbuch Klemmbuch Klemmbuch
Klemmbuch Klemmbuch Klemmbuch Klemmbuch
Klemmbuch Klemmbuch Klemmbuch Klemmbuch
Klemmbuch Klemmbuch Klemmbuch Klemmbuch
Klemmbuch Klemmbuch Klemmbuch Klemmbuch
Klemmbuch Klemmbuch Klemmbuch Klemmbuch
Klemmbuch Klemmbuch Klemmbuch Klemmbuch
Klemmbuch Klemmbuch Klemmbuch Klemmbuch
Klemmbuch Klemmbuch Klemmbuch Klemmbuch
Klemmbuch Klemmbuch Klemmbuch Klemmbuch
Klemmbuch Klemmbuch Klemmbuch Klemmbuch
Klemmbuch Klemmbuch Klemmbuch Klemmbuch
Klemmbuch Klemmbuch Klemmbuch Klemmbuch
Klemmbuch Klemmbuch Klemmbuch Klemmbuch
Klemmbuch Klemmbuch Klemmbuch Klemmbuch
Klemmbuch Klemmbuch Klemmbuch Klemmbuch
Klemmbuch Klemmbuch Klemmbuch Klemmbuch
Klemmbuch Klemmbuch Klemmbuch Klemmbuch
Klemmbuch Klemmbuch Klemmbuch Klemmbuch
Klemmbuch Klemmbuch Klemmbuch Klemmbuch
Klemmbuch Klemmbuch Klemmbuch Klemmbuch

Klemmbuch Klemmbuch Klemmbuch Klemmbuch
Klemmbuch Klemmbuch Klemmbuch Klemmbuch
Klemmbuch Klemmbuch Klemmbuch Klemmbuch
Klemmbuch Klemmbuch Klemmbuch Klemmbuch
Klemmbuch Klemmbuch Klemmbuch Klemmbuch
Klemmbuch Klemmbuch Klemmbuch Klemmbuch
Klemmbuch Klemmbuch Klemmbuch Klemmbuch
Klemmbuch Klemmbuch Klemmbuch Klemmbuch

Klemmbuch Klemmbuch Klemmbuch Klemmbuch
Klemmbuch Klemmbuch Klemmbuch Klemmbuch
Klemmbuch Klemmbuch Klemmbuch Klemmbuch
Klemmbuch Klemmbuch Klemmbuch Klemmbuch
Klemmbuch Klemmbuch Klemmbuch Klemmbuch
Klemmbuch Klemmbuch Klemmbuch Klemmbuch
Klemmbuch Klemmbuch Klemmbuch Klemmbuch
Klemmbuch Klemmbuch Klemmbuch Klemmbuch
Klemmbuch Klemmbuch Klemmbuch Klemmbuch
Klemmbuch Klemmbuch Klemmbuch Klemmbuch
Klemmbuch Klemmbuch Klemmbuch Klemmbuch
Klemmbuch Klemmbuch Klemmbuch Klemmbuch
Klemmbuch Klemmbuch Klemmbuch Klemmbuch
Klemmbuch Klemmbuch Klemmbuch Klemmbuch

Klemmbuch Klemmbuch Klemmbuch Klemmbuch
Klemmbuch Klemmbuch Klemmbuch Klemmbuch
Klemmbuch Klemmbuch Klemmbuch Klemmbuch
Klemmbuch Klemmbuch Klemmbuch Klemmbuch
Klemmbuch Klemmbuch Klemmbuch Klemmbuch
Klemmbuch Klemmbuch Klemmbuch Klemmbuch
Klemmbuch Klemmbuch Klemmbuch Klemmbuch
Klemmbuch Klemmbuch Klemmbuch Klemmbuch
Klemmbuch Klemmbuch Klemmbuch Klemmbuch
Klemmbuch Klemmbuch Klemmbuch Klemmbuch
Klemmbuch Klemmbuch Klemmbuch Klemmbuch
Klemmbuch Klemmbuch Klemmbuch Klemmbuch
Klemmbuch Klemmbuch Klemmbuch Klemmbuch
Klemmbuch Klemmbuch Klemmbuch Klemmbuch
Klemmbuch Klemmbuch Klemmbuch Klemmbuch
Klemmbuch Klemmbuch Klemmbuch Klemmbuch
Klemmbuch Klemmbuch Klemmbuch Klemmbuch
Klemmbuch Klemmbuch Klemmbuch Klemmbuch
Klemmbuch Klemmbuch Klemmbuch Klemmbuch
Klemmbuch Klemmbuch Klemmbuch Klemmbuch
Klemmbuch Klemmbuch Klemmbuch Klemmbuch
Klemmbuch Klemmbuch Klemmbuch Klemmbuch

Klemmbuch Klemmbuch Klemmbuch Klemmbuch
Klemmbuch Klemmbuch Klemmbuch Klemmbuch
Klemmbuch Klemmbuch Klemmbuch Klemmbuch
Klemmbuch Klemmbuch Klemmbuch Klemmbuch
Klemmbuch Klemmbuch Klemmbuch Klemmbuch
Klemmbuch Klemmbuch Klemmbuch Klemmbuch
Klemmbuch Klemmbuch Klemmbuch Klemmbuch
Klemmbuch Klemmbuch Klemmbuch Klemmbuch
Klemmbuch Klemmbuch Klemmbuch Klemmbuch
Klemmbuch Klemmbuch Klemmbuch Klemmbuch
Klemmbuch Klemmbuch Klemmbuch Klemmbuch
Klemmbuch Klemmbuch Klemmbuch Klemmbuch
Klemmbuch Klemmbuch Klemmbuch Klemmbuch
Klemmbuch Klemmbuch Klemmbuch Klemmbuch
Klemmbuch Klemmbuch Klemmbuch Klemmbuch
Klemmbuch Klemmbuch Klemmbuch Klemmbuch
Klemmbuch Klemmbuch Klemmbuch Klemmbuch
Klemmbuch Klemmbuch Klemmbuch Klemmbuch
Klemmbuch Klemmbuch Klemmbuch Klemmbuch
Klemmbuch Klemmbuch Klemmbuch Klemmbuch
Klemmbuch Klemmbuch Klemmbuch Klemmbuch

Klemmbuch Klemmbuch Klemmbuch Klemmbuch
Klemmbuch Klemmbuch Klemmbuch Klemmbuch
Klemmbuch Klemmbuch Klemmbuch Klemmbuch
Klemmbuch Klemmbuch Klemmbuch Klemmbuch
Klemmbuch Klemmbuch Klemmbuch Klemmbuch
Klemmbuch Klemmbuch Klemmbuch Klemmbuch
Klemmbuch Klemmbuch Klemmbuch Klemmbuch
Klemmbuch Klemmbuch Klemmbuch Klemmbuch
Klemmbuch Klemmbuch Klemmbuch Klemmbuch
Klemmbuch Klemmbuch Klemmbuch Klemmbuch
Klemmbuch Klemmbuch Klemmbuch Klemmbuch
Klemmbuch Klemmbuch Klemmbuch Klemmbuch
Klemmbuch Klemmbuch Klemmbuch Klemmbuch
Klemmbuch Klemmbuch Klemmbuch Klemmbuch
Klemmbuch Klemmbuch Klemmbuch Klemmbuch

Klemmbuch Klemmbuch Klemmbuch Klemmbuch
Klemmbuch Klemmbuch Klemmbuch Klemmbuch
Klemmbuch Klemmbuch Klemmbuch Klemmbuch
Klemmbuch Klemmbuch Klemmbuch Klemmbuch
Klemmbuch Klemmbuch Klemmbuch Klemmbuch
Klemmbuch Klemmbuch Klemmbuch Klemmbuch
Klemmbuch Klemmbuch Klemmbuch Klemmbuch

Klemmbuch Klemmbuch Klemmbuch Klemmbuch
Klemmbuch Klemmbuch Klemmbuch Klemmbuch
Klemmbuch Klemmbuch Klemmbuch Klemmbuch
Klemmbuch Klemmbuch Klemmbuch Klemmbuch
Klemmbuch Klemmbuch Klemmbuch Klemmbuch
Klemmbuch Klemmbuch Klemmbuch Klemmbuch
Klemmbuch Klemmbuch Klemmbuch Klemmbuch
Klemmbuch Klemmbuch Klemmbuch Klemmbuch
Klemmbuch Klemmbuch Klemmbuch Klemmbuch
Klemmbuch Klemmbuch Klemmbuch Klemmbuch
Klemmbuch Klemmbuch Klemmbuch Klemmbuch
Klemmbuch Klemmbuch Klemmbuch Klemmbuch
Klemmbuch Klemmbuch Klemmbuch Klemmbuch
Klemmbuch Klemmbuch Klemmbuch Klemmbuch
Klemmbuch Klemmbuch Klemmbuch Klemmbuch
Klemmbuch Klemmbuch Klemmbuch Klemmbuch
Klemmbuch Klemmbuch Klemmbuch Klemmbuch
Klemmbuch Klemmbuch Klemmbuch Klemmbuch
Klemmbuch Klemmbuch Klemmbuch Klemmbuch
Klemmbuch Klemmbuch Klemmbuch Klemmbuch
Klemmbuch Klemmbuch Klemmbuch Klemmbuch
Klemmbuch Klemmbuch Klemmbuch Klemmbuch

Klemmbuch Klemmbuch Klemmbuch Klemmbuch
Klemmbuch Klemmbuch Klemmbuch Klemmbuch
Klemmbuch Klemmbuch Klemmbuch Klemmbuch
Klemmbuch Klemmbuch Klemmbuch Klemmbuch
Klemmbuch Klemmbuch Klemmbuch Klemmbuch
Klemmbuch Klemmbuch Klemmbuch Klemmbuch

Klemmbuch Klemmbuch Klemmbuch Klemmbuch
Klemmbuch Klemmbuch Klemmbuch Klemmbuch
Klemmbuch Klemmbuch Klemmbuch Klemmbuch
Klemmbuch Klemmbuch Klemmbuch Klemmbuch
Klemmbuch Klemmbuch Klemmbuch Klemmbuch
Klemmbuch Klemmbuch Klemmbuch Klemmbuch
Klemmbuch Klemmbuch Klemmbuch Klemmbuch
Klemmbuch Klemmbuch Klemmbuch Klemmbuch
Klemmbuch Klemmbuch Klemmbuch Klemmbuch
Klemmbuch Klemmbuch Klemmbuch Klemmbuch
Klemmbuch Klemmbuch Klemmbuch Klemmbuch
Klemmbuch Klemmbuch Klemmbuch Klemmbuch
Klemmbuch Klemmbuch Klemmbuch Klemmbuch
Klemmbuch Klemmbuch Klemmbuch Klemmbuch
Klemmbuch Klemmbuch Klemmbuch Klemmbuch
Klemmbuch Klemmbuch Klemmbuch Klemmbuch

Klemmbuch Klemmbuch Klemmbuch Klemmbuch
Klemmbuch Klemmbuch Klemmbuch Klemmbuch
Klemmbuch Klemmbuch Klemmbuch Klemmbuch
Klemmbuch Klemmbuch Klemmbuch Klemmbuch
Klemmbuch Klemmbuch Klemmbuch Klemmbuch
Klemmbuch Klemmbuch Klemmbuch Klemmbuch
Klemmbuch Klemmbuch Klemmbuch Klemmbuch
Klemmbuch Klemmbuch Klemmbuch Klemmbuch
Klemmbuch Klemmbuch Klemmbuch Klemmbuch
Klemmbuch Klemmbuch Klemmbuch Klemmbuch
Klemmbuch Klemmbuch Klemmbuch Klemmbuch
Klemmbuch Klemmbuch Klemmbuch Klemmbuch
Klemmbuch Klemmbuch Klemmbuch Klemmbuch
Klemmbuch Klemmbuch Klemmbuch Klemmbuch
Klemmbuch Klemmbuch Klemmbuch Klemmbuch
Klemmbuch Klemmbuch Klemmbuch Klemmbuch
Klemmbuch Klemmbuch Klemmbuch Klemmbuch
Klemmbuch Klemmbuch Klemmbuch Klemmbuch

Klemmbuch Klemmbuch Klemmbuch Klemmbuch
Klemmbuch Klemmbuch Klemmbuch Klemmbuch

Klemmbuch Klemmbuch Klemmbuch Klemmbuch
Klemmbuch Klemmbuch Klemmbuch Klemmbuch
Klemmbuch Klemmbuch Klemmbuch Klemmbuch
Klemmbuch Klemmbuch Klemmbuch Klemmbuch
Klemmbuch Klemmbuch Klemmbuch Klemmbuch
Klemmbuch Klemmbuch Klemmbuch Klemmbuch
Klemmbuch Klemmbuch Klemmbuch Klemmbuch
Klemmbuch Klemmbuch Klemmbuch Klemmbuch
Klemmbuch Klemmbuch Klemmbuch Klemmbuch
Klemmbuch Klemmbuch Klemmbuch Klemmbuch
Klemmbuch Klemmbuch Klemmbuch Klemmbuch
Klemmbuch Klemmbuch Klemmbuch Klemmbuch
Klemmbuch Klemmbuch Klemmbuch Klemmbuch
Klemmbuch Klemmbuch Klemmbuch Klemmbuch
Klemmbuch Klemmbuch Klemmbuch Klemmbuch
Klemmbuch Klemmbuch Klemmbuch Klemmbuch
Klemmbuch Klemmbuch Klemmbuch Klemmbuch
Klemmbuch Klemmbuch Klemmbuch Klemmbuch
Klemmbuch Klemmbuch Klemmbuch Klemmbuch
Klemmbuch Klemmbuch Klemmbuch Klemmbuch
Klemmbuch Klemmbuch Klemmbuch Klemmbuch
Klemmbuch Klemmbuch Klemmbuch Klemmbuch

Klemmbuch Klemmbuch Klemmbuch Klemmbuch
Klemmbuch Klemmbuch Klemmbuch Klemmbuch
Klemmbuch Klemmbuch Klemmbuch Klemmbuch
Klemmbuch Klemmbuch Klemmbuch Klemmbuch
Klemmbuch Klemmbuch Klemmbuch Klemmbuch
Klemmbuch Klemmbuch Klemmbuch Klemmbuch
Klemmbuch Klemmbuch Klemmbuch Klemmbuch
Klemmbuch Klemmbuch Klemmbuch Klemmbuch
Klemmbuch Klemmbuch Klemmbuch Klemmbuch
Klemmbuch Klemmbuch Klemmbuch Klemmbuch
Klemmbuch Klemmbuch Klemmbuch Klemmbuch

Klemmbuch Klemmbuch Klemmbuch Klemmbuch
Klemmbuch Klemmbuch Klemmbuch Klemmbuch
Klemmbuch Klemmbuch Klemmbuch Klemmbuch
Klemmbuch Klemmbuch Klemmbuch Klemmbuch
Klemmbuch Klemmbuch Klemmbuch Klemmbuch
Klemmbuch Klemmbuch Klemmbuch Klemmbuch
Klemmbuch Klemmbuch Klemmbuch Klemmbuch
Klemmbuch Klemmbuch Klemmbuch Klemmbuch
Klemmbuch Klemmbuch Klemmbuch Klemmbuch
Klemmbuch Klemmbuch Klemmbuch Klemmbuch
Klemmbuch Klemmbuch Klemmbuch Klemmbuch

Klemmbuch Klemmbuch Klemmbuch Klemmbuch
Klemmbuch Klemmbuch Klemmbuch Klemmbuch
Klemmbuch Klemmbuch Klemmbuch Klemmbuch
Klemmbuch Klemmbuch Klemmbuch Klemmbuch
Klemmbuch Klemmbuch Klemmbuch Klemmbuch
Klemmbuch Klemmbuch Klemmbuch Klemmbuch
Klemmbuch Klemmbuch Klemmbuch Klemmbuch
Klemmbuch Klemmbuch Klemmbuch Klemmbuch
Klemmbuch Klemmbuch Klemmbuch Klemmbuch
Klemmbuch Klemmbuch Klemmbuch Klemmbuch
Klemmbuch Klemmbuch Klemmbuch Klemmbuch
Klemmbuch Klemmbuch Klemmbuch Klemmbuch
Klemmbuch Klemmbuch Klemmbuch Klemmbuch
Klemmbuch Klemmbuch Klemmbuch Klemmbuch
Klemmbuch Klemmbuch Klemmbuch Klemmbuch
Klemmbuch Klemmbuch Klemmbuch Klemmbuch
Klemmbuch Klemmbuch Klemmbuch Klemmbuch
Klemmbuch Klemmbuch Klemmbuch Klemmbuch
Klemmbuch Klemmbuch Klemmbuch Klemmbuch
Klemmbuch Klemmbuch Klemmbuch Klemmbuch
Klemmbuch Klemmbuch Klemmbuch Klemmbuch
Klemmbuch Klemmbuch Klemmbuch Klemmbuch

Klemmbuch Klemmbuch Klemmbuch Klemmbuch
Klemmbuch Klemmbuch Klemmbuch Klemmbuch

Klemmbuch Klemmbuch Klemmbuch Klemmbuch
Klemmbuch Klemmbuch Klemmbuch Klemmbuch
Klemmbuch Klemmbuch Klemmbuch Klemmbuch
Klemmbuch Klemmbuch Klemmbuch Klemmbuch
Klemmbuch Klemmbuch Klemmbuch Klemmbuch
Klemmbuch Klemmbuch Klemmbuch Klemmbuch
Klemmbuch Klemmbuch Klemmbuch Klemmbuch
Klemmbuch Klemmbuch Klemmbuch Klemmbuch
Klemmbuch Klemmbuch Klemmbuch Klemmbuch
Klemmbuch Klemmbuch Klemmbuch Klemmbuch
Klemmbuch Klemmbuch Klemmbuch Klemmbuch
Klemmbuch Klemmbuch Klemmbuch Klemmbuch
Klemmbuch Klemmbuch Klemmbuch Klemmbuch
Klemmbuch Klemmbuch Klemmbuch Klemmbuch
Klemmbuch Klemmbuch Klemmbuch Klemmbuch
Klemmbuch Klemmbuch Klemmbuch Klemmbuch
Klemmbuch Klemmbuch Klemmbuch Klemmbuch
Klemmbuch Klemmbuch Klemmbuch Klemmbuch
Klemmbuch Klemmbuch Klemmbuch Klemmbuch
Klemmbuch Klemmbuch Klemmbuch Klemmbuch

Klemmbuch Klemmbuch Klemmbuch Klemmbuch
Klemmbuch Klemmbuch Klemmbuch Klemmbuch
Klemmbuch Klemmbuch Klemmbuch Klemmbuch
Klemmbuch Klemmbuch Klemmbuch Klemmbuch
Klemmbuch Klemmbuch Klemmbuch Klemmbuch
Klemmbuch Klemmbuch Klemmbuch Klemmbuch
Klemmbuch Klemmbuch Klemmbuch Klemmbuch
Klemmbuch Klemmbuch Klemmbuch Klemmbuch
Klemmbuch Klemmbuch Klemmbuch Klemmbuch
Klemmbuch Klemmbuch Klemmbuch Klemmbuch
Klemmbuch Klemmbuch Klemmbuch Klemmbuch
Klemmbuch Klemmbuch Klemmbuch Klemmbuch
Klemmbuch Klemmbuch Klemmbuch Klemmbuch
Klemmbuch Klemmbuch Klemmbuch Klemmbuch
Klemmbuch Klemmbuch Klemmbuch Klemmbuch
Klemmbuch Klemmbuch Klemmbuch Klemmbuch
Klemmbuch Klemmbuch Klemmbuch Klemmbuch

Klemmbuch Klemmbuch Klemmbuch Klemmbuch
Klemmbuch Klemmbuch Klemmbuch Klemmbuch
Klemmbuch Klemmbuch Klemmbuch Klemmbuch
Klemmbuch Klemmbuch Klemmbuch Klemmbuch
Klemmbuch Klemmbuch Klemmbuch Klemmbuch

Klemmbuch Klemmbuch Klemmbuch Klemmbuch
Klemmbuch Klemmbuch Klemmbuch Klemmbuch
Klemmbuch Klemmbuch Klemmbuch Klemmbuch
Klemmbuch Klemmbuch Klemmbuch Klemmbuch
Klemmbuch Klemmbuch Klemmbuch Klemmbuch
Klemmbuch Klemmbuch Klemmbuch Klemmbuch
Klemmbuch Klemmbuch Klemmbuch Klemmbuch
Klemmbuch Klemmbuch Klemmbuch Klemmbuch
Klemmbuch Klemmbuch Klemmbuch Klemmbuch
Klemmbuch Klemmbuch Klemmbuch Klemmbuch
Klemmbuch Klemmbuch Klemmbuch Klemmbuch
Klemmbuch Klemmbuch Klemmbuch Klemmbuch
Klemmbuch Klemmbuch Klemmbuch Klemmbuch
Klemmbuch Klemmbuch Klemmbuch Klemmbuch
Klemmbuch Klemmbuch Klemmbuch Klemmbuch
Klemmbuch Klemmbuch Klemmbuch Klemmbuch
Klemmbuch Klemmbuch Klemmbuch Klemmbuch
Klemmbuch Klemmbuch Klemmbuch Klemmbuch
Klemmbuch Klemmbuch Klemmbuch Klemmbuch
Klemmbuch Klemmbuch Klemmbuch Klemmbuch

Klemmbuch Klemmbuch Klemmbuch Klemmbuch
Klemmbuch Klemmbuch Klemmbuch Klemmbuch
Klemmbuch Klemmbuch Klemmbuch Klemmbuch
Klemmbuch Klemmbuch Klemmbuch Klemmbuch
Klemmbuch Klemmbuch Klemmbuch Klemmbuch
Klemmbuch Klemmbuch Klemmbuch Klemmbuch
Klemmbuch Klemmbuch Klemmbuch Klemmbuch
Klemmbuch Klemmbuch Klemmbuch Klemmbuch

Klemmbuch Klemmbuch Klemmbuch Klemmbuch
Klemmbuch Klemmbuch Klemmbuch Klemmbuch
Klemmbuch Klemmbuch Klemmbuch Klemmbuch
Klemmbuch Klemmbuch Klemmbuch Klemmbuch
Klemmbuch Klemmbuch Klemmbuch Klemmbuch
Klemmbuch Klemmbuch Klemmbuch Klemmbuch
Klemmbuch Klemmbuch Klemmbuch Klemmbuch
Klemmbuch Klemmbuch Klemmbuch Klemmbuch
Klemmbuch Klemmbuch Klemmbuch Klemmbuch
Klemmbuch Klemmbuch Klemmbuch Klemmbuch
Klemmbuch Klemmbuch Klemmbuch Klemmbuch
Klemmbuch Klemmbuch Klemmbuch Klemmbuch
Klemmbuch Klemmbuch Klemmbuch Klemmbuch
Klemmbuch Klemmbuch Klemmbuch Klemmbuch

Klemmbuch Klemmbuch Klemmbuch Klemmbuch
Klemmbuch Klemmbuch Klemmbuch Klemmbuch
Klemmbuch Klemmbuch Klemmbuch Klemmbuch
Klemmbuch Klemmbuch Klemmbuch Klemmbuch
Klemmbuch Klemmbuch Klemmbuch Klemmbuch
Klemmbuch Klemmbuch Klemmbuch Klemmbuch
Klemmbuch Klemmbuch Klemmbuch Klemmbuch
Klemmbuch Klemmbuch Klemmbuch Klemmbuch
Klemmbuch Klemmbuch Klemmbuch Klemmbuch
Klemmbuch Klemmbuch Klemmbuch Klemmbuch
Klemmbuch Klemmbuch Klemmbuch Klemmbuch
Klemmbuch Klemmbuch Klemmbuch Klemmbuch
Klemmbuch Klemmbuch Klemmbuch Klemmbuch
Klemmbuch Klemmbuch Klemmbuch Klemmbuch
Klemmbuch Klemmbuch Klemmbuch Klemmbuch
Klemmbuch Klemmbuch Klemmbuch Klemmbuch
Klemmbuch Klemmbuch Klemmbuch Klemmbuch
Klemmbuch Klemmbuch Klemmbuch Klemmbuch
Klemmbuch Klemmbuch Klemmbuch Klemmbuch
Klemmbuch Klemmbuch Klemmbuch Klemmbuch
Klemmbuch Klemmbuch Klemmbuch Klemmbuch

Klemmbuch Klemmbuch Klemmbuch Klemmbuch
Klemmbuch Klemmbuch Klemmbuch Klemmbuch
Klemmbuch Klemmbuch Klemmbuch Klemmbuch
Klemmbuch Klemmbuch Klemmbuch Klemmbuch
Klemmbuch Klemmbuch Klemmbuch Klemmbuch
Klemmbuch Klemmbuch Klemmbuch Klemmbuch
Klemmbuch Klemmbuch Klemmbuch Klemmbuch
Klemmbuch Klemmbuch Klemmbuch Klemmbuch
Klemmbuch Klemmbuch Klemmbuch Klemmbuch
Klemmbuch Klemmbuch Klemmbuch Klemmbuch
Klemmbuch Klemmbuch Klemmbuch Klemmbuch
Klemmbuch Klemmbuch Klemmbuch Klemmbuch
Klemmbuch Klemmbuch Klemmbuch Klemmbuch
Klemmbuch Klemmbuch Klemmbuch Klemmbuch
Klemmbuch Klemmbuch Klemmbuch Klemmbuch
Klemmbuch Klemmbuch Klemmbuch Klemmbuch
Klemmbuch Klemmbuch Klemmbuch Klemmbuch
Klemmbuch Klemmbuch Klemmbuch Klemmbuch
Klemmbuch Klemmbuch Klemmbuch Klemmbuch
Klemmbuch Klemmbuch Klemmbuch Klemmbuch
Klemmbuch Klemmbuch Klemmbuch Klemmbuch
Klemmbuch Klemmbuch Klemmbuch Klemmbuch

Klemmbuch Klemmbuch Klemmbuch Klemmbuch
Klemmbuch Klemmbuch Klemmbuch Klemmbuch
Klemmbuch Klemmbuch Klemmbuch Klemmbuch
Klemmbuch Klemmbuch Klemmbuch Klemmbuch
Klemmbuch Klemmbuch Klemmbuch Klemmbuch
Klemmbuch Klemmbuch Klemmbuch Klemmbuch
Klemmbuch Klemmbuch Klemmbuch Klemmbuch
Klemmbuch Klemmbuch Klemmbuch Klemmbuch
Klemmbuch Klemmbuch Klemmbuch Klemmbuch
Klemmbuch Klemmbuch Klemmbuch Klemmbuch
Klemmbuch Klemmbuch Klemmbuch Klemmbuch
Klemmbuch Klemmbuch Klemmbuch Klemmbuch
Klemmbuch Klemmbuch Klemmbuch Klemmbuch
Klemmbuch Klemmbuch Klemmbuch Klemmbuch
Klemmbuch Klemmbuch Klemmbuch Klemmbuch

Klemmbuch Klemmbuch Klemmbuch Klemmbuch
Klemmbuch Klemmbuch Klemmbuch Klemmbuch
Klemmbuch Klemmbuch Klemmbuch Klemmbuch
Klemmbuch Klemmbuch Klemmbuch Klemmbuch
Klemmbuch Klemmbuch Klemmbuch Klemmbuch
Klemmbuch Klemmbuch Klemmbuch Klemmbuch
Klemmbuch Klemmbuch Klemmbuch Klemmbuch

Klemmbuch Klemmbuch Klemmbuch Klemmbuch
Klemmbuch Klemmbuch Klemmbuch Klemmbuch
Klemmbuch Klemmbuch Klemmbuch Klemmbuch
Klemmbuch Klemmbuch Klemmbuch Klemmbuch
Klemmbuch Klemmbuch Klemmbuch Klemmbuch
Klemmbuch Klemmbuch Klemmbuch Klemmbuch
Klemmbuch Klemmbuch Klemmbuch Klemmbuch
Klemmbuch Klemmbuch Klemmbuch Klemmbuch
Klemmbuch Klemmbuch Klemmbuch Klemmbuch
Klemmbuch Klemmbuch Klemmbuch Klemmbuch
Klemmbuch Klemmbuch Klemmbuch Klemmbuch
Klemmbuch Klemmbuch Klemmbuch Klemmbuch
Klemmbuch Klemmbuch Klemmbuch Klemmbuch
Klemmbuch Klemmbuch Klemmbuch Klemmbuch
Klemmbuch Klemmbuch Klemmbuch Klemmbuch
Klemmbuch Klemmbuch Klemmbuch Klemmbuch
Klemmbuch Klemmbuch Klemmbuch Klemmbuch
Klemmbuch Klemmbuch Klemmbuch Klemmbuch
Klemmbuch Klemmbuch Klemmbuch Klemmbuch
Klemmbuch Klemmbuch Klemmbuch Klemmbuch
Klemmbuch Klemmbuch Klemmbuch Klemmbuch

Klemmbuch Klemmbuch Klemmbuch Klemmbuch
Klemmbuch Klemmbuch Klemmbuch Klemmbuch
Klemmbuch Klemmbuch Klemmbuch Klemmbuch
Klemmbuch Klemmbuch Klemmbuch Klemmbuch
Klemmbuch Klemmbuch Klemmbuch Klemmbuch
Klemmbuch Klemmbuch Klemmbuch Klemmbuch

Klemmbuch Klemmbuch Klemmbuch Klemmbuch
Klemmbuch Klemmbuch Klemmbuch Klemmbuch
Klemmbuch Klemmbuch Klemmbuch Klemmbuch
Klemmbuch Klemmbuch Klemmbuch Klemmbuch
Klemmbuch Klemmbuch Klemmbuch Klemmbuch
Klemmbuch Klemmbuch Klemmbuch Klemmbuch
Klemmbuch Klemmbuch Klemmbuch Klemmbuch
Klemmbuch Klemmbuch Klemmbuch Klemmbuch
Klemmbuch Klemmbuch Klemmbuch Klemmbuch
Klemmbuch Klemmbuch Klemmbuch Klemmbuch
Klemmbuch Klemmbuch Klemmbuch Klemmbuch
Klemmbuch Klemmbuch Klemmbuch Klemmbuch
Klemmbuch Klemmbuch Klemmbuch Klemmbuch
Klemmbuch Klemmbuch Klemmbuch Klemmbuch
Klemmbuch Klemmbuch Klemmbuch Klemmbuch
Klemmbuch Klemmbuch Klemmbuch Klemmbuch

Klemmbuch Klemmbuch Klemmbuch Klemmbuch
Klemmbuch Klemmbuch Klemmbuch Klemmbuch
Klemmbuch Klemmbuch Klemmbuch Klemmbuch
Klemmbuch Klemmbuch Klemmbuch Klemmbuch
Klemmbuch Klemmbuch Klemmbuch Klemmbuch
Klemmbuch Klemmbuch Klemmbuch Klemmbuch
Klemmbuch Klemmbuch Klemmbuch Klemmbuch
Klemmbuch Klemmbuch Klemmbuch Klemmbuch
Klemmbuch Klemmbuch Klemmbuch Klemmbuch
Klemmbuch Klemmbuch Klemmbuch Klemmbuch
Klemmbuch Klemmbuch Klemmbuch Klemmbuch
Klemmbuch Klemmbuch Klemmbuch Klemmbuch
Klemmbuch Klemmbuch Klemmbuch Klemmbuch
Klemmbuch Klemmbuch Klemmbuch Klemmbuch
Klemmbuch Klemmbuch Klemmbuch Klemmbuch
Klemmbuch Klemmbuch Klemmbuch Klemmbuch
Klemmbuch Klemmbuch Klemmbuch Klemmbuch
Klemmbuch Klemmbuch Klemmbuch Klemmbuch
Klemmbuch Klemmbuch Klemmbuch Klemmbuch

Klemmbuch Klemmbuch Klemmbuch Klemmbuch
Klemmbuch Klemmbuch Klemmbuch Klemmbuch

Klemmbuch Klemmbuch Klemmbuch Klemmbuch
Klemmbuch Klemmbuch Klemmbuch Klemmbuch
Klemmbuch Klemmbuch Klemmbuch Klemmbuch
Klemmbuch Klemmbuch Klemmbuch Klemmbuch
Klemmbuch Klemmbuch Klemmbuch Klemmbuch
Klemmbuch Klemmbuch Klemmbuch Klemmbuch
Klemmbuch Klemmbuch Klemmbuch Klemmbuch
Klemmbuch Klemmbuch Klemmbuch Klemmbuch
Klemmbuch Klemmbuch Klemmbuch Klemmbuch
Klemmbuch Klemmbuch Klemmbuch Klemmbuch
Klemmbuch Klemmbuch Klemmbuch Klemmbuch
Klemmbuch Klemmbuch Klemmbuch Klemmbuch
Klemmbuch Klemmbuch Klemmbuch Klemmbuch
Klemmbuch Klemmbuch Klemmbuch Klemmbuch
Klemmbuch Klemmbuch Klemmbuch Klemmbuch
Klemmbuch Klemmbuch Klemmbuch Klemmbuch
Klemmbuch Klemmbuch Klemmbuch Klemmbuch
Klemmbuch Klemmbuch Klemmbuch Klemmbuch
Klemmbuch Klemmbuch Klemmbuch Klemmbuch
Klemmbuch Klemmbuch Klemmbuch Klemmbuch
Klemmbuch Klemmbuch Klemmbuch Klemmbuch

Klemmbuch Klemmbuch Klemmbuch Klemmbuch
Klemmbuch Klemmbuch Klemmbuch Klemmbuch
Klemmbuch Klemmbuch Klemmbuch Klemmbuch
Klemmbuch Klemmbuch Klemmbuch Klemmbuch
Klemmbuch Klemmbuch Klemmbuch Klemmbuch
Klemmbuch Klemmbuch Klemmbuch Klemmbuch
Klemmbuch Klemmbuch Klemmbuch Klemmbuch
Klemmbuch Klemmbuch Klemmbuch Klemmbuch
Klemmbuch Klemmbuch Klemmbuch Klemmbuch
Klemmbuch Klemmbuch Klemmbuch Klemmbuch
Klemmbuch Klemmbuch Klemmbuch Klemmbuch

Klemmbuch Klemmbuch Klemmbuch Klemmbuch
Klemmbuch Klemmbuch Klemmbuch Klemmbuch
Klemmbuch Klemmbuch Klemmbuch Klemmbuch
Klemmbuch Klemmbuch Klemmbuch Klemmbuch
Klemmbuch Klemmbuch Klemmbuch Klemmbuch
Klemmbuch Klemmbuch Klemmbuch Klemmbuch
Klemmbuch Klemmbuch Klemmbuch Klemmbuch
Klemmbuch Klemmbuch Klemmbuch Klemmbuch
Klemmbuch Klemmbuch Klemmbuch Klemmbuch
Klemmbuch Klemmbuch Klemmbuch Klemmbuch
Klemmbuch Klemmbuch Klemmbuch Klemmbuch

Klemmbuch Klemmbuch Klemmbuch Klemmbuch
Klemmbuch Klemmbuch Klemmbuch Klemmbuch
Klemmbuch Klemmbuch Klemmbuch Klemmbuch
Klemmbuch Klemmbuch Klemmbuch Klemmbuch
Klemmbuch Klemmbuch Klemmbuch Klemmbuch
Klemmbuch Klemmbuch Klemmbuch Klemmbuch
Klemmbuch Klemmbuch Klemmbuch Klemmbuch
Klemmbuch Klemmbuch Klemmbuch Klemmbuch
Klemmbuch Klemmbuch Klemmbuch Klemmbuch
Klemmbuch Klemmbuch Klemmbuch Klemmbuch
Klemmbuch Klemmbuch Klemmbuch Klemmbuch
Klemmbuch Klemmbuch Klemmbuch Klemmbuch
Klemmbuch Klemmbuch Klemmbuch Klemmbuch
Klemmbuch Klemmbuch Klemmbuch Klemmbuch
Klemmbuch Klemmbuch Klemmbuch Klemmbuch
Klemmbuch Klemmbuch Klemmbuch Klemmbuch
Klemmbuch Klemmbuch Klemmbuch Klemmbuch
Klemmbuch Klemmbuch Klemmbuch Klemmbuch
Klemmbuch Klemmbuch Klemmbuch Klemmbuch
Klemmbuch Klemmbuch Klemmbuch Klemmbuch
Klemmbuch Klemmbuch Klemmbuch Klemmbuch

Klemmbuch Klemmbuch Klemmbuch Klemmbuch
Klemmbuch Klemmbuch Klemmbuch Klemmbuch

Klemmbuch Klemmbuch Klemmbuch Klemmbuch
Klemmbuch Klemmbuch Klemmbuch Klemmbuch
Klemmbuch Klemmbuch Klemmbuch Klemmbuch
Klemmbuch Klemmbuch Klemmbuch Klemmbuch
Klemmbuch Klemmbuch Klemmbuch Klemmbuch
Klemmbuch Klemmbuch Klemmbuch Klemmbuch
Klemmbuch Klemmbuch Klemmbuch Klemmbuch
Klemmbuch Klemmbuch Klemmbuch Klemmbuch
Klemmbuch Klemmbuch Klemmbuch Klemmbuch
Klemmbuch Klemmbuch Klemmbuch Klemmbuch
Klemmbuch Klemmbuch Klemmbuch Klemmbuch
Klemmbuch Klemmbuch Klemmbuch Klemmbuch
Klemmbuch Klemmbuch Klemmbuch Klemmbuch
Klemmbuch Klemmbuch Klemmbuch Klemmbuch
Klemmbuch Klemmbuch Klemmbuch Klemmbuch
Klemmbuch Klemmbuch Klemmbuch Klemmbuch
Klemmbuch Klemmbuch Klemmbuch Klemmbuch
Klemmbuch Klemmbuch Klemmbuch Klemmbuch
Klemmbuch Klemmbuch Klemmbuch Klemmbuch
Klemmbuch Klemmbuch Klemmbuch Klemmbuch

Klemmbuch Klemmbuch Klemmbuch Klemmbuch
Klemmbuch Klemmbuch Klemmbuch Klemmbuch
Klemmbuch Klemmbuch Klemmbuch Klemmbuch
Klemmbuch Klemmbuch Klemmbuch Klemmbuch
Klemmbuch Klemmbuch Klemmbuch Klemmbuch
Klemmbuch Klemmbuch Klemmbuch Klemmbuch
Klemmbuch Klemmbuch Klemmbuch Klemmbuch
Klemmbuch Klemmbuch Klemmbuch Klemmbuch
Klemmbuch Klemmbuch Klemmbuch Klemmbuch
Klemmbuch Klemmbuch Klemmbuch Klemmbuch
Klemmbuch Klemmbuch Klemmbuch Klemmbuch
Klemmbuch Klemmbuch Klemmbuch Klemmbuch
Klemmbuch Klemmbuch Klemmbuch Klemmbuch
Klemmbuch Klemmbuch Klemmbuch Klemmbuch
Klemmbuch Klemmbuch Klemmbuch Klemmbuch
Klemmbuch Klemmbuch Klemmbuch Klemmbuch
Klemmbuch Klemmbuch Klemmbuch Klemmbuch

Klemmbuch Klemmbuch Klemmbuch Klemmbuch
Klemmbuch Klemmbuch Klemmbuch Klemmbuch
Klemmbuch Klemmbuch Klemmbuch Klemmbuch
Klemmbuch Klemmbuch Klemmbuch Klemmbuch
Klemmbuch Klemmbuch Klemmbuch Klemmbuch

Klemmbuch Klemmbuch Klemmbuch Klemmbuch
Klemmbuch Klemmbuch Klemmbuch Klemmbuch
Klemmbuch Klemmbuch Klemmbuch Klemmbuch
Klemmbuch Klemmbuch Klemmbuch Klemmbuch
Klemmbuch Klemmbuch Klemmbuch Klemmbuch
Klemmbuch Klemmbuch Klemmbuch Klemmbuch
Klemmbuch Klemmbuch Klemmbuch Klemmbuch
Klemmbuch Klemmbuch Klemmbuch Klemmbuch
Klemmbuch Klemmbuch Klemmbuch Klemmbuch
Klemmbuch Klemmbuch Klemmbuch Klemmbuch
Klemmbuch Klemmbuch Klemmbuch Klemmbuch
Klemmbuch Klemmbuch Klemmbuch Klemmbuch
Klemmbuch Klemmbuch Klemmbuch Klemmbuch
Klemmbuch Klemmbuch Klemmbuch Klemmbuch
Klemmbuch Klemmbuch Klemmbuch Klemmbuch
Klemmbuch Klemmbuch Klemmbuch Klemmbuch
Klemmbuch Klemmbuch Klemmbuch Klemmbuch
Klemmbuch Klemmbuch Klemmbuch Klemmbuch
Klemmbuch Klemmbuch Klemmbuch Klemmbuch
Klemmbuch Klemmbuch Klemmbuch Klemmbuch

Klemmbuch Klemmbuch Klemmbuch Klemmbuch
Klemmbuch Klemmbuch Klemmbuch Klemmbuch
Klemmbuch Klemmbuch Klemmbuch Klemmbuch
Klemmbuch Klemmbuch Klemmbuch Klemmbuch
Klemmbuch Klemmbuch Klemmbuch Klemmbuch
Klemmbuch Klemmbuch Klemmbuch Klemmbuch
Klemmbuch Klemmbuch Klemmbuch Klemmbuch
Klemmbuch Klemmbuch Klemmbuch Klemmbuch

Klemmbuch Klemmbuch Klemmbuch Klemmbuch
Klemmbuch Klemmbuch Klemmbuch Klemmbuch
Klemmbuch Klemmbuch Klemmbuch Klemmbuch
Klemmbuch Klemmbuch Klemmbuch Klemmbuch
Klemmbuch Klemmbuch Klemmbuch Klemmbuch
Klemmbuch Klemmbuch Klemmbuch Klemmbuch
Klemmbuch Klemmbuch Klemmbuch Klemmbuch
Klemmbuch Klemmbuch Klemmbuch Klemmbuch
Klemmbuch Klemmbuch Klemmbuch Klemmbuch
Klemmbuch Klemmbuch Klemmbuch Klemmbuch
Klemmbuch Klemmbuch Klemmbuch Klemmbuch
Klemmbuch Klemmbuch Klemmbuch Klemmbuch
Klemmbuch Klemmbuch Klemmbuch Klemmbuch
Klemmbuch Klemmbuch Klemmbuch Klemmbuch

Klemmbuch Klemmbuch Klemmbuch Klemmbuch
Klemmbuch Klemmbuch Klemmbuch Klemmbuch
Klemmbuch Klemmbuch Klemmbuch Klemmbuch
Klemmbuch Klemmbuch Klemmbuch Klemmbuch
Klemmbuch Klemmbuch Klemmbuch Klemmbuch
Klemmbuch Klemmbuch Klemmbuch Klemmbuch
Klemmbuch Klemmbuch Klemmbuch Klemmbuch
Klemmbuch Klemmbuch Klemmbuch Klemmbuch
Klemmbuch Klemmbuch Klemmbuch Klemmbuch
Klemmbuch Klemmbuch Klemmbuch Klemmbuch
Klemmbuch Klemmbuch Klemmbuch Klemmbuch
Klemmbuch Klemmbuch Klemmbuch Klemmbuch
Klemmbuch Klemmbuch Klemmbuch Klemmbuch
Klemmbuch Klemmbuch Klemmbuch Klemmbuch
Klemmbuch Klemmbuch Klemmbuch Klemmbuch
Klemmbuch Klemmbuch Klemmbuch Klemmbuch
Klemmbuch Klemmbuch Klemmbuch Klemmbuch
Klemmbuch Klemmbuch Klemmbuch Klemmbuch
Klemmbuch Klemmbuch Klemmbuch Klemmbuch
Klemmbuch Klemmbuch Klemmbuch Klemmbuch
Klemmbuch Klemmbuch Klemmbuch Klemmbuch

Klemmbuch Klemmbuch Klemmbuch Klemmbuch
Klemmbuch Klemmbuch Klemmbuch Klemmbuch
Klemmbuch Klemmbuch Klemmbuch Klemmbuch
Klemmbuch Klemmbuch Klemmbuch Klemmbuch
Klemmbuch Klemmbuch Klemmbuch Klemmbuch
Klemmbuch Klemmbuch Klemmbuch Klemmbuch
Klemmbuch Klemmbuch Klemmbuch Klemmbuch
Klemmbuch Klemmbuch Klemmbuch Klemmbuch
Klemmbuch Klemmbuch Klemmbuch Klemmbuch
Klemmbuch Klemmbuch Klemmbuch Klemmbuch
Klemmbuch Klemmbuch Klemmbuch Klemmbuch
Klemmbuch Klemmbuch Klemmbuch Klemmbuch
Klemmbuch Klemmbuch Klemmbuch Klemmbuch
Klemmbuch Klemmbuch Klemmbuch Klemmbuch
Klemmbuch Klemmbuch Klemmbuch Klemmbuch
Klemmbuch Klemmbuch Klemmbuch Klemmbuch
Klemmbuch Klemmbuch Klemmbuch Klemmbuch
Klemmbuch Klemmbuch Klemmbuch Klemmbuch
Klemmbuch Klemmbuch Klemmbuch Klemmbuch
Klemmbuch Klemmbuch Klemmbuch Klemmbuch
Klemmbuch Klemmbuch Klemmbuch Klemmbuch

Klemmbuch Klemmbuch Klemmbuch Klemmbuch
Klemmbuch Klemmbuch Klemmbuch Klemmbuch
Klemmbuch Klemmbuch Klemmbuch Klemmbuch
Klemmbuch Klemmbuch Klemmbuch Klemmbuch
Klemmbuch Klemmbuch Klemmbuch Klemmbuch
Klemmbuch Klemmbuch Klemmbuch Klemmbuch
Klemmbuch Klemmbuch Klemmbuch Klemmbuch
Klemmbuch Klemmbuch Klemmbuch Klemmbuch
Klemmbuch Klemmbuch Klemmbuch Klemmbuch
Klemmbuch Klemmbuch Klemmbuch Klemmbuch
Klemmbuch Klemmbuch Klemmbuch Klemmbuch
Klemmbuch Klemmbuch Klemmbuch Klemmbuch
Klemmbuch Klemmbuch Klemmbuch Klemmbuch
Klemmbuch Klemmbuch Klemmbuch Klemmbuch
Klemmbuch Klemmbuch Klemmbuch Klemmbuch

Klemmbuch Klemmbuch Klemmbuch Klemmbuch
Klemmbuch Klemmbuch Klemmbuch Klemmbuch
Klemmbuch Klemmbuch Klemmbuch Klemmbuch
Klemmbuch Klemmbuch Klemmbuch Klemmbuch
Klemmbuch Klemmbuch Klemmbuch Klemmbuch
Klemmbuch Klemmbuch Klemmbuch Klemmbuch
Klemmbuch Klemmbuch Klemmbuch Klemmbuch

Klemmbuch Klemmbuch Klemmbuch Klemmbuch
Klemmbuch Klemmbuch Klemmbuch Klemmbuch
Klemmbuch Klemmbuch Klemmbuch Klemmbuch
Klemmbuch Klemmbuch Klemmbuch Klemmbuch
Klemmbuch Klemmbuch Klemmbuch Klemmbuch
Klemmbuch Klemmbuch Klemmbuch Klemmbuch
Klemmbuch Klemmbuch Klemmbuch Klemmbuch
Klemmbuch Klemmbuch Klemmbuch Klemmbuch
Klemmbuch Klemmbuch Klemmbuch Klemmbuch
Klemmbuch Klemmbuch Klemmbuch Klemmbuch
Klemmbuch Klemmbuch Klemmbuch Klemmbuch
Klemmbuch Klemmbuch Klemmbuch Klemmbuch
Klemmbuch Klemmbuch Klemmbuch Klemmbuch
Klemmbuch Klemmbuch Klemmbuch Klemmbuch
Klemmbuch Klemmbuch Klemmbuch Klemmbuch
Klemmbuch Klemmbuch Klemmbuch Klemmbuch
Klemmbuch Klemmbuch Klemmbuch Klemmbuch
Klemmbuch Klemmbuch Klemmbuch Klemmbuch
Klemmbuch Klemmbuch Klemmbuch Klemmbuch
Klemmbuch Klemmbuch Klemmbuch Klemmbuch
Klemmbuch Klemmbuch Klemmbuch Klemmbuch

Klemmbuch Klemmbuch Klemmbuch Klemmbuch
Klemmbuch Klemmbuch Klemmbuch Klemmbuch
Klemmbuch Klemmbuch Klemmbuch Klemmbuch
Klemmbuch Klemmbuch Klemmbuch Klemmbuch
Klemmbuch Klemmbuch Klemmbuch Klemmbuch
Klemmbuch Klemmbuch Klemmbuch Klemmbuch

Klemmbuch Klemmbuch Klemmbuch Klemmbuch
Klemmbuch Klemmbuch Klemmbuch Klemmbuch
Klemmbuch Klemmbuch Klemmbuch Klemmbuch
Klemmbuch Klemmbuch Klemmbuch Klemmbuch
Klemmbuch Klemmbuch Klemmbuch Klemmbuch
Klemmbuch Klemmbuch Klemmbuch Klemmbuch
Klemmbuch Klemmbuch Klemmbuch Klemmbuch
Klemmbuch Klemmbuch Klemmbuch Klemmbuch
Klemmbuch Klemmbuch Klemmbuch Klemmbuch
Klemmbuch Klemmbuch Klemmbuch Klemmbuch
Klemmbuch Klemmbuch Klemmbuch Klemmbuch
Klemmbuch Klemmbuch Klemmbuch Klemmbuch
Klemmbuch Klemmbuch Klemmbuch Klemmbuch
Klemmbuch Klemmbuch Klemmbuch Klemmbuch
Klemmbuch Klemmbuch Klemmbuch Klemmbuch
Klemmbuch Klemmbuch Klemmbuch Klemmbuch

Klemmbuch Klemmbuch Klemmbuch Klemmbuch
Klemmbuch Klemmbuch Klemmbuch Klemmbuch
Klemmbuch Klemmbuch Klemmbuch Klemmbuch
Klemmbuch Klemmbuch Klemmbuch Klemmbuch
Klemmbuch Klemmbuch Klemmbuch Klemmbuch
Klemmbuch Klemmbuch Klemmbuch Klemmbuch
Klemmbuch Klemmbuch Klemmbuch Klemmbuch
Klemmbuch Klemmbuch Klemmbuch Klemmbuch
Klemmbuch Klemmbuch Klemmbuch Klemmbuch
Klemmbuch Klemmbuch Klemmbuch Klemmbuch
Klemmbuch Klemmbuch Klemmbuch Klemmbuch
Klemmbuch Klemmbuch Klemmbuch Klemmbuch
Klemmbuch Klemmbuch Klemmbuch Klemmbuch
Klemmbuch Klemmbuch Klemmbuch Klemmbuch
Klemmbuch Klemmbuch Klemmbuch Klemmbuch
Klemmbuch Klemmbuch Klemmbuch Klemmbuch
Klemmbuch Klemmbuch Klemmbuch Klemmbuch
Klemmbuch Klemmbuch Klemmbuch Klemmbuch
Klemmbuch Klemmbuch Klemmbuch Klemmbuch
Klemmbuch Klemmbuch Klemmbuch Klemmbuch

Klemmbuch Klemmbuch Klemmbuch Klemmbuch
Klemmbuch Klemmbuch Klemmbuch Klemmbuch

Klemmbuch Klemmbuch Klemmbuch Klemmbuch
Klemmbuch Klemmbuch Klemmbuch Klemmbuch
Klemmbuch Klemmbuch Klemmbuch Klemmbuch
Klemmbuch Klemmbuch Klemmbuch Klemmbuch
Klemmbuch Klemmbuch Klemmbuch Klemmbuch
Klemmbuch Klemmbuch Klemmbuch Klemmbuch
Klemmbuch Klemmbuch Klemmbuch Klemmbuch
Klemmbuch Klemmbuch Klemmbuch Klemmbuch
Klemmbuch Klemmbuch Klemmbuch Klemmbuch
Klemmbuch Klemmbuch Klemmbuch Klemmbuch
Klemmbuch Klemmbuch Klemmbuch Klemmbuch
Klemmbuch Klemmbuch Klemmbuch Klemmbuch
Klemmbuch Klemmbuch Klemmbuch Klemmbuch
Klemmbuch Klemmbuch Klemmbuch Klemmbuch
Klemmbuch Klemmbuch Klemmbuch Klemmbuch
Klemmbuch Klemmbuch Klemmbuch Klemmbuch
Klemmbuch Klemmbuch Klemmbuch Klemmbuch
Klemmbuch Klemmbuch Klemmbuch Klemmbuch
Klemmbuch Klemmbuch Klemmbuch Klemmbuch
Klemmbuch Klemmbuch Klemmbuch Klemmbuch
Klemmbuch Klemmbuch Klemmbuch Klemmbuch
Klemmbuch Klemmbuch Klemmbuch Klemmbuch

Klemmbuch Klemmbuch Klemmbuch Klemmbuch
Klemmbuch Klemmbuch Klemmbuch Klemmbuch
Klemmbuch Klemmbuch Klemmbuch Klemmbuch
Klemmbuch Klemmbuch Klemmbuch Klemmbuch
Klemmbuch Klemmbuch Klemmbuch Klemmbuch
Klemmbuch Klemmbuch Klemmbuch Klemmbuch
Klemmbuch Klemmbuch Klemmbuch Klemmbuch
Klemmbuch Klemmbuch Klemmbuch Klemmbuch
Klemmbuch Klemmbuch Klemmbuch Klemmbuch
Klemmbuch Klemmbuch Klemmbuch Klemmbuch
Klemmbuch Klemmbuch Klemmbuch Klemmbuch

Klemmbuch Klemmbuch Klemmbuch Klemmbuch
Klemmbuch Klemmbuch Klemmbuch Klemmbuch
Klemmbuch Klemmbuch Klemmbuch Klemmbuch
Klemmbuch Klemmbuch Klemmbuch Klemmbuch
Klemmbuch Klemmbuch Klemmbuch Klemmbuch
Klemmbuch Klemmbuch Klemmbuch Klemmbuch
Klemmbuch Klemmbuch Klemmbuch Klemmbuch
Klemmbuch Klemmbuch Klemmbuch Klemmbuch
Klemmbuch Klemmbuch Klemmbuch Klemmbuch
Klemmbuch Klemmbuch Klemmbuch Klemmbuch
Klemmbuch Klemmbuch Klemmbuch Klemmbuch

Klemmbuch Klemmbuch Klemmbuch Klemmbuch
Klemmbuch Klemmbuch Klemmbuch Klemmbuch
Klemmbuch Klemmbuch Klemmbuch Klemmbuch
Klemmbuch Klemmbuch Klemmbuch Klemmbuch
Klemmbuch Klemmbuch Klemmbuch Klemmbuch
Klemmbuch Klemmbuch Klemmbuch Klemmbuch
Klemmbuch Klemmbuch Klemmbuch Klemmbuch
Klemmbuch Klemmbuch Klemmbuch Klemmbuch
Klemmbuch Klemmbuch Klemmbuch Klemmbuch
Klemmbuch Klemmbuch Klemmbuch Klemmbuch
Klemmbuch Klemmbuch Klemmbuch Klemmbuch
Klemmbuch Klemmbuch Klemmbuch Klemmbuch
Klemmbuch Klemmbuch Klemmbuch Klemmbuch
Klemmbuch Klemmbuch Klemmbuch Klemmbuch
Klemmbuch Klemmbuch Klemmbuch Klemmbuch
Klemmbuch Klemmbuch Klemmbuch Klemmbuch
Klemmbuch Klemmbuch Klemmbuch Klemmbuch
Klemmbuch Klemmbuch Klemmbuch Klemmbuch
Klemmbuch Klemmbuch Klemmbuch Klemmbuch
Klemmbuch Klemmbuch Klemmbuch Klemmbuch
Klemmbuch Klemmbuch Klemmbuch Klemmbuch

Klemmbuch Klemmbuch Klemmbuch Klemmbuch
Klemmbuch Klemmbuch Klemmbuch Klemmbuch

Klemmbuch Klemmbuch Klemmbuch Klemmbuch
Klemmbuch Klemmbuch Klemmbuch Klemmbuch
Klemmbuch Klemmbuch Klemmbuch Klemmbuch
Klemmbuch Klemmbuch Klemmbuch Klemmbuch
Klemmbuch Klemmbuch Klemmbuch Klemmbuch
Klemmbuch Klemmbuch Klemmbuch Klemmbuch
Klemmbuch Klemmbuch Klemmbuch Klemmbuch
Klemmbuch Klemmbuch Klemmbuch Klemmbuch
Klemmbuch Klemmbuch Klemmbuch Klemmbuch
Klemmbuch Klemmbuch Klemmbuch Klemmbuch
Klemmbuch Klemmbuch Klemmbuch Klemmbuch
Klemmbuch Klemmbuch Klemmbuch Klemmbuch
Klemmbuch Klemmbuch Klemmbuch Klemmbuch
Klemmbuch Klemmbuch Klemmbuch Klemmbuch
Klemmbuch Klemmbuch Klemmbuch Klemmbuch
Klemmbuch Klemmbuch Klemmbuch Klemmbuch
Klemmbuch Klemmbuch Klemmbuch Klemmbuch
Klemmbuch Klemmbuch Klemmbuch Klemmbuch
Klemmbuch Klemmbuch Klemmbuch Klemmbuch
Klemmbuch Klemmbuch Klemmbuch Klemmbuch

Klemmbuch Klemmbuch Klemmbuch Klemmbuch
Klemmbuch Klemmbuch Klemmbuch Klemmbuch
Klemmbuch Klemmbuch Klemmbuch Klemmbuch
Klemmbuch Klemmbuch Klemmbuch Klemmbuch
Klemmbuch Klemmbuch Klemmbuch Klemmbuch
Klemmbuch Klemmbuch Klemmbuch Klemmbuch
Klemmbuch Klemmbuch Klemmbuch Klemmbuch
Klemmbuch Klemmbuch Klemmbuch Klemmbuch
Klemmbuch Klemmbuch Klemmbuch Klemmbuch
Klemmbuch Klemmbuch Klemmbuch Klemmbuch
Klemmbuch Klemmbuch Klemmbuch Klemmbuch
Klemmbuch Klemmbuch Klemmbuch Klemmbuch
Klemmbuch Klemmbuch Klemmbuch Klemmbuch
Klemmbuch Klemmbuch Klemmbuch Klemmbuch
Klemmbuch Klemmbuch Klemmbuch Klemmbuch
Klemmbuch Klemmbuch Klemmbuch Klemmbuch
Klemmbuch Klemmbuch Klemmbuch Klemmbuch

Klemmbuch Klemmbuch Klemmbuch Klemmbuch
Klemmbuch Klemmbuch Klemmbuch Klemmbuch
Klemmbuch Klemmbuch Klemmbuch Klemmbuch
Klemmbuch Klemmbuch Klemmbuch Klemmbuch
Klemmbuch Klemmbuch Klemmbuch Klemmbuch

Klemmbuch Klemmbuch Klemmbuch Klemmbuch
Klemmbuch Klemmbuch Klemmbuch Klemmbuch
Klemmbuch Klemmbuch Klemmbuch Klemmbuch
Klemmbuch Klemmbuch Klemmbuch Klemmbuch
Klemmbuch Klemmbuch Klemmbuch Klemmbuch
Klemmbuch Klemmbuch Klemmbuch Klemmbuch
Klemmbuch Klemmbuch Klemmbuch Klemmbuch
Klemmbuch Klemmbuch Klemmbuch Klemmbuch
Klemmbuch Klemmbuch Klemmbuch Klemmbuch
Klemmbuch Klemmbuch Klemmbuch Klemmbuch
Klemmbuch Klemmbuch Klemmbuch Klemmbuch
Klemmbuch Klemmbuch Klemmbuch Klemmbuch
Klemmbuch Klemmbuch Klemmbuch Klemmbuch
Klemmbuch Klemmbuch Klemmbuch Klemmbuch
Klemmbuch Klemmbuch Klemmbuch Klemmbuch
Klemmbuch Klemmbuch Klemmbuch Klemmbuch
Klemmbuch Klemmbuch Klemmbuch Klemmbuch
Klemmbuch Klemmbuch Klemmbuch Klemmbuch
Klemmbuch Klemmbuch Klemmbuch Klemmbuch
Klemmbuch Klemmbuch Klemmbuch Klemmbuch
Klemmbuch Klemmbuch Klemmbuch Klemmbuch

Klemmbuch Klemmbuch Klemmbuch Klemmbuch
Klemmbuch Klemmbuch Klemmbuch Klemmbuch
Klemmbuch Klemmbuch Klemmbuch Klemmbuch
Klemmbuch Klemmbuch Klemmbuch Klemmbuch
Klemmbuch Klemmbuch Klemmbuch Klemmbuch
Klemmbuch Klemmbuch Klemmbuch Klemmbuch
Klemmbuch Klemmbuch Klemmbuch Klemmbuch
Klemmbuch Klemmbuch Klemmbuch Klemmbuch

Klemmbuch Klemmbuch Klemmbuch Klemmbuch
Klemmbuch Klemmbuch Klemmbuch Klemmbuch
Klemmbuch Klemmbuch Klemmbuch Klemmbuch
Klemmbuch Klemmbuch Klemmbuch Klemmbuch
Klemmbuch Klemmbuch Klemmbuch Klemmbuch
Klemmbuch Klemmbuch Klemmbuch Klemmbuch
Klemmbuch Klemmbuch Klemmbuch Klemmbuch
Klemmbuch Klemmbuch Klemmbuch Klemmbuch
Klemmbuch Klemmbuch Klemmbuch Klemmbuch
Klemmbuch Klemmbuch Klemmbuch Klemmbuch
Klemmbuch Klemmbuch Klemmbuch Klemmbuch
Klemmbuch Klemmbuch Klemmbuch Klemmbuch
Klemmbuch Klemmbuch Klemmbuch Klemmbuch
Klemmbuch Klemmbuch Klemmbuch Klemmbuch

Klemmbuch Klemmbuch Klemmbuch Klemmbuch
Klemmbuch Klemmbuch Klemmbuch Klemmbuch
Klemmbuch Klemmbuch Klemmbuch Klemmbuch
Klemmbuch Klemmbuch Klemmbuch Klemmbuch
Klemmbuch Klemmbuch Klemmbuch Klemmbuch
Klemmbuch Klemmbuch Klemmbuch Klemmbuch
Klemmbuch Klemmbuch Klemmbuch Klemmbuch
Klemmbuch Klemmbuch Klemmbuch Klemmbuch
Klemmbuch Klemmbuch Klemmbuch Klemmbuch
Klemmbuch Klemmbuch Klemmbuch Klemmbuch
Klemmbuch Klemmbuch Klemmbuch Klemmbuch
Klemmbuch Klemmbuch Klemmbuch Klemmbuch
Klemmbuch Klemmbuch Klemmbuch Klemmbuch
Klemmbuch Klemmbuch Klemmbuch Klemmbuch
Klemmbuch Klemmbuch Klemmbuch Klemmbuch
Klemmbuch Klemmbuch Klemmbuch Klemmbuch
Klemmbuch Klemmbuch Klemmbuch Klemmbuch
Klemmbuch Klemmbuch Klemmbuch Klemmbuch
Klemmbuch Klemmbuch Klemmbuch Klemmbuch
Klemmbuch Klemmbuch Klemmbuch Klemmbuch
Klemmbuch Klemmbuch Klemmbuch Klemmbuch
Klemmbuch Klemmbuch Klemmbuch Klemmbuch

Klemmbuch Klemmbuch Klemmbuch Klemmbuch
Klemmbuch Klemmbuch Klemmbuch Klemmbuch
Klemmbuch Klemmbuch Klemmbuch Klemmbuch
Klemmbuch Klemmbuch Klemmbuch Klemmbuch
Klemmbuch Klemmbuch Klemmbuch Klemmbuch
Klemmbuch Klemmbuch Klemmbuch Klemmbuch
Klemmbuch Klemmbuch Klemmbuch Klemmbuch
Klemmbuch Klemmbuch Klemmbuch Klemmbuch
Klemmbuch Klemmbuch Klemmbuch Klemmbuch
Klemmbuch Klemmbuch Klemmbuch Klemmbuch
Klemmbuch Klemmbuch Klemmbuch Klemmbuch
Klemmbuch Klemmbuch Klemmbuch Klemmbuch
Klemmbuch Klemmbuch Klemmbuch Klemmbuch
Klemmbuch Klemmbuch Klemmbuch Klemmbuch
Klemmbuch Klemmbuch Klemmbuch Klemmbuch
Klemmbuch Klemmbuch Klemmbuch Klemmbuch
Klemmbuch Klemmbuch Klemmbuch Klemmbuch
Klemmbuch Klemmbuch Klemmbuch Klemmbuch
Klemmbuch Klemmbuch Klemmbuch Klemmbuch
Klemmbuch Klemmbuch Klemmbuch Klemmbuch
Klemmbuch Klemmbuch Klemmbuch Klemmbuch
Klemmbuch Klemmbuch Klemmbuch Klemmbuch

Klemmbuch Klemmbuch Klemmbuch Klemmbuch
Klemmbuch Klemmbuch Klemmbuch Klemmbuch
Klemmbuch Klemmbuch Klemmbuch Klemmbuch
Klemmbuch Klemmbuch Klemmbuch Klemmbuch
Klemmbuch Klemmbuch Klemmbuch Klemmbuch
Klemmbuch Klemmbuch Klemmbuch Klemmbuch
Klemmbuch Klemmbuch Klemmbuch Klemmbuch
Klemmbuch Klemmbuch Klemmbuch Klemmbuch
Klemmbuch Klemmbuch Klemmbuch Klemmbuch
Klemmbuch Klemmbuch Klemmbuch Klemmbuch
Klemmbuch Klemmbuch Klemmbuch Klemmbuch
Klemmbuch Klemmbuch Klemmbuch Klemmbuch
Klemmbuch Klemmbuch Klemmbuch Klemmbuch
Klemmbuch Klemmbuch Klemmbuch Klemmbuch
Klemmbuch Klemmbuch Klemmbuch Klemmbuch

Klemmbuch Klemmbuch Klemmbuch Klemmbuch
Klemmbuch Klemmbuch Klemmbuch Klemmbuch
Klemmbuch Klemmbuch Klemmbuch Klemmbuch
Klemmbuch Klemmbuch Klemmbuch Klemmbuch
Klemmbuch Klemmbuch Klemmbuch Klemmbuch
Klemmbuch Klemmbuch Klemmbuch Klemmbuch
Klemmbuch Klemmbuch Klemmbuch Klemmbuch

Klemmbuch Klemmbuch Klemmbuch Klemmbuch
Klemmbuch Klemmbuch Klemmbuch Klemmbuch
Klemmbuch Klemmbuch Klemmbuch Klemmbuch
Klemmbuch Klemmbuch Klemmbuch Klemmbuch
Klemmbuch Klemmbuch Klemmbuch Klemmbuch
Klemmbuch Klemmbuch Klemmbuch Klemmbuch
Klemmbuch Klemmbuch Klemmbuch Klemmbuch
Klemmbuch Klemmbuch Klemmbuch Klemmbuch
Klemmbuch Klemmbuch Klemmbuch Klemmbuch
Klemmbuch Klemmbuch Klemmbuch Klemmbuch
Klemmbuch Klemmbuch Klemmbuch Klemmbuch
Klemmbuch Klemmbuch Klemmbuch Klemmbuch
Klemmbuch Klemmbuch Klemmbuch Klemmbuch
Klemmbuch Klemmbuch Klemmbuch Klemmbuch
Klemmbuch Klemmbuch Klemmbuch Klemmbuch
Klemmbuch Klemmbuch Klemmbuch Klemmbuch
Klemmbuch Klemmbuch Klemmbuch Klemmbuch
Klemmbuch Klemmbuch Klemmbuch Klemmbuch
Klemmbuch Klemmbuch Klemmbuch Klemmbuch
Klemmbuch Klemmbuch Klemmbuch Klemmbuch
Klemmbuch Klemmbuch Klemmbuch Klemmbuch

Klemmbuch Klemmbuch Klemmbuch Klemmbuch
Klemmbuch Klemmbuch Klemmbuch Klemmbuch
Klemmbuch Klemmbuch Klemmbuch Klemmbuch
Klemmbuch Klemmbuch Klemmbuch Klemmbuch
Klemmbuch Klemmbuch Klemmbuch Klemmbuch
Klemmbuch Klemmbuch Klemmbuch Klemmbuch

Klemmbuch Klemmbuch Klemmbuch Klemmbuch
Klemmbuch Klemmbuch Klemmbuch Klemmbuch
Klemmbuch Klemmbuch Klemmbuch Klemmbuch
Klemmbuch Klemmbuch Klemmbuch Klemmbuch
Klemmbuch Klemmbuch Klemmbuch Klemmbuch
Klemmbuch Klemmbuch Klemmbuch Klemmbuch
Klemmbuch Klemmbuch Klemmbuch Klemmbuch
Klemmbuch Klemmbuch Klemmbuch Klemmbuch
Klemmbuch Klemmbuch Klemmbuch Klemmbuch
Klemmbuch Klemmbuch Klemmbuch Klemmbuch
Klemmbuch Klemmbuch Klemmbuch Klemmbuch
Klemmbuch Klemmbuch Klemmbuch Klemmbuch
Klemmbuch Klemmbuch Klemmbuch Klemmbuch
Klemmbuch Klemmbuch Klemmbuch Klemmbuch
Klemmbuch Klemmbuch Klemmbuch Klemmbuch
Klemmbuch Klemmbuch Klemmbuch Klemmbuch

Klemmbuch Klemmbuch Klemmbuch Klemmbuch
Klemmbuch Klemmbuch Klemmbuch Klemmbuch
Klemmbuch Klemmbuch Klemmbuch Klemmbuch
Klemmbuch Klemmbuch Klemmbuch Klemmbuch
Klemmbuch Klemmbuch Klemmbuch Klemmbuch
Klemmbuch Klemmbuch Klemmbuch Klemmbuch
Klemmbuch Klemmbuch Klemmbuch Klemmbuch
Klemmbuch Klemmbuch Klemmbuch Klemmbuch
Klemmbuch Klemmbuch Klemmbuch Klemmbuch
Klemmbuch Klemmbuch Klemmbuch Klemmbuch
Klemmbuch Klemmbuch Klemmbuch Klemmbuch
Klemmbuch Klemmbuch Klemmbuch Klemmbuch
Klemmbuch Klemmbuch Klemmbuch Klemmbuch
Klemmbuch Klemmbuch Klemmbuch Klemmbuch
Klemmbuch Klemmbuch Klemmbuch Klemmbuch
Klemmbuch Klemmbuch Klemmbuch Klemmbuch
Klemmbuch Klemmbuch Klemmbuch Klemmbuch
Klemmbuch Klemmbuch Klemmbuch Klemmbuch

Klemmbuch Klemmbuch Klemmbuch Klemmbuch
Klemmbuch Klemmbuch Klemmbuch Klemmbuch

Klemmbuch Klemmbuch Klemmbuch Klemmbuch
Klemmbuch Klemmbuch Klemmbuch Klemmbuch
Klemmbuch Klemmbuch Klemmbuch Klemmbuch
Klemmbuch Klemmbuch Klemmbuch Klemmbuch
Klemmbuch Klemmbuch Klemmbuch Klemmbuch
Klemmbuch Klemmbuch Klemmbuch Klemmbuch
Klemmbuch Klemmbuch Klemmbuch Klemmbuch
Klemmbuch Klemmbuch Klemmbuch Klemmbuch
Klemmbuch Klemmbuch Klemmbuch Klemmbuch
Klemmbuch Klemmbuch Klemmbuch Klemmbuch
Klemmbuch Klemmbuch Klemmbuch Klemmbuch
Klemmbuch Klemmbuch Klemmbuch Klemmbuch
Klemmbuch Klemmbuch Klemmbuch Klemmbuch
Klemmbuch Klemmbuch Klemmbuch Klemmbuch
Klemmbuch Klemmbuch Klemmbuch Klemmbuch
Klemmbuch Klemmbuch Klemmbuch Klemmbuch
Klemmbuch Klemmbuch Klemmbuch Klemmbuch
Klemmbuch Klemmbuch Klemmbuch Klemmbuch
Klemmbuch Klemmbuch Klemmbuch Klemmbuch
Klemmbuch Klemmbuch Klemmbuch Klemmbuch
Klemmbuch Klemmbuch Klemmbuch Klemmbuch
Klemmbuch Klemmbuch Klemmbuch Klemmbuch

Klemmbuch Klemmbuch Klemmbuch Klemmbuch
Klemmbuch Klemmbuch Klemmbuch Klemmbuch
Klemmbuch Klemmbuch Klemmbuch Klemmbuch
Klemmbuch Klemmbuch Klemmbuch Klemmbuch
Klemmbuch Klemmbuch Klemmbuch Klemmbuch
Klemmbuch Klemmbuch Klemmbuch Klemmbuch
Klemmbuch Klemmbuch Klemmbuch Klemmbuch
Klemmbuch Klemmbuch Klemmbuch Klemmbuch
Klemmbuch Klemmbuch Klemmbuch Klemmbuch
Klemmbuch Klemmbuch Klemmbuch Klemmbuch
Klemmbuch Klemmbuch Klemmbuch Klemmbuch

Klemmbuch Klemmbuch Klemmbuch Klemmbuch
Klemmbuch Klemmbuch Klemmbuch Klemmbuch
Klemmbuch Klemmbuch Klemmbuch Klemmbuch
Klemmbuch Klemmbuch Klemmbuch Klemmbuch
Klemmbuch Klemmbuch Klemmbuch Klemmbuch
Klemmbuch Klemmbuch Klemmbuch Klemmbuch
Klemmbuch Klemmbuch Klemmbuch Klemmbuch
Klemmbuch Klemmbuch Klemmbuch Klemmbuch
Klemmbuch Klemmbuch Klemmbuch Klemmbuch
Klemmbuch Klemmbuch Klemmbuch Klemmbuch
Klemmbuch Klemmbuch Klemmbuch Klemmbuch

Klemmbuch Klemmbuch Klemmbuch Klemmbuch
Klemmbuch Klemmbuch Klemmbuch Klemmbuch
Klemmbuch Klemmbuch Klemmbuch Klemmbuch
Klemmbuch Klemmbuch Klemmbuch Klemmbuch
Klemmbuch Klemmbuch Klemmbuch Klemmbuch
Klemmbuch Klemmbuch Klemmbuch Klemmbuch
Klemmbuch Klemmbuch Klemmbuch Klemmbuch
Klemmbuch Klemmbuch Klemmbuch Klemmbuch
Klemmbuch Klemmbuch Klemmbuch Klemmbuch
Klemmbuch Klemmbuch Klemmbuch Klemmbuch
Klemmbuch Klemmbuch Klemmbuch Klemmbuch
Klemmbuch Klemmbuch Klemmbuch Klemmbuch
Klemmbuch Klemmbuch Klemmbuch Klemmbuch
Klemmbuch Klemmbuch Klemmbuch Klemmbuch
Klemmbuch Klemmbuch Klemmbuch Klemmbuch
Klemmbuch Klemmbuch Klemmbuch Klemmbuch
Klemmbuch Klemmbuch Klemmbuch Klemmbuch
Klemmbuch Klemmbuch Klemmbuch Klemmbuch
Klemmbuch Klemmbuch Klemmbuch Klemmbuch
Klemmbuch Klemmbuch Klemmbuch Klemmbuch
Klemmbuch Klemmbuch Klemmbuch Klemmbuch

Klemmbuch Klemmbuch Klemmbuch Klemmbuch
Klemmbuch Klemmbuch Klemmbuch Klemmbuch

Klemmbuch Klemmbuch Klemmbuch Klemmbuch
Klemmbuch Klemmbuch Klemmbuch Klemmbuch
Klemmbuch Klemmbuch Klemmbuch Klemmbuch
Klemmbuch Klemmbuch Klemmbuch Klemmbuch
Klemmbuch Klemmbuch Klemmbuch Klemmbuch
Klemmbuch Klemmbuch Klemmbuch Klemmbuch
Klemmbuch Klemmbuch Klemmbuch Klemmbuch
Klemmbuch Klemmbuch Klemmbuch Klemmbuch
Klemmbuch Klemmbuch Klemmbuch Klemmbuch
Klemmbuch Klemmbuch Klemmbuch Klemmbuch
Klemmbuch Klemmbuch Klemmbuch Klemmbuch
Klemmbuch Klemmbuch Klemmbuch Klemmbuch
Klemmbuch Klemmbuch Klemmbuch Klemmbuch
Klemmbuch Klemmbuch Klemmbuch Klemmbuch
Klemmbuch Klemmbuch Klemmbuch Klemmbuch
Klemmbuch Klemmbuch Klemmbuch Klemmbuch
Klemmbuch Klemmbuch Klemmbuch Klemmbuch
Klemmbuch Klemmbuch Klemmbuch Klemmbuch
Klemmbuch Klemmbuch Klemmbuch Klemmbuch
Klemmbuch Klemmbuch Klemmbuch Klemmbuch

Klemmbuch Klemmbuch Klemmbuch Klemmbuch
Klemmbuch Klemmbuch Klemmbuch Klemmbuch
Klemmbuch Klemmbuch Klemmbuch Klemmbuch
Klemmbuch Klemmbuch Klemmbuch Klemmbuch
Klemmbuch Klemmbuch Klemmbuch Klemmbuch
Klemmbuch Klemmbuch Klemmbuch Klemmbuch
Klemmbuch Klemmbuch Klemmbuch Klemmbuch
Klemmbuch Klemmbuch Klemmbuch Klemmbuch
Klemmbuch Klemmbuch Klemmbuch Klemmbuch
Klemmbuch Klemmbuch Klemmbuch Klemmbuch
Klemmbuch Klemmbuch Klemmbuch Klemmbuch
Klemmbuch Klemmbuch Klemmbuch Klemmbuch
Klemmbuch Klemmbuch Klemmbuch Klemmbuch
Klemmbuch Klemmbuch Klemmbuch Klemmbuch
Klemmbuch Klemmbuch Klemmbuch Klemmbuch
Klemmbuch Klemmbuch Klemmbuch Klemmbuch
Klemmbuch Klemmbuch Klemmbuch Klemmbuch

Klemmbuch Klemmbuch Klemmbuch Klemmbuch
Klemmbuch Klemmbuch Klemmbuch Klemmbuch
Klemmbuch Klemmbuch Klemmbuch Klemmbuch
Klemmbuch Klemmbuch Klemmbuch Klemmbuch
Klemmbuch Klemmbuch Klemmbuch Klemmbuch

Klemmbuch Klemmbuch Klemmbuch Klemmbuch
Klemmbuch Klemmbuch Klemmbuch Klemmbuch
Klemmbuch Klemmbuch Klemmbuch Klemmbuch
Klemmbuch Klemmbuch Klemmbuch Klemmbuch
Klemmbuch Klemmbuch Klemmbuch Klemmbuch
Klemmbuch Klemmbuch Klemmbuch Klemmbuch
Klemmbuch Klemmbuch Klemmbuch Klemmbuch
Klemmbuch Klemmbuch Klemmbuch Klemmbuch
Klemmbuch Klemmbuch Klemmbuch Klemmbuch
Klemmbuch Klemmbuch Klemmbuch Klemmbuch
Klemmbuch Klemmbuch Klemmbuch Klemmbuch
Klemmbuch Klemmbuch Klemmbuch Klemmbuch
Klemmbuch Klemmbuch Klemmbuch Klemmbuch
Klemmbuch Klemmbuch Klemmbuch Klemmbuch
Klemmbuch Klemmbuch Klemmbuch Klemmbuch
Klemmbuch Klemmbuch Klemmbuch Klemmbuch
Klemmbuch Klemmbuch Klemmbuch Klemmbuch
Klemmbuch Klemmbuch Klemmbuch Klemmbuch
Klemmbuch Klemmbuch Klemmbuch Klemmbuch
Klemmbuch Klemmbuch Klemmbuch Klemmbuch
Klemmbuch Klemmbuch Klemmbuch Klemmbuch

Klemmbuch Klemmbuch Klemmbuch Klemmbuch
Klemmbuch Klemmbuch Klemmbuch Klemmbuch
Klemmbuch Klemmbuch Klemmbuch Klemmbuch
Klemmbuch Klemmbuch Klemmbuch Klemmbuch
Klemmbuch Klemmbuch Klemmbuch Klemmbuch
Klemmbuch Klemmbuch Klemmbuch Klemmbuch
Klemmbuch Klemmbuch Klemmbuch Klemmbuch
Klemmbuch Klemmbuch Klemmbuch Klemmbuch

Klemmbuch Klemmbuch Klemmbuch Klemmbuch
Klemmbuch Klemmbuch Klemmbuch Klemmbuch
Klemmbuch Klemmbuch Klemmbuch Klemmbuch
Klemmbuch Klemmbuch Klemmbuch Klemmbuch
Klemmbuch Klemmbuch Klemmbuch Klemmbuch
Klemmbuch Klemmbuch Klemmbuch Klemmbuch
Klemmbuch Klemmbuch Klemmbuch Klemmbuch
Klemmbuch Klemmbuch Klemmbuch Klemmbuch
Klemmbuch Klemmbuch Klemmbuch Klemmbuch
Klemmbuch Klemmbuch Klemmbuch Klemmbuch
Klemmbuch Klemmbuch Klemmbuch Klemmbuch
Klemmbuch Klemmbuch Klemmbuch Klemmbuch
Klemmbuch Klemmbuch Klemmbuch Klemmbuch
Klemmbuch Klemmbuch Klemmbuch Klemmbuch

Klemmbuch Klemmbuch Klemmbuch Klemmbuch
Klemmbuch Klemmbuch Klemmbuch Klemmbuch
Klemmbuch Klemmbuch Klemmbuch Klemmbuch
Klemmbuch Klemmbuch Klemmbuch Klemmbuch
Klemmbuch Klemmbuch Klemmbuch Klemmbuch
Klemmbuch Klemmbuch Klemmbuch Klemmbuch
Klemmbuch Klemmbuch Klemmbuch Klemmbuch
Klemmbuch Klemmbuch Klemmbuch Klemmbuch
Klemmbuch Klemmbuch Klemmbuch Klemmbuch
Klemmbuch Klemmbuch Klemmbuch Klemmbuch
Klemmbuch Klemmbuch Klemmbuch Klemmbuch
Klemmbuch Klemmbuch Klemmbuch Klemmbuch
Klemmbuch Klemmbuch Klemmbuch Klemmbuch
Klemmbuch Klemmbuch Klemmbuch Klemmbuch
Klemmbuch Klemmbuch Klemmbuch Klemmbuch
Klemmbuch Klemmbuch Klemmbuch Klemmbuch
Klemmbuch Klemmbuch Klemmbuch Klemmbuch
Klemmbuch Klemmbuch Klemmbuch Klemmbuch
Klemmbuch Klemmbuch Klemmbuch Klemmbuch
Klemmbuch Klemmbuch Klemmbuch Klemmbuch
Klemmbuch Klemmbuch Klemmbuch Klemmbuch
Klemmbuch Klemmbuch Klemmbuch Klemmbuch

Klemmbuch Klemmbuch Klemmbuch Klemmbuch
Klemmbuch Klemmbuch Klemmbuch Klemmbuch
Klemmbuch Klemmbuch Klemmbuch Klemmbuch
Klemmbuch Klemmbuch Klemmbuch Klemmbuch
Klemmbuch Klemmbuch Klemmbuch Klemmbuch
Klemmbuch Klemmbuch Klemmbuch Klemmbuch
Klemmbuch Klemmbuch Klemmbuch Klemmbuch
Klemmbuch Klemmbuch Klemmbuch Klemmbuch
Klemmbuch Klemmbuch Klemmbuch Klemmbuch
Klemmbuch Klemmbuch Klemmbuch Klemmbuch
Klemmbuch Klemmbuch Klemmbuch Klemmbuch
Klemmbuch Klemmbuch Klemmbuch Klemmbuch
Klemmbuch Klemmbuch Klemmbuch Klemmbuch
Klemmbuch Klemmbuch Klemmbuch Klemmbuch
Klemmbuch Klemmbuch Klemmbuch Klemmbuch
Klemmbuch Klemmbuch Klemmbuch Klemmbuch
Klemmbuch Klemmbuch Klemmbuch Klemmbuch
Klemmbuch Klemmbuch Klemmbuch Klemmbuch
Klemmbuch Klemmbuch Klemmbuch Klemmbuch
Klemmbuch Klemmbuch Klemmbuch Klemmbuch
Klemmbuch Klemmbuch Klemmbuch Klemmbuch

Klemmbuch Klemmbuch Klemmbuch Klemmbuch
Klemmbuch Klemmbuch Klemmbuch Klemmbuch
Klemmbuch Klemmbuch Klemmbuch Klemmbuch
Klemmbuch Klemmbuch Klemmbuch Klemmbuch
Klemmbuch Klemmbuch Klemmbuch Klemmbuch
Klemmbuch Klemmbuch Klemmbuch Klemmbuch
Klemmbuch Klemmbuch Klemmbuch Klemmbuch
Klemmbuch Klemmbuch Klemmbuch Klemmbuch
Klemmbuch Klemmbuch Klemmbuch Klemmbuch
Klemmbuch Klemmbuch Klemmbuch Klemmbuch
Klemmbuch Klemmbuch Klemmbuch Klemmbuch
Klemmbuch Klemmbuch Klemmbuch Klemmbuch
Klemmbuch Klemmbuch Klemmbuch Klemmbuch
Klemmbuch Klemmbuch Klemmbuch Klemmbuch
Klemmbuch Klemmbuch Klemmbuch Klemmbuch

Klemmbuch Klemmbuch Klemmbuch Klemmbuch
Klemmbuch Klemmbuch Klemmbuch Klemmbuch
Klemmbuch Klemmbuch Klemmbuch Klemmbuch
Klemmbuch Klemmbuch Klemmbuch Klemmbuch
Klemmbuch Klemmbuch Klemmbuch Klemmbuch
Klemmbuch Klemmbuch Klemmbuch Klemmbuch
Klemmbuch Klemmbuch Klemmbuch Klemmbuch

Klemmbuch Klemmbuch Klemmbuch Klemmbuch
Klemmbuch Klemmbuch Klemmbuch Klemmbuch
Klemmbuch Klemmbuch Klemmbuch Klemmbuch
Klemmbuch Klemmbuch Klemmbuch Klemmbuch
Klemmbuch Klemmbuch Klemmbuch Klemmbuch
Klemmbuch Klemmbuch Klemmbuch Klemmbuch
Klemmbuch Klemmbuch Klemmbuch Klemmbuch
Klemmbuch Klemmbuch Klemmbuch Klemmbuch
Klemmbuch Klemmbuch Klemmbuch Klemmbuch
Klemmbuch Klemmbuch Klemmbuch Klemmbuch
Klemmbuch Klemmbuch Klemmbuch Klemmbuch
Klemmbuch Klemmbuch Klemmbuch Klemmbuch
Klemmbuch Klemmbuch Klemmbuch Klemmbuch
Klemmbuch Klemmbuch Klemmbuch Klemmbuch
Klemmbuch Klemmbuch Klemmbuch Klemmbuch
Klemmbuch Klemmbuch Klemmbuch Klemmbuch
Klemmbuch Klemmbuch Klemmbuch Klemmbuch
Klemmbuch Klemmbuch Klemmbuch Klemmbuch
Klemmbuch Klemmbuch Klemmbuch Klemmbuch
Klemmbuch Klemmbuch Klemmbuch Klemmbuch
Klemmbuch Klemmbuch Klemmbuch Klemmbuch
Klemmbuch Klemmbuch Klemmbuch Klemmbuch

Klemmbuch Klemmbuch Klemmbuch Klemmbuch
Klemmbuch Klemmbuch Klemmbuch Klemmbuch
Klemmbuch Klemmbuch Klemmbuch Klemmbuch
Klemmbuch Klemmbuch Klemmbuch Klemmbuch
Klemmbuch Klemmbuch Klemmbuch Klemmbuch
Klemmbuch Klemmbuch Klemmbuch Klemmbuch

Klemmbuch Klemmbuch Klemmbuch Klemmbuch
Klemmbuch Klemmbuch Klemmbuch Klemmbuch
Klemmbuch Klemmbuch Klemmbuch Klemmbuch
Klemmbuch Klemmbuch Klemmbuch Klemmbuch
Klemmbuch Klemmbuch Klemmbuch Klemmbuch
Klemmbuch Klemmbuch Klemmbuch Klemmbuch
Klemmbuch Klemmbuch Klemmbuch Klemmbuch
Klemmbuch Klemmbuch Klemmbuch Klemmbuch
Klemmbuch Klemmbuch Klemmbuch Klemmbuch
Klemmbuch Klemmbuch Klemmbuch Klemmbuch
Klemmbuch Klemmbuch Klemmbuch Klemmbuch
Klemmbuch Klemmbuch Klemmbuch Klemmbuch
Klemmbuch Klemmbuch Klemmbuch Klemmbuch
Klemmbuch Klemmbuch Klemmbuch Klemmbuch
Klemmbuch Klemmbuch Klemmbuch Klemmbuch
Klemmbuch Klemmbuch Klemmbuch Klemmbuch

Klemmbuch Klemmbuch Klemmbuch Klemmbuch
Klemmbuch Klemmbuch Klemmbuch Klemmbuch
Klemmbuch Klemmbuch Klemmbuch Klemmbuch
Klemmbuch Klemmbuch Klemmbuch Klemmbuch
Klemmbuch Klemmbuch Klemmbuch Klemmbuch
Klemmbuch Klemmbuch Klemmbuch Klemmbuch
Klemmbuch Klemmbuch Klemmbuch Klemmbuch
Klemmbuch Klemmbuch Klemmbuch Klemmbuch
Klemmbuch Klemmbuch Klemmbuch Klemmbuch
Klemmbuch Klemmbuch Klemmbuch Klemmbuch
Klemmbuch Klemmbuch Klemmbuch Klemmbuch
Klemmbuch Klemmbuch Klemmbuch Klemmbuch
Klemmbuch Klemmbuch Klemmbuch Klemmbuch
Klemmbuch Klemmbuch Klemmbuch Klemmbuch
Klemmbuch Klemmbuch Klemmbuch Klemmbuch
Klemmbuch Klemmbuch Klemmbuch Klemmbuch
Klemmbuch Klemmbuch Klemmbuch Klemmbuch
Klemmbuch Klemmbuch Klemmbuch Klemmbuch
Klemmbuch Klemmbuch Klemmbuch Klemmbuch

Klemmbuch Klemmbuch Klemmbuch Klemmbuch
Klemmbuch Klemmbuch Klemmbuch Klemmbuch

Klemmbuch Klemmbuch Klemmbuch Klemmbuch
Klemmbuch Klemmbuch Klemmbuch Klemmbuch
Klemmbuch Klemmbuch Klemmbuch Klemmbuch
Klemmbuch Klemmbuch Klemmbuch Klemmbuch
Klemmbuch Klemmbuch Klemmbuch Klemmbuch
Klemmbuch Klemmbuch Klemmbuch Klemmbuch
Klemmbuch Klemmbuch Klemmbuch Klemmbuch
Klemmbuch Klemmbuch Klemmbuch Klemmbuch
Klemmbuch Klemmbuch Klemmbuch Klemmbuch
Klemmbuch Klemmbuch Klemmbuch Klemmbuch
Klemmbuch Klemmbuch Klemmbuch Klemmbuch
Klemmbuch Klemmbuch Klemmbuch Klemmbuch
Klemmbuch Klemmbuch Klemmbuch Klemmbuch
Klemmbuch Klemmbuch Klemmbuch Klemmbuch
Klemmbuch Klemmbuch Klemmbuch Klemmbuch
Klemmbuch Klemmbuch Klemmbuch Klemmbuch
Klemmbuch Klemmbuch Klemmbuch Klemmbuch
Klemmbuch Klemmbuch Klemmbuch Klemmbuch
Klemmbuch Klemmbuch Klemmbuch Klemmbuch
Klemmbuch Klemmbuch Klemmbuch Klemmbuch
Klemmbuch Klemmbuch Klemmbuch Klemmbuch
Klemmbuch Klemmbuch Klemmbuch Klemmbuch

Klemmbuch Klemmbuch Klemmbuch Klemmbuch
Klemmbuch Klemmbuch Klemmbuch Klemmbuch
Klemmbuch Klemmbuch Klemmbuch Klemmbuch
Klemmbuch Klemmbuch Klemmbuch Klemmbuch
Klemmbuch Klemmbuch Klemmbuch Klemmbuch
Klemmbuch Klemmbuch Klemmbuch Klemmbuch
Klemmbuch Klemmbuch Klemmbuch Klemmbuch
Klemmbuch Klemmbuch Klemmbuch Klemmbuch
Klemmbuch Klemmbuch Klemmbuch Klemmbuch
Klemmbuch Klemmbuch Klemmbuch Klemmbuch
Klemmbuch Klemmbuch Klemmbuch Klemmbuch

Klemmbuch Klemmbuch Klemmbuch Klemmbuch
Klemmbuch Klemmbuch Klemmbuch Klemmbuch
Klemmbuch Klemmbuch Klemmbuch Klemmbuch
Klemmbuch Klemmbuch Klemmbuch Klemmbuch
Klemmbuch Klemmbuch Klemmbuch Klemmbuch
Klemmbuch Klemmbuch Klemmbuch Klemmbuch
Klemmbuch Klemmbuch Klemmbuch Klemmbuch
Klemmbuch Klemmbuch Klemmbuch Klemmbuch
Klemmbuch Klemmbuch Klemmbuch Klemmbuch
Klemmbuch Klemmbuch Klemmbuch Klemmbuch
Klemmbuch Klemmbuch Klemmbuch Klemmbuch

Klemmbuch Klemmbuch Klemmbuch Klemmbuch
Klemmbuch Klemmbuch Klemmbuch Klemmbuch
Klemmbuch Klemmbuch Klemmbuch Klemmbuch
Klemmbuch Klemmbuch Klemmbuch Klemmbuch
Klemmbuch Klemmbuch Klemmbuch Klemmbuch
Klemmbuch Klemmbuch Klemmbuch Klemmbuch
Klemmbuch Klemmbuch Klemmbuch Klemmbuch
Klemmbuch Klemmbuch Klemmbuch Klemmbuch
Klemmbuch Klemmbuch Klemmbuch Klemmbuch
Klemmbuch Klemmbuch Klemmbuch Klemmbuch
Klemmbuch Klemmbuch Klemmbuch Klemmbuch
Klemmbuch Klemmbuch Klemmbuch Klemmbuch
Klemmbuch Klemmbuch Klemmbuch Klemmbuch
Klemmbuch Klemmbuch Klemmbuch Klemmbuch
Klemmbuch Klemmbuch Klemmbuch Klemmbuch
Klemmbuch Klemmbuch Klemmbuch Klemmbuch
Klemmbuch Klemmbuch Klemmbuch Klemmbuch
Klemmbuch Klemmbuch Klemmbuch Klemmbuch
Klemmbuch Klemmbuch Klemmbuch Klemmbuch
Klemmbuch Klemmbuch Klemmbuch Klemmbuch

Klemmbuch Klemmbuch Klemmbuch Klemmbuch
Klemmbuch Klemmbuch Klemmbuch Klemmbuch

Klemmbuch Klemmbuch Klemmbuch Klemmbuch
Klemmbuch Klemmbuch Klemmbuch Klemmbuch
Klemmbuch Klemmbuch Klemmbuch Klemmbuch
Klemmbuch Klemmbuch Klemmbuch Klemmbuch
Klemmbuch Klemmbuch Klemmbuch Klemmbuch
Klemmbuch Klemmbuch Klemmbuch Klemmbuch
Klemmbuch Klemmbuch Klemmbuch Klemmbuch
Klemmbuch Klemmbuch Klemmbuch Klemmbuch
Klemmbuch Klemmbuch Klemmbuch Klemmbuch
Klemmbuch Klemmbuch Klemmbuch Klemmbuch
Klemmbuch Klemmbuch Klemmbuch Klemmbuch
Klemmbuch Klemmbuch Klemmbuch Klemmbuch
Klemmbuch Klemmbuch Klemmbuch Klemmbuch
Klemmbuch Klemmbuch Klemmbuch Klemmbuch
Klemmbuch Klemmbuch Klemmbuch Klemmbuch
Klemmbuch Klemmbuch Klemmbuch Klemmbuch
Klemmbuch Klemmbuch Klemmbuch Klemmbuch
Klemmbuch Klemmbuch Klemmbuch Klemmbuch
Klemmbuch Klemmbuch Klemmbuch Klemmbuch
Klemmbuch Klemmbuch Klemmbuch Klemmbuch

Klemmbuch Klemmbuch Klemmbuch Klemmbuch
Klemmbuch Klemmbuch Klemmbuch Klemmbuch
Klemmbuch Klemmbuch Klemmbuch Klemmbuch
Klemmbuch Klemmbuch Klemmbuch Klemmbuch
Klemmbuch Klemmbuch Klemmbuch Klemmbuch
Klemmbuch Klemmbuch Klemmbuch Klemmbuch
Klemmbuch Klemmbuch Klemmbuch Klemmbuch
Klemmbuch Klemmbuch Klemmbuch Klemmbuch
Klemmbuch Klemmbuch Klemmbuch Klemmbuch
Klemmbuch Klemmbuch Klemmbuch Klemmbuch
Klemmbuch Klemmbuch Klemmbuch Klemmbuch
Klemmbuch Klemmbuch Klemmbuch Klemmbuch
Klemmbuch Klemmbuch Klemmbuch Klemmbuch
Klemmbuch Klemmbuch Klemmbuch Klemmbuch
Klemmbuch Klemmbuch Klemmbuch Klemmbuch
Klemmbuch Klemmbuch Klemmbuch Klemmbuch
Klemmbuch Klemmbuch Klemmbuch Klemmbuch

Klemmbuch Klemmbuch Klemmbuch Klemmbuch
Klemmbuch Klemmbuch Klemmbuch Klemmbuch
Klemmbuch Klemmbuch Klemmbuch Klemmbuch
Klemmbuch Klemmbuch Klemmbuch Klemmbuch
Klemmbuch Klemmbuch Klemmbuch Klemmbuch

Klemmbuch Klemmbuch Klemmbuch Klemmbuch
Klemmbuch Klemmbuch Klemmbuch Klemmbuch
Klemmbuch Klemmbuch Klemmbuch Klemmbuch
Klemmbuch Klemmbuch Klemmbuch Klemmbuch
Klemmbuch Klemmbuch Klemmbuch Klemmbuch
Klemmbuch Klemmbuch Klemmbuch Klemmbuch
Klemmbuch Klemmbuch Klemmbuch Klemmbuch
Klemmbuch Klemmbuch Klemmbuch Klemmbuch
Klemmbuch Klemmbuch Klemmbuch Klemmbuch
Klemmbuch Klemmbuch Klemmbuch Klemmbuch
Klemmbuch Klemmbuch Klemmbuch Klemmbuch
Klemmbuch Klemmbuch Klemmbuch Klemmbuch
Klemmbuch Klemmbuch Klemmbuch Klemmbuch
Klemmbuch Klemmbuch Klemmbuch Klemmbuch
Klemmbuch Klemmbuch Klemmbuch Klemmbuch
Klemmbuch Klemmbuch Klemmbuch Klemmbuch
Klemmbuch Klemmbuch Klemmbuch Klemmbuch
Klemmbuch Klemmbuch Klemmbuch Klemmbuch
Klemmbuch Klemmbuch Klemmbuch Klemmbuch
Klemmbuch Klemmbuch Klemmbuch Klemmbuch
Klemmbuch Klemmbuch Klemmbuch Klemmbuch

Klemmbuch Klemmbuch Klemmbuch Klemmbuch
Klemmbuch Klemmbuch Klemmbuch Klemmbuch
Klemmbuch Klemmbuch Klemmbuch Klemmbuch
Klemmbuch Klemmbuch Klemmbuch Klemmbuch
Klemmbuch Klemmbuch Klemmbuch Klemmbuch
Klemmbuch Klemmbuch Klemmbuch Klemmbuch
Klemmbuch Klemmbuch Klemmbuch Klemmbuch
Klemmbuch Klemmbuch Klemmbuch Klemmbuch

Klemmbuch Klemmbuch Klemmbuch Klemmbuch
Klemmbuch Klemmbuch Klemmbuch Klemmbuch
Klemmbuch Klemmbuch Klemmbuch Klemmbuch
Klemmbuch Klemmbuch Klemmbuch Klemmbuch
Klemmbuch Klemmbuch Klemmbuch Klemmbuch
Klemmbuch Klemmbuch Klemmbuch Klemmbuch
Klemmbuch Klemmbuch Klemmbuch Klemmbuch
Klemmbuch Klemmbuch Klemmbuch Klemmbuch
Klemmbuch Klemmbuch Klemmbuch Klemmbuch
Klemmbuch Klemmbuch Klemmbuch Klemmbuch
Klemmbuch Klemmbuch Klemmbuch Klemmbuch
Klemmbuch Klemmbuch Klemmbuch Klemmbuch
Klemmbuch Klemmbuch Klemmbuch Klemmbuch
Klemmbuch Klemmbuch Klemmbuch Klemmbuch

Klemmbuch Klemmbuch Klemmbuch Klemmbuch
Klemmbuch Klemmbuch Klemmbuch Klemmbuch
Klemmbuch Klemmbuch Klemmbuch Klemmbuch
Klemmbuch Klemmbuch Klemmbuch Klemmbuch
Klemmbuch Klemmbuch Klemmbuch Klemmbuch
Klemmbuch Klemmbuch Klemmbuch Klemmbuch
Klemmbuch Klemmbuch Klemmbuch Klemmbuch
Klemmbuch Klemmbuch Klemmbuch Klemmbuch
Klemmbuch Klemmbuch Klemmbuch Klemmbuch
Klemmbuch Klemmbuch Klemmbuch Klemmbuch
Klemmbuch Klemmbuch Klemmbuch Klemmbuch
Klemmbuch Klemmbuch Klemmbuch Klemmbuch
Klemmbuch Klemmbuch Klemmbuch Klemmbuch
Klemmbuch Klemmbuch Klemmbuch Klemmbuch
Klemmbuch Klemmbuch Klemmbuch Klemmbuch
Klemmbuch Klemmbuch Klemmbuch Klemmbuch
Klemmbuch Klemmbuch Klemmbuch Klemmbuch
Klemmbuch Klemmbuch Klemmbuch Klemmbuch
Klemmbuch Klemmbuch Klemmbuch Klemmbuch
Klemmbuch Klemmbuch Klemmbuch Klemmbuch
Klemmbuch Klemmbuch Klemmbuch Klemmbuch

Klemmbuch Klemmbuch Klemmbuch Klemmbuch
Klemmbuch Klemmbuch Klemmbuch Klemmbuch
Klemmbuch Klemmbuch Klemmbuch Klemmbuch
Klemmbuch Klemmbuch Klemmbuch Klemmbuch
Klemmbuch Klemmbuch Klemmbuch Klemmbuch
Klemmbuch Klemmbuch Klemmbuch Klemmbuch
Klemmbuch Klemmbuch Klemmbuch Klemmbuch
Klemmbuch Klemmbuch Klemmbuch Klemmbuch
Klemmbuch Klemmbuch Klemmbuch Klemmbuch
Klemmbuch Klemmbuch Klemmbuch Klemmbuch
Klemmbuch Klemmbuch Klemmbuch Klemmbuch
Klemmbuch Klemmbuch Klemmbuch Klemmbuch
Klemmbuch Klemmbuch Klemmbuch Klemmbuch
Klemmbuch Klemmbuch Klemmbuch Klemmbuch
Klemmbuch Klemmbuch Klemmbuch Klemmbuch
Klemmbuch Klemmbuch Klemmbuch Klemmbuch
Klemmbuch Klemmbuch Klemmbuch Klemmbuch
Klemmbuch Klemmbuch Klemmbuch Klemmbuch
Klemmbuch Klemmbuch Klemmbuch Klemmbuch
Klemmbuch Klemmbuch Klemmbuch Klemmbuch
Klemmbuch Klemmbuch Klemmbuch Klemmbuch
Klemmbuch Klemmbuch Klemmbuch Klemmbuch

Klemmbuch Klemmbuch Klemmbuch Klemmbuch
Klemmbuch Klemmbuch Klemmbuch Klemmbuch
Klemmbuch Klemmbuch Klemmbuch Klemmbuch
Klemmbuch Klemmbuch Klemmbuch Klemmbuch
Klemmbuch Klemmbuch Klemmbuch Klemmbuch
Klemmbuch Klemmbuch Klemmbuch Klemmbuch
Klemmbuch Klemmbuch Klemmbuch Klemmbuch
Klemmbuch Klemmbuch Klemmbuch Klemmbuch
Klemmbuch Klemmbuch Klemmbuch Klemmbuch
Klemmbuch Klemmbuch Klemmbuch Klemmbuch
Klemmbuch Klemmbuch Klemmbuch Klemmbuch
Klemmbuch Klemmbuch Klemmbuch Klemmbuch
Klemmbuch Klemmbuch Klemmbuch Klemmbuch
Klemmbuch Klemmbuch Klemmbuch Klemmbuch
Klemmbuch Klemmbuch Klemmbuch Klemmbuch

Klemmbuch Klemmbuch Klemmbuch Klemmbuch
Klemmbuch Klemmbuch Klemmbuch Klemmbuch
Klemmbuch Klemmbuch Klemmbuch Klemmbuch
Klemmbuch Klemmbuch Klemmbuch Klemmbuch
Klemmbuch Klemmbuch Klemmbuch Klemmbuch
Klemmbuch Klemmbuch Klemmbuch Klemmbuch
Klemmbuch Klemmbuch Klemmbuch Klemmbuch

Klemmbuch Klemmbuch Klemmbuch Klemmbuch
Klemmbuch Klemmbuch Klemmbuch Klemmbuch
Klemmbuch Klemmbuch Klemmbuch Klemmbuch
Klemmbuch Klemmbuch Klemmbuch Klemmbuch
Klemmbuch Klemmbuch Klemmbuch Klemmbuch
Klemmbuch Klemmbuch Klemmbuch Klemmbuch
Klemmbuch Klemmbuch Klemmbuch Klemmbuch
Klemmbuch Klemmbuch Klemmbuch Klemmbuch
Klemmbuch Klemmbuch Klemmbuch Klemmbuch
Klemmbuch Klemmbuch Klemmbuch Klemmbuch
Klemmbuch Klemmbuch Klemmbuch Klemmbuch
Klemmbuch Klemmbuch Klemmbuch Klemmbuch
Klemmbuch Klemmbuch Klemmbuch Klemmbuch
Klemmbuch Klemmbuch Klemmbuch Klemmbuch
Klemmbuch Klemmbuch Klemmbuch Klemmbuch
Klemmbuch Klemmbuch Klemmbuch Klemmbuch
Klemmbuch Klemmbuch Klemmbuch Klemmbuch
Klemmbuch Klemmbuch Klemmbuch Klemmbuch
Klemmbuch Klemmbuch Klemmbuch Klemmbuch
Klemmbuch Klemmbuch Klemmbuch Klemmbuch
Klemmbuch Klemmbuch Klemmbuch Klemmbuch

Klemmbuch Klemmbuch Klemmbuch Klemmbuch
Klemmbuch Klemmbuch Klemmbuch Klemmbuch
Klemmbuch Klemmbuch Klemmbuch Klemmbuch
Klemmbuch Klemmbuch Klemmbuch Klemmbuch
Klemmbuch Klemmbuch Klemmbuch Klemmbuch
Klemmbuch Klemmbuch Klemmbuch Klemmbuch

Klemmbuch Klemmbuch Klemmbuch Klemmbuch
Klemmbuch Klemmbuch Klemmbuch Klemmbuch
Klemmbuch Klemmbuch Klemmbuch Klemmbuch
Klemmbuch Klemmbuch Klemmbuch Klemmbuch
Klemmbuch Klemmbuch Klemmbuch Klemmbuch
Klemmbuch Klemmbuch Klemmbuch Klemmbuch
Klemmbuch Klemmbuch Klemmbuch Klemmbuch
Klemmbuch Klemmbuch Klemmbuch Klemmbuch
Klemmbuch Klemmbuch Klemmbuch Klemmbuch
Klemmbuch Klemmbuch Klemmbuch Klemmbuch
Klemmbuch Klemmbuch Klemmbuch Klemmbuch
Klemmbuch Klemmbuch Klemmbuch Klemmbuch
Klemmbuch Klemmbuch Klemmbuch Klemmbuch
Klemmbuch Klemmbuch Klemmbuch Klemmbuch
Klemmbuch Klemmbuch Klemmbuch Klemmbuch
Klemmbuch Klemmbuch Klemmbuch Klemmbuch

Klemmbuch Klemmbuch Klemmbuch Klemmbuch
Klemmbuch Klemmbuch Klemmbuch Klemmbuch
Klemmbuch Klemmbuch Klemmbuch Klemmbuch
Klemmbuch Klemmbuch Klemmbuch Klemmbuch
Klemmbuch Klemmbuch Klemmbuch Klemmbuch
Klemmbuch Klemmbuch Klemmbuch Klemmbuch
Klemmbuch Klemmbuch Klemmbuch Klemmbuch
Klemmbuch Klemmbuch Klemmbuch Klemmbuch
Klemmbuch Klemmbuch Klemmbuch Klemmbuch
Klemmbuch Klemmbuch Klemmbuch Klemmbuch
Klemmbuch Klemmbuch Klemmbuch Klemmbuch
Klemmbuch Klemmbuch Klemmbuch Klemmbuch
Klemmbuch Klemmbuch Klemmbuch Klemmbuch
Klemmbuch Klemmbuch Klemmbuch Klemmbuch
Klemmbuch Klemmbuch Klemmbuch Klemmbuch
Klemmbuch Klemmbuch Klemmbuch Klemmbuch
Klemmbuch Klemmbuch Klemmbuch Klemmbuch
Klemmbuch Klemmbuch Klemmbuch Klemmbuch
Klemmbuch Klemmbuch Klemmbuch Klemmbuch

Klemmbuch Klemmbuch Klemmbuch Klemmbuch
Klemmbuch Klemmbuch Klemmbuch Klemmbuch

Klemmbuch Klemmbuch Klemmbuch Klemmbuch
Klemmbuch Klemmbuch Klemmbuch Klemmbuch
Klemmbuch Klemmbuch Klemmbuch Klemmbuch
Klemmbuch Klemmbuch Klemmbuch Klemmbuch
Klemmbuch Klemmbuch Klemmbuch Klemmbuch
Klemmbuch Klemmbuch Klemmbuch Klemmbuch
Klemmbuch Klemmbuch Klemmbuch Klemmbuch
Klemmbuch Klemmbuch Klemmbuch Klemmbuch
Klemmbuch Klemmbuch Klemmbuch Klemmbuch
Klemmbuch Klemmbuch Klemmbuch Klemmbuch
Klemmbuch Klemmbuch Klemmbuch Klemmbuch
Klemmbuch Klemmbuch Klemmbuch Klemmbuch
Klemmbuch Klemmbuch Klemmbuch Klemmbuch
Klemmbuch Klemmbuch Klemmbuch Klemmbuch
Klemmbuch Klemmbuch Klemmbuch Klemmbuch
Klemmbuch Klemmbuch Klemmbuch Klemmbuch
Klemmbuch Klemmbuch Klemmbuch Klemmbuch
Klemmbuch Klemmbuch Klemmbuch Klemmbuch
Klemmbuch Klemmbuch Klemmbuch Klemmbuch
Klemmbuch Klemmbuch Klemmbuch Klemmbuch
Klemmbuch Klemmbuch Klemmbuch Klemmbuch

Klemmbuch Klemmbuch Klemmbuch Klemmbuch
Klemmbuch Klemmbuch Klemmbuch Klemmbuch
Klemmbuch Klemmbuch Klemmbuch Klemmbuch
Klemmbuch Klemmbuch Klemmbuch Klemmbuch
Klemmbuch Klemmbuch Klemmbuch Klemmbuch
Klemmbuch Klemmbuch Klemmbuch Klemmbuch
Klemmbuch Klemmbuch Klemmbuch Klemmbuch
Klemmbuch Klemmbuch Klemmbuch Klemmbuch
Klemmbuch Klemmbuch Klemmbuch Klemmbuch
Klemmbuch Klemmbuch Klemmbuch Klemmbuch
Klemmbuch Klemmbuch Klemmbuch Klemmbuch

Klemmbuch Klemmbuch Klemmbuch Klemmbuch
Klemmbuch Klemmbuch Klemmbuch Klemmbuch
Klemmbuch Klemmbuch Klemmbuch Klemmbuch
Klemmbuch Klemmbuch Klemmbuch Klemmbuch
Klemmbuch Klemmbuch Klemmbuch Klemmbuch
Klemmbuch Klemmbuch Klemmbuch Klemmbuch
Klemmbuch Klemmbuch Klemmbuch Klemmbuch
Klemmbuch Klemmbuch Klemmbuch Klemmbuch
Klemmbuch Klemmbuch Klemmbuch Klemmbuch
Klemmbuch Klemmbuch Klemmbuch Klemmbuch
Klemmbuch Klemmbuch Klemmbuch Klemmbuch

Klemmbuch Klemmbuch Klemmbuch Klemmbuch
Klemmbuch Klemmbuch Klemmbuch Klemmbuch
Klemmbuch Klemmbuch Klemmbuch Klemmbuch
Klemmbuch Klemmbuch Klemmbuch Klemmbuch
Klemmbuch Klemmbuch Klemmbuch Klemmbuch
Klemmbuch Klemmbuch Klemmbuch Klemmbuch
Klemmbuch Klemmbuch Klemmbuch Klemmbuch
Klemmbuch Klemmbuch Klemmbuch Klemmbuch
Klemmbuch Klemmbuch Klemmbuch Klemmbuch
Klemmbuch Klemmbuch Klemmbuch Klemmbuch
Klemmbuch Klemmbuch Klemmbuch Klemmbuch
Klemmbuch Klemmbuch Klemmbuch Klemmbuch
Klemmbuch Klemmbuch Klemmbuch Klemmbuch
Klemmbuch Klemmbuch Klemmbuch Klemmbuch
Klemmbuch Klemmbuch Klemmbuch Klemmbuch
Klemmbuch Klemmbuch Klemmbuch Klemmbuch
Klemmbuch Klemmbuch Klemmbuch Klemmbuch
Klemmbuch Klemmbuch Klemmbuch Klemmbuch
Klemmbuch Klemmbuch Klemmbuch Klemmbuch
Klemmbuch Klemmbuch Klemmbuch Klemmbuch

Klemmbuch Klemmbuch Klemmbuch Klemmbuch
Klemmbuch Klemmbuch Klemmbuch Klemmbuch

Klemmbuch Klemmbuch Klemmbuch Klemmbuch
Klemmbuch Klemmbuch Klemmbuch Klemmbuch
Klemmbuch Klemmbuch Klemmbuch Klemmbuch
Klemmbuch Klemmbuch Klemmbuch Klemmbuch
Klemmbuch Klemmbuch Klemmbuch Klemmbuch
Klemmbuch Klemmbuch Klemmbuch Klemmbuch
Klemmbuch Klemmbuch Klemmbuch Klemmbuch
Klemmbuch Klemmbuch Klemmbuch Klemmbuch
Klemmbuch Klemmbuch Klemmbuch Klemmbuch
Klemmbuch Klemmbuch Klemmbuch Klemmbuch
Klemmbuch Klemmbuch Klemmbuch Klemmbuch
Klemmbuch Klemmbuch Klemmbuch Klemmbuch
Klemmbuch Klemmbuch Klemmbuch Klemmbuch
Klemmbuch Klemmbuch Klemmbuch Klemmbuch
Klemmbuch Klemmbuch Klemmbuch Klemmbuch
Klemmbuch Klemmbuch Klemmbuch Klemmbuch
Klemmbuch Klemmbuch Klemmbuch Klemmbuch
Klemmbuch Klemmbuch Klemmbuch Klemmbuch
Klemmbuch Klemmbuch Klemmbuch Klemmbuch
Klemmbuch Klemmbuch Klemmbuch Klemmbuch

Klemmbuch Klemmbuch Klemmbuch Klemmbuch
Klemmbuch Klemmbuch Klemmbuch Klemmbuch
Klemmbuch Klemmbuch Klemmbuch Klemmbuch
Klemmbuch Klemmbuch Klemmbuch Klemmbuch
Klemmbuch Klemmbuch Klemmbuch Klemmbuch
Klemmbuch Klemmbuch Klemmbuch Klemmbuch
Klemmbuch Klemmbuch Klemmbuch Klemmbuch
Klemmbuch Klemmbuch Klemmbuch Klemmbuch
Klemmbuch Klemmbuch Klemmbuch Klemmbuch
Klemmbuch Klemmbuch Klemmbuch Klemmbuch
Klemmbuch Klemmbuch Klemmbuch Klemmbuch
Klemmbuch Klemmbuch Klemmbuch Klemmbuch
Klemmbuch Klemmbuch Klemmbuch Klemmbuch
Klemmbuch Klemmbuch Klemmbuch Klemmbuch
Klemmbuch Klemmbuch Klemmbuch Klemmbuch
Klemmbuch Klemmbuch Klemmbuch Klemmbuch
Klemmbuch Klemmbuch Klemmbuch Klemmbuch

Klemmbuch Klemmbuch Klemmbuch Klemmbuch
Klemmbuch Klemmbuch Klemmbuch Klemmbuch
Klemmbuch Klemmbuch Klemmbuch Klemmbuch
Klemmbuch Klemmbuch Klemmbuch Klemmbuch
Klemmbuch Klemmbuch Klemmbuch Klemmbuch

Klemmbuch Klemmbuch Klemmbuch Klemmbuch
Klemmbuch Klemmbuch Klemmbuch Klemmbuch
Klemmbuch Klemmbuch Klemmbuch Klemmbuch
Klemmbuch Klemmbuch Klemmbuch Klemmbuch
Klemmbuch Klemmbuch Klemmbuch Klemmbuch
Klemmbuch Klemmbuch Klemmbuch Klemmbuch
Klemmbuch Klemmbuch Klemmbuch Klemmbuch
Klemmbuch Klemmbuch Klemmbuch Klemmbuch
Klemmbuch Klemmbuch Klemmbuch Klemmbuch
Klemmbuch Klemmbuch Klemmbuch Klemmbuch
Klemmbuch Klemmbuch Klemmbuch Klemmbuch
Klemmbuch Klemmbuch Klemmbuch Klemmbuch
Klemmbuch Klemmbuch Klemmbuch Klemmbuch
Klemmbuch Klemmbuch Klemmbuch Klemmbuch
Klemmbuch Klemmbuch Klemmbuch Klemmbuch
Klemmbuch Klemmbuch Klemmbuch Klemmbuch
Klemmbuch Klemmbuch Klemmbuch Klemmbuch
Klemmbuch Klemmbuch Klemmbuch Klemmbuch
Klemmbuch Klemmbuch Klemmbuch Klemmbuch
Klemmbuch Klemmbuch Klemmbuch Klemmbuch

Klemmbuch Klemmbuch Klemmbuch Klemmbuch
Klemmbuch Klemmbuch Klemmbuch Klemmbuch
Klemmbuch Klemmbuch Klemmbuch Klemmbuch
Klemmbuch Klemmbuch Klemmbuch Klemmbuch
Klemmbuch Klemmbuch Klemmbuch Klemmbuch
Klemmbuch Klemmbuch Klemmbuch Klemmbuch
Klemmbuch Klemmbuch Klemmbuch Klemmbuch
Klemmbuch Klemmbuch Klemmbuch Klemmbuch

Klemmbuch Klemmbuch Klemmbuch Klemmbuch
Klemmbuch Klemmbuch Klemmbuch Klemmbuch
Klemmbuch Klemmbuch Klemmbuch Klemmbuch
Klemmbuch Klemmbuch Klemmbuch Klemmbuch
Klemmbuch Klemmbuch Klemmbuch Klemmbuch
Klemmbuch Klemmbuch Klemmbuch Klemmbuch
Klemmbuch Klemmbuch Klemmbuch Klemmbuch
Klemmbuch Klemmbuch Klemmbuch Klemmbuch
Klemmbuch Klemmbuch Klemmbuch Klemmbuch
Klemmbuch Klemmbuch Klemmbuch Klemmbuch
Klemmbuch Klemmbuch Klemmbuch Klemmbuch
Klemmbuch Klemmbuch Klemmbuch Klemmbuch
Klemmbuch Klemmbuch Klemmbuch Klemmbuch
Klemmbuch Klemmbuch Klemmbuch Klemmbuch

Klemmbuch Klemmbuch Klemmbuch Klemmbuch
Klemmbuch Klemmbuch Klemmbuch Klemmbuch
Klemmbuch Klemmbuch Klemmbuch Klemmbuch
Klemmbuch Klemmbuch Klemmbuch Klemmbuch
Klemmbuch Klemmbuch Klemmbuch Klemmbuch
Klemmbuch Klemmbuch Klemmbuch Klemmbuch
Klemmbuch Klemmbuch Klemmbuch Klemmbuch
Klemmbuch Klemmbuch Klemmbuch Klemmbuch
Klemmbuch Klemmbuch Klemmbuch Klemmbuch
Klemmbuch Klemmbuch Klemmbuch Klemmbuch
Klemmbuch Klemmbuch Klemmbuch Klemmbuch
Klemmbuch Klemmbuch Klemmbuch Klemmbuch
Klemmbuch Klemmbuch Klemmbuch Klemmbuch
Klemmbuch Klemmbuch Klemmbuch Klemmbuch
Klemmbuch Klemmbuch Klemmbuch Klemmbuch
Klemmbuch Klemmbuch Klemmbuch Klemmbuch
Klemmbuch Klemmbuch Klemmbuch Klemmbuch
Klemmbuch Klemmbuch Klemmbuch Klemmbuch
Klemmbuch Klemmbuch Klemmbuch Klemmbuch
Klemmbuch Klemmbuch Klemmbuch Klemmbuch
Klemmbuch Klemmbuch Klemmbuch Klemmbuch

Klemmbuch Klemmbuch Klemmbuch Klemmbuch
Klemmbuch Klemmbuch Klemmbuch Klemmbuch
Klemmbuch Klemmbuch Klemmbuch Klemmbuch
Klemmbuch Klemmbuch Klemmbuch Klemmbuch
Klemmbuch Klemmbuch Klemmbuch Klemmbuch
Klemmbuch Klemmbuch Klemmbuch Klemmbuch
Klemmbuch Klemmbuch Klemmbuch Klemmbuch
Klemmbuch Klemmbuch Klemmbuch Klemmbuch
Klemmbuch Klemmbuch Klemmbuch Klemmbuch
Klemmbuch Klemmbuch Klemmbuch Klemmbuch
Klemmbuch Klemmbuch Klemmbuch Klemmbuch
Klemmbuch Klemmbuch Klemmbuch Klemmbuch
Klemmbuch Klemmbuch Klemmbuch Klemmbuch
Klemmbuch Klemmbuch Klemmbuch Klemmbuch
Klemmbuch Klemmbuch Klemmbuch Klemmbuch
Klemmbuch Klemmbuch Klemmbuch Klemmbuch
Klemmbuch Klemmbuch Klemmbuch Klemmbuch
Klemmbuch Klemmbuch Klemmbuch Klemmbuch
Klemmbuch Klemmbuch Klemmbuch Klemmbuch
Klemmbuch Klemmbuch Klemmbuch Klemmbuch
Klemmbuch Klemmbuch Klemmbuch Klemmbuch

Klemmbuch Klemmbuch Klemmbuch Klemmbuch
Klemmbuch Klemmbuch Klemmbuch Klemmbuch
Klemmbuch Klemmbuch Klemmbuch Klemmbuch
Klemmbuch Klemmbuch Klemmbuch Klemmbuch
Klemmbuch Klemmbuch Klemmbuch Klemmbuch
Klemmbuch Klemmbuch Klemmbuch Klemmbuch
Klemmbuch Klemmbuch Klemmbuch Klemmbuch
Klemmbuch Klemmbuch Klemmbuch Klemmbuch
Klemmbuch Klemmbuch Klemmbuch Klemmbuch
Klemmbuch Klemmbuch Klemmbuch Klemmbuch
Klemmbuch Klemmbuch Klemmbuch Klemmbuch
Klemmbuch Klemmbuch Klemmbuch Klemmbuch
Klemmbuch Klemmbuch Klemmbuch Klemmbuch
Klemmbuch Klemmbuch Klemmbuch Klemmbuch
Klemmbuch Klemmbuch Klemmbuch Klemmbuch

Klemmbuch Klemmbuch Klemmbuch Klemmbuch
Klemmbuch Klemmbuch Klemmbuch Klemmbuch
Klemmbuch Klemmbuch Klemmbuch Klemmbuch
Klemmbuch Klemmbuch Klemmbuch Klemmbuch
Klemmbuch Klemmbuch Klemmbuch Klemmbuch
Klemmbuch Klemmbuch Klemmbuch Klemmbuch
Klemmbuch Klemmbuch Klemmbuch Klemmbuch

Klemmbuch Klemmbuch Klemmbuch Klemmbuch
Klemmbuch Klemmbuch Klemmbuch Klemmbuch
Klemmbuch Klemmbuch Klemmbuch Klemmbuch
Klemmbuch Klemmbuch Klemmbuch Klemmbuch
Klemmbuch Klemmbuch Klemmbuch Klemmbuch
Klemmbuch Klemmbuch Klemmbuch Klemmbuch
Klemmbuch Klemmbuch Klemmbuch Klemmbuch
Klemmbuch Klemmbuch Klemmbuch Klemmbuch
Klemmbuch Klemmbuch Klemmbuch Klemmbuch
Klemmbuch Klemmbuch Klemmbuch Klemmbuch
Klemmbuch Klemmbuch Klemmbuch Klemmbuch
Klemmbuch Klemmbuch Klemmbuch Klemmbuch
Klemmbuch Klemmbuch Klemmbuch Klemmbuch
Klemmbuch Klemmbuch Klemmbuch Klemmbuch
Klemmbuch Klemmbuch Klemmbuch Klemmbuch
Klemmbuch Klemmbuch Klemmbuch Klemmbuch
Klemmbuch Klemmbuch Klemmbuch Klemmbuch
Klemmbuch Klemmbuch Klemmbuch Klemmbuch
Klemmbuch Klemmbuch Klemmbuch Klemmbuch
Klemmbuch Klemmbuch Klemmbuch Klemmbuch
Klemmbuch Klemmbuch Klemmbuch Klemmbuch

Klemmbuch Klemmbuch Klemmbuch Klemmbuch
Klemmbuch Klemmbuch Klemmbuch Klemmbuch
Klemmbuch Klemmbuch Klemmbuch Klemmbuch
Klemmbuch Klemmbuch Klemmbuch Klemmbuch
Klemmbuch Klemmbuch Klemmbuch Klemmbuch
Klemmbuch Klemmbuch Klemmbuch Klemmbuch

Klemmbuch Klemmbuch Klemmbuch Klemmbuch
Klemmbuch Klemmbuch Klemmbuch Klemmbuch
Klemmbuch Klemmbuch Klemmbuch Klemmbuch
Klemmbuch Klemmbuch Klemmbuch Klemmbuch
Klemmbuch Klemmbuch Klemmbuch Klemmbuch
Klemmbuch Klemmbuch Klemmbuch Klemmbuch
Klemmbuch Klemmbuch Klemmbuch Klemmbuch
Klemmbuch Klemmbuch Klemmbuch Klemmbuch
Klemmbuch Klemmbuch Klemmbuch Klemmbuch
Klemmbuch Klemmbuch Klemmbuch Klemmbuch
Klemmbuch Klemmbuch Klemmbuch Klemmbuch
Klemmbuch Klemmbuch Klemmbuch Klemmbuch
Klemmbuch Klemmbuch Klemmbuch Klemmbuch
Klemmbuch Klemmbuch Klemmbuch Klemmbuch
Klemmbuch Klemmbuch Klemmbuch Klemmbuch
Klemmbuch Klemmbuch Klemmbuch Klemmbuch

Klemmbuch Klemmbuch Klemmbuch Klemmbuch
Klemmbuch Klemmbuch Klemmbuch Klemmbuch
Klemmbuch Klemmbuch Klemmbuch Klemmbuch
Klemmbuch Klemmbuch Klemmbuch Klemmbuch
Klemmbuch Klemmbuch Klemmbuch Klemmbuch
Klemmbuch Klemmbuch Klemmbuch Klemmbuch
Klemmbuch Klemmbuch Klemmbuch Klemmbuch
Klemmbuch Klemmbuch Klemmbuch Klemmbuch
Klemmbuch Klemmbuch Klemmbuch Klemmbuch
Klemmbuch Klemmbuch Klemmbuch Klemmbuch
Klemmbuch Klemmbuch Klemmbuch Klemmbuch
Klemmbuch Klemmbuch Klemmbuch Klemmbuch
Klemmbuch Klemmbuch Klemmbuch Klemmbuch
Klemmbuch Klemmbuch Klemmbuch Klemmbuch
Klemmbuch Klemmbuch Klemmbuch Klemmbuch
Klemmbuch Klemmbuch Klemmbuch Klemmbuch
Klemmbuch Klemmbuch Klemmbuch Klemmbuch
Klemmbuch Klemmbuch Klemmbuch Klemmbuch
Klemmbuch Klemmbuch Klemmbuch Klemmbuch

Klemmbuch Klemmbuch Klemmbuch Klemmbuch
Klemmbuch Klemmbuch Klemmbuch Klemmbuch

Klemmbuch Klemmbuch Klemmbuch Klemmbuch
Klemmbuch Klemmbuch Klemmbuch Klemmbuch
Klemmbuch Klemmbuch Klemmbuch Klemmbuch
Klemmbuch Klemmbuch Klemmbuch Klemmbuch
Klemmbuch Klemmbuch Klemmbuch Klemmbuch
Klemmbuch Klemmbuch Klemmbuch Klemmbuch
Klemmbuch Klemmbuch Klemmbuch Klemmbuch
Klemmbuch Klemmbuch Klemmbuch Klemmbuch
Klemmbuch Klemmbuch Klemmbuch Klemmbuch
Klemmbuch Klemmbuch Klemmbuch Klemmbuch
Klemmbuch Klemmbuch Klemmbuch Klemmbuch
Klemmbuch Klemmbuch Klemmbuch Klemmbuch
Klemmbuch Klemmbuch Klemmbuch Klemmbuch
Klemmbuch Klemmbuch Klemmbuch Klemmbuch
Klemmbuch Klemmbuch Klemmbuch Klemmbuch
Klemmbuch Klemmbuch Klemmbuch Klemmbuch
Klemmbuch Klemmbuch Klemmbuch Klemmbuch
Klemmbuch Klemmbuch Klemmbuch Klemmbuch
Klemmbuch Klemmbuch Klemmbuch Klemmbuch
Klemmbuch Klemmbuch Klemmbuch Klemmbuch
Klemmbuch Klemmbuch Klemmbuch Klemmbuch
Klemmbuch Klemmbuch Klemmbuch Klemmbuch

Klemmbuch Klemmbuch Klemmbuch Klemmbuch
Klemmbuch Klemmbuch Klemmbuch Klemmbuch
Klemmbuch Klemmbuch Klemmbuch Klemmbuch
Klemmbuch Klemmbuch Klemmbuch Klemmbuch
Klemmbuch Klemmbuch Klemmbuch Klemmbuch
Klemmbuch Klemmbuch Klemmbuch Klemmbuch
Klemmbuch Klemmbuch Klemmbuch Klemmbuch
Klemmbuch Klemmbuch Klemmbuch Klemmbuch
Klemmbuch Klemmbuch Klemmbuch Klemmbuch
Klemmbuch Klemmbuch Klemmbuch Klemmbuch
Klemmbuch Klemmbuch Klemmbuch Klemmbuch

Klemmbuch Klemmbuch Klemmbuch Klemmbuch
Klemmbuch Klemmbuch Klemmbuch Klemmbuch
Klemmbuch Klemmbuch Klemmbuch Klemmbuch
Klemmbuch Klemmbuch Klemmbuch Klemmbuch
Klemmbuch Klemmbuch Klemmbuch Klemmbuch
Klemmbuch Klemmbuch Klemmbuch Klemmbuch
Klemmbuch Klemmbuch Klemmbuch Klemmbuch
Klemmbuch Klemmbuch Klemmbuch Klemmbuch
Klemmbuch Klemmbuch Klemmbuch Klemmbuch
Klemmbuch Klemmbuch Klemmbuch Klemmbuch
Klemmbuch Klemmbuch Klemmbuch Klemmbuch

Klemmbuch Klemmbuch Klemmbuch Klemmbuch
Klemmbuch Klemmbuch Klemmbuch Klemmbuch
Klemmbuch Klemmbuch Klemmbuch Klemmbuch
Klemmbuch Klemmbuch Klemmbuch Klemmbuch
Klemmbuch Klemmbuch Klemmbuch Klemmbuch
Klemmbuch Klemmbuch Klemmbuch Klemmbuch
Klemmbuch Klemmbuch Klemmbuch Klemmbuch
Klemmbuch Klemmbuch Klemmbuch Klemmbuch
Klemmbuch Klemmbuch Klemmbuch Klemmbuch
Klemmbuch Klemmbuch Klemmbuch Klemmbuch
Klemmbuch Klemmbuch Klemmbuch Klemmbuch
Klemmbuch Klemmbuch Klemmbuch Klemmbuch
Klemmbuch Klemmbuch Klemmbuch Klemmbuch
Klemmbuch Klemmbuch Klemmbuch Klemmbuch
Klemmbuch Klemmbuch Klemmbuch Klemmbuch
Klemmbuch Klemmbuch Klemmbuch Klemmbuch
Klemmbuch Klemmbuch Klemmbuch Klemmbuch
Klemmbuch Klemmbuch Klemmbuch Klemmbuch
Klemmbuch Klemmbuch Klemmbuch Klemmbuch
Klemmbuch Klemmbuch Klemmbuch Klemmbuch

Klemmbuch Klemmbuch Klemmbuch Klemmbuch
Klemmbuch Klemmbuch Klemmbuch Klemmbuch

Klemmbuch Klemmbuch Klemmbuch Klemmbuch
Klemmbuch Klemmbuch Klemmbuch Klemmbuch
Klemmbuch Klemmbuch Klemmbuch Klemmbuch
Klemmbuch Klemmbuch Klemmbuch Klemmbuch
Klemmbuch Klemmbuch Klemmbuch Klemmbuch
Klemmbuch Klemmbuch Klemmbuch Klemmbuch
Klemmbuch Klemmbuch Klemmbuch Klemmbuch
Klemmbuch Klemmbuch Klemmbuch Klemmbuch
Klemmbuch Klemmbuch Klemmbuch Klemmbuch
Klemmbuch Klemmbuch Klemmbuch Klemmbuch
Klemmbuch Klemmbuch Klemmbuch Klemmbuch
Klemmbuch Klemmbuch Klemmbuch Klemmbuch
Klemmbuch Klemmbuch Klemmbuch Klemmbuch
Klemmbuch Klemmbuch Klemmbuch Klemmbuch
Klemmbuch Klemmbuch Klemmbuch Klemmbuch
Klemmbuch Klemmbuch Klemmbuch Klemmbuch
Klemmbuch Klemmbuch Klemmbuch Klemmbuch
Klemmbuch Klemmbuch Klemmbuch Klemmbuch
Klemmbuch Klemmbuch Klemmbuch Klemmbuch
Klemmbuch Klemmbuch Klemmbuch Klemmbuch

Klemmbuch Klemmbuch Klemmbuch Klemmbuch
Klemmbuch Klemmbuch Klemmbuch Klemmbuch
Klemmbuch Klemmbuch Klemmbuch Klemmbuch
Klemmbuch Klemmbuch Klemmbuch Klemmbuch
Klemmbuch Klemmbuch Klemmbuch Klemmbuch
Klemmbuch Klemmbuch Klemmbuch Klemmbuch
Klemmbuch Klemmbuch Klemmbuch Klemmbuch
Klemmbuch Klemmbuch Klemmbuch Klemmbuch
Klemmbuch Klemmbuch Klemmbuch Klemmbuch
Klemmbuch Klemmbuch Klemmbuch Klemmbuch
Klemmbuch Klemmbuch Klemmbuch Klemmbuch
Klemmbuch Klemmbuch Klemmbuch Klemmbuch
Klemmbuch Klemmbuch Klemmbuch Klemmbuch
Klemmbuch Klemmbuch Klemmbuch Klemmbuch
Klemmbuch Klemmbuch Klemmbuch Klemmbuch
Klemmbuch Klemmbuch Klemmbuch Klemmbuch
Klemmbuch Klemmbuch Klemmbuch Klemmbuch

Klemmbuch Klemmbuch Klemmbuch Klemmbuch
Klemmbuch Klemmbuch Klemmbuch Klemmbuch
Klemmbuch Klemmbuch Klemmbuch Klemmbuch
Klemmbuch Klemmbuch Klemmbuch Klemmbuch
Klemmbuch Klemmbuch Klemmbuch Klemmbuch

Klemmbuch Klemmbuch Klemmbuch Klemmbuch
Klemmbuch Klemmbuch Klemmbuch Klemmbuch
Klemmbuch Klemmbuch Klemmbuch Klemmbuch
Klemmbuch Klemmbuch Klemmbuch Klemmbuch
Klemmbuch Klemmbuch Klemmbuch Klemmbuch
Klemmbuch Klemmbuch Klemmbuch Klemmbuch
Klemmbuch Klemmbuch Klemmbuch Klemmbuch
Klemmbuch Klemmbuch Klemmbuch Klemmbuch
Klemmbuch Klemmbuch Klemmbuch Klemmbuch
Klemmbuch Klemmbuch Klemmbuch Klemmbuch
Klemmbuch Klemmbuch Klemmbuch Klemmbuch
Klemmbuch Klemmbuch Klemmbuch Klemmbuch
Klemmbuch Klemmbuch Klemmbuch Klemmbuch
Klemmbuch Klemmbuch Klemmbuch Klemmbuch
Klemmbuch Klemmbuch Klemmbuch Klemmbuch
Klemmbuch Klemmbuch Klemmbuch Klemmbuch
Klemmbuch Klemmbuch Klemmbuch Klemmbuch
Klemmbuch Klemmbuch Klemmbuch Klemmbuch
Klemmbuch Klemmbuch Klemmbuch Klemmbuch
Klemmbuch Klemmbuch Klemmbuch Klemmbuch

Klemmbuch Klemmbuch Klemmbuch Klemmbuch
Klemmbuch Klemmbuch Klemmbuch Klemmbuch
Klemmbuch Klemmbuch Klemmbuch Klemmbuch
Klemmbuch Klemmbuch Klemmbuch Klemmbuch
Klemmbuch Klemmbuch Klemmbuch Klemmbuch
Klemmbuch Klemmbuch Klemmbuch Klemmbuch
Klemmbuch Klemmbuch Klemmbuch Klemmbuch
Klemmbuch Klemmbuch Klemmbuch Klemmbuch

Klemmbuch Klemmbuch Klemmbuch Klemmbuch
Klemmbuch Klemmbuch Klemmbuch Klemmbuch
Klemmbuch Klemmbuch Klemmbuch Klemmbuch
Klemmbuch Klemmbuch Klemmbuch Klemmbuch
Klemmbuch Klemmbuch Klemmbuch Klemmbuch
Klemmbuch Klemmbuch Klemmbuch Klemmbuch
Klemmbuch Klemmbuch Klemmbuch Klemmbuch
Klemmbuch Klemmbuch Klemmbuch Klemmbuch
Klemmbuch Klemmbuch Klemmbuch Klemmbuch
Klemmbuch Klemmbuch Klemmbuch Klemmbuch
Klemmbuch Klemmbuch Klemmbuch Klemmbuch
Klemmbuch Klemmbuch Klemmbuch Klemmbuch
Klemmbuch Klemmbuch Klemmbuch Klemmbuch
Klemmbuch Klemmbuch Klemmbuch Klemmbuch

Klemmbuch Klemmbuch Klemmbuch Klemmbuch
Klemmbuch Klemmbuch Klemmbuch Klemmbuch
Klemmbuch Klemmbuch Klemmbuch Klemmbuch
Klemmbuch Klemmbuch Klemmbuch Klemmbuch
Klemmbuch Klemmbuch Klemmbuch Klemmbuch
Klemmbuch Klemmbuch Klemmbuch Klemmbuch
Klemmbuch Klemmbuch Klemmbuch Klemmbuch
Klemmbuch Klemmbuch Klemmbuch Klemmbuch
Klemmbuch Klemmbuch Klemmbuch Klemmbuch
Klemmbuch Klemmbuch Klemmbuch Klemmbuch
Klemmbuch Klemmbuch Klemmbuch Klemmbuch
Klemmbuch Klemmbuch Klemmbuch Klemmbuch
Klemmbuch Klemmbuch Klemmbuch Klemmbuch
Klemmbuch Klemmbuch Klemmbuch Klemmbuch
Klemmbuch Klemmbuch Klemmbuch Klemmbuch
Klemmbuch Klemmbuch Klemmbuch Klemmbuch
Klemmbuch Klemmbuch Klemmbuch Klemmbuch
Klemmbuch Klemmbuch Klemmbuch Klemmbuch
Klemmbuch Klemmbuch Klemmbuch Klemmbuch
Klemmbuch Klemmbuch Klemmbuch Klemmbuch
Klemmbuch Klemmbuch Klemmbuch Klemmbuch
Klemmbuch Klemmbuch Klemmbuch Klemmbuch

Klemmbuch Klemmbuch Klemmbuch Klemmbuch
Klemmbuch Klemmbuch Klemmbuch Klemmbuch
Klemmbuch Klemmbuch Klemmbuch Klemmbuch
Klemmbuch Klemmbuch Klemmbuch Klemmbuch
Klemmbuch Klemmbuch Klemmbuch Klemmbuch
Klemmbuch Klemmbuch Klemmbuch Klemmbuch
Klemmbuch Klemmbuch Klemmbuch Klemmbuch
Klemmbuch Klemmbuch Klemmbuch Klemmbuch
Klemmbuch Klemmbuch Klemmbuch Klemmbuch
Klemmbuch Klemmbuch Klemmbuch Klemmbuch
Klemmbuch Klemmbuch Klemmbuch Klemmbuch
Klemmbuch Klemmbuch Klemmbuch Klemmbuch
Klemmbuch Klemmbuch Klemmbuch Klemmbuch
Klemmbuch Klemmbuch Klemmbuch Klemmbuch
Klemmbuch Klemmbuch Klemmbuch Klemmbuch
Klemmbuch Klemmbuch Klemmbuch Klemmbuch
Klemmbuch Klemmbuch Klemmbuch Klemmbuch
Klemmbuch Klemmbuch Klemmbuch Klemmbuch
Klemmbuch Klemmbuch Klemmbuch Klemmbuch
Klemmbuch Klemmbuch Klemmbuch Klemmbuch
Klemmbuch Klemmbuch Klemmbuch Klemmbuch
Klemmbuch Klemmbuch Klemmbuch Klemmbuch

Klemmbuch Klemmbuch Klemmbuch Klemmbuch
Klemmbuch Klemmbuch Klemmbuch Klemmbuch
Klemmbuch Klemmbuch Klemmbuch Klemmbuch
Klemmbuch Klemmbuch Klemmbuch Klemmbuch
Klemmbuch Klemmbuch Klemmbuch Klemmbuch
Klemmbuch Klemmbuch Klemmbuch Klemmbuch
Klemmbuch Klemmbuch Klemmbuch Klemmbuch
Klemmbuch Klemmbuch Klemmbuch Klemmbuch
Klemmbuch Klemmbuch Klemmbuch Klemmbuch
Klemmbuch Klemmbuch Klemmbuch Klemmbuch
Klemmbuch Klemmbuch Klemmbuch Klemmbuch
Klemmbuch Klemmbuch Klemmbuch Klemmbuch
Klemmbuch Klemmbuch Klemmbuch Klemmbuch
Klemmbuch Klemmbuch Klemmbuch Klemmbuch
Klemmbuch Klemmbuch Klemmbuch Klemmbuch

Klemmbuch Klemmbuch Klemmbuch Klemmbuch
Klemmbuch Klemmbuch Klemmbuch Klemmbuch
Klemmbuch Klemmbuch Klemmbuch Klemmbuch
Klemmbuch Klemmbuch Klemmbuch Klemmbuch
Klemmbuch Klemmbuch Klemmbuch Klemmbuch
Klemmbuch Klemmbuch Klemmbuch Klemmbuch
Klemmbuch Klemmbuch Klemmbuch Klemmbuch

Klemmbuch Klemmbuch Klemmbuch Klemmbuch
Klemmbuch Klemmbuch Klemmbuch Klemmbuch
Klemmbuch Klemmbuch Klemmbuch Klemmbuch
Klemmbuch Klemmbuch Klemmbuch Klemmbuch
Klemmbuch Klemmbuch Klemmbuch Klemmbuch
Klemmbuch Klemmbuch Klemmbuch Klemmbuch
Klemmbuch Klemmbuch Klemmbuch Klemmbuch
Klemmbuch Klemmbuch Klemmbuch Klemmbuch
Klemmbuch Klemmbuch Klemmbuch Klemmbuch
Klemmbuch Klemmbuch Klemmbuch Klemmbuch
Klemmbuch Klemmbuch Klemmbuch Klemmbuch
Klemmbuch Klemmbuch Klemmbuch Klemmbuch
Klemmbuch Klemmbuch Klemmbuch Klemmbuch
Klemmbuch Klemmbuch Klemmbuch Klemmbuch
Klemmbuch Klemmbuch Klemmbuch Klemmbuch
Klemmbuch Klemmbuch Klemmbuch Klemmbuch
Klemmbuch Klemmbuch Klemmbuch Klemmbuch
Klemmbuch Klemmbuch Klemmbuch Klemmbuch
Klemmbuch Klemmbuch Klemmbuch Klemmbuch
Klemmbuch Klemmbuch Klemmbuch Klemmbuch
Klemmbuch Klemmbuch Klemmbuch Klemmbuch

Klemmbuch Klemmbuch Klemmbuch Klemmbuch
Klemmbuch Klemmbuch Klemmbuch Klemmbuch
Klemmbuch Klemmbuch Klemmbuch Klemmbuch
Klemmbuch Klemmbuch Klemmbuch Klemmbuch
Klemmbuch Klemmbuch Klemmbuch Klemmbuch
Klemmbuch Klemmbuch Klemmbuch Klemmbuch

Klemmbuch Klemmbuch Klemmbuch Klemmbuch
Klemmbuch Klemmbuch Klemmbuch Klemmbuch
Klemmbuch Klemmbuch Klemmbuch Klemmbuch
Klemmbuch Klemmbuch Klemmbuch Klemmbuch
Klemmbuch Klemmbuch Klemmbuch Klemmbuch
Klemmbuch Klemmbuch Klemmbuch Klemmbuch
Klemmbuch Klemmbuch Klemmbuch Klemmbuch
Klemmbuch Klemmbuch Klemmbuch Klemmbuch
Klemmbuch Klemmbuch Klemmbuch Klemmbuch
Klemmbuch Klemmbuch Klemmbuch Klemmbuch
Klemmbuch Klemmbuch Klemmbuch Klemmbuch
Klemmbuch Klemmbuch Klemmbuch Klemmbuch
Klemmbuch Klemmbuch Klemmbuch Klemmbuch
Klemmbuch Klemmbuch Klemmbuch Klemmbuch
Klemmbuch Klemmbuch Klemmbuch Klemmbuch
Klemmbuch Klemmbuch Klemmbuch Klemmbuch

Klemmbuch Klemmbuch Klemmbuch Klemmbuch
Klemmbuch Klemmbuch Klemmbuch Klemmbuch
Klemmbuch Klemmbuch Klemmbuch Klemmbuch
Klemmbuch Klemmbuch Klemmbuch Klemmbuch
Klemmbuch Klemmbuch Klemmbuch Klemmbuch
Klemmbuch Klemmbuch Klemmbuch Klemmbuch
Klemmbuch Klemmbuch Klemmbuch Klemmbuch
Klemmbuch Klemmbuch Klemmbuch Klemmbuch
Klemmbuch Klemmbuch Klemmbuch Klemmbuch
Klemmbuch Klemmbuch Klemmbuch Klemmbuch
Klemmbuch Klemmbuch Klemmbuch Klemmbuch
Klemmbuch Klemmbuch Klemmbuch Klemmbuch
Klemmbuch Klemmbuch Klemmbuch Klemmbuch
Klemmbuch Klemmbuch Klemmbuch Klemmbuch
Klemmbuch Klemmbuch Klemmbuch Klemmbuch
Klemmbuch Klemmbuch Klemmbuch Klemmbuch
Klemmbuch Klemmbuch Klemmbuch Klemmbuch
Klemmbuch Klemmbuch Klemmbuch Klemmbuch
Klemmbuch Klemmbuch Klemmbuch Klemmbuch

Klemmbuch Klemmbuch Klemmbuch Klemmbuch
Klemmbuch Klemmbuch Klemmbuch Klemmbuch

Klemmbuch Klemmbuch Klemmbuch Klemmbuch
Klemmbuch Klemmbuch Klemmbuch Klemmbuch
Klemmbuch Klemmbuch Klemmbuch Klemmbuch
Klemmbuch Klemmbuch Klemmbuch Klemmbuch
Klemmbuch Klemmbuch Klemmbuch Klemmbuch
Klemmbuch Klemmbuch Klemmbuch Klemmbuch
Klemmbuch Klemmbuch Klemmbuch Klemmbuch
Klemmbuch Klemmbuch Klemmbuch Klemmbuch
Klemmbuch Klemmbuch Klemmbuch Klemmbuch
Klemmbuch Klemmbuch Klemmbuch Klemmbuch
Klemmbuch Klemmbuch Klemmbuch Klemmbuch
Klemmbuch Klemmbuch Klemmbuch Klemmbuch
Klemmbuch Klemmbuch Klemmbuch Klemmbuch
Klemmbuch Klemmbuch Klemmbuch Klemmbuch
Klemmbuch Klemmbuch Klemmbuch Klemmbuch
Klemmbuch Klemmbuch Klemmbuch Klemmbuch
Klemmbuch Klemmbuch Klemmbuch Klemmbuch
Klemmbuch Klemmbuch Klemmbuch Klemmbuch
Klemmbuch Klemmbuch Klemmbuch Klemmbuch
Klemmbuch Klemmbuch Klemmbuch Klemmbuch
Klemmbuch Klemmbuch Klemmbuch Klemmbuch
Klemmbuch Klemmbuch Klemmbuch Klemmbuch

Klemmbuch Klemmbuch Klemmbuch Klemmbuch
Klemmbuch Klemmbuch Klemmbuch Klemmbuch
Klemmbuch Klemmbuch Klemmbuch Klemmbuch
Klemmbuch Klemmbuch Klemmbuch Klemmbuch
Klemmbuch Klemmbuch Klemmbuch Klemmbuch
Klemmbuch Klemmbuch Klemmbuch Klemmbuch
Klemmbuch Klemmbuch Klemmbuch Klemmbuch
Klemmbuch Klemmbuch Klemmbuch Klemmbuch
Klemmbuch Klemmbuch Klemmbuch Klemmbuch
Klemmbuch Klemmbuch Klemmbuch Klemmbuch
Klemmbuch Klemmbuch Klemmbuch Klemmbuch

Klemmbuch Klemmbuch Klemmbuch Klemmbuch
Klemmbuch Klemmbuch Klemmbuch Klemmbuch
Klemmbuch Klemmbuch Klemmbuch Klemmbuch
Klemmbuch Klemmbuch Klemmbuch Klemmbuch
Klemmbuch Klemmbuch Klemmbuch Klemmbuch
Klemmbuch Klemmbuch Klemmbuch Klemmbuch
Klemmbuch Klemmbuch Klemmbuch Klemmbuch
Klemmbuch Klemmbuch Klemmbuch Klemmbuch
Klemmbuch Klemmbuch Klemmbuch Klemmbuch
Klemmbuch Klemmbuch Klemmbuch Klemmbuch
Klemmbuch Klemmbuch Klemmbuch Klemmbuch

Klemmbuch Klemmbuch Klemmbuch Klemmbuch
Klemmbuch Klemmbuch Klemmbuch Klemmbuch
Klemmbuch Klemmbuch Klemmbuch Klemmbuch
Klemmbuch Klemmbuch Klemmbuch Klemmbuch
Klemmbuch Klemmbuch Klemmbuch Klemmbuch
Klemmbuch Klemmbuch Klemmbuch Klemmbuch
Klemmbuch Klemmbuch Klemmbuch Klemmbuch
Klemmbuch Klemmbuch Klemmbuch Klemmbuch
Klemmbuch Klemmbuch Klemmbuch Klemmbuch
Klemmbuch Klemmbuch Klemmbuch Klemmbuch
Klemmbuch Klemmbuch Klemmbuch Klemmbuch
Klemmbuch Klemmbuch Klemmbuch Klemmbuch
Klemmbuch Klemmbuch Klemmbuch Klemmbuch
Klemmbuch Klemmbuch Klemmbuch Klemmbuch
Klemmbuch Klemmbuch Klemmbuch Klemmbuch
Klemmbuch Klemmbuch Klemmbuch Klemmbuch
Klemmbuch Klemmbuch Klemmbuch Klemmbuch
Klemmbuch Klemmbuch Klemmbuch Klemmbuch
Klemmbuch Klemmbuch Klemmbuch Klemmbuch
Klemmbuch Klemmbuch Klemmbuch Klemmbuch
Klemmbuch Klemmbuch Klemmbuch Klemmbuch

Klemmbuch Klemmbuch Klemmbuch Klemmbuch
Klemmbuch Klemmbuch Klemmbuch Klemmbuch

Klemmbuch Klemmbuch Klemmbuch Klemmbuch
Klemmbuch Klemmbuch Klemmbuch Klemmbuch
Klemmbuch Klemmbuch Klemmbuch Klemmbuch
Klemmbuch Klemmbuch Klemmbuch Klemmbuch
Klemmbuch Klemmbuch Klemmbuch Klemmbuch
Klemmbuch Klemmbuch Klemmbuch Klemmbuch
Klemmbuch Klemmbuch Klemmbuch Klemmbuch
Klemmbuch Klemmbuch Klemmbuch Klemmbuch
Klemmbuch Klemmbuch Klemmbuch Klemmbuch
Klemmbuch Klemmbuch Klemmbuch Klemmbuch
Klemmbuch Klemmbuch Klemmbuch Klemmbuch
Klemmbuch Klemmbuch Klemmbuch Klemmbuch
Klemmbuch Klemmbuch Klemmbuch Klemmbuch
Klemmbuch Klemmbuch Klemmbuch Klemmbuch
Klemmbuch Klemmbuch Klemmbuch Klemmbuch
Klemmbuch Klemmbuch Klemmbuch Klemmbuch
Klemmbuch Klemmbuch Klemmbuch Klemmbuch
Klemmbuch Klemmbuch Klemmbuch Klemmbuch
Klemmbuch Klemmbuch Klemmbuch Klemmbuch
Klemmbuch Klemmbuch Klemmbuch Klemmbuch

Klemmbuch Klemmbuch Klemmbuch Klemmbuch
Klemmbuch Klemmbuch Klemmbuch Klemmbuch
Klemmbuch Klemmbuch Klemmbuch Klemmbuch
Klemmbuch Klemmbuch Klemmbuch Klemmbuch
Klemmbuch Klemmbuch Klemmbuch Klemmbuch
Klemmbuch Klemmbuch Klemmbuch Klemmbuch
Klemmbuch Klemmbuch Klemmbuch Klemmbuch
Klemmbuch Klemmbuch Klemmbuch Klemmbuch
Klemmbuch Klemmbuch Klemmbuch Klemmbuch
Klemmbuch Klemmbuch Klemmbuch Klemmbuch
Klemmbuch Klemmbuch Klemmbuch Klemmbuch
Klemmbuch Klemmbuch Klemmbuch Klemmbuch
Klemmbuch Klemmbuch Klemmbuch Klemmbuch
Klemmbuch Klemmbuch Klemmbuch Klemmbuch
Klemmbuch Klemmbuch Klemmbuch Klemmbuch
Klemmbuch Klemmbuch Klemmbuch Klemmbuch
Klemmbuch Klemmbuch Klemmbuch Klemmbuch

Klemmbuch Klemmbuch Klemmbuch Klemmbuch
Klemmbuch Klemmbuch Klemmbuch Klemmbuch
Klemmbuch Klemmbuch Klemmbuch Klemmbuch
Klemmbuch Klemmbuch Klemmbuch Klemmbuch
Klemmbuch Klemmbuch Klemmbuch Klemmbuch

Klemmbuch Klemmbuch Klemmbuch Klemmbuch
Klemmbuch Klemmbuch Klemmbuch Klemmbuch
Klemmbuch Klemmbuch Klemmbuch Klemmbuch
Klemmbuch Klemmbuch Klemmbuch Klemmbuch
Klemmbuch Klemmbuch Klemmbuch Klemmbuch
Klemmbuch Klemmbuch Klemmbuch Klemmbuch
Klemmbuch Klemmbuch Klemmbuch Klemmbuch
Klemmbuch Klemmbuch Klemmbuch Klemmbuch
Klemmbuch Klemmbuch Klemmbuch Klemmbuch
Klemmbuch Klemmbuch Klemmbuch Klemmbuch
Klemmbuch Klemmbuch Klemmbuch Klemmbuch
Klemmbuch Klemmbuch Klemmbuch Klemmbuch
Klemmbuch Klemmbuch Klemmbuch Klemmbuch
Klemmbuch Klemmbuch Klemmbuch Klemmbuch
Klemmbuch Klemmbuch Klemmbuch Klemmbuch
Klemmbuch Klemmbuch Klemmbuch Klemmbuch
Klemmbuch Klemmbuch Klemmbuch Klemmbuch
Klemmbuch Klemmbuch Klemmbuch Klemmbuch
Klemmbuch Klemmbuch Klemmbuch Klemmbuch
Klemmbuch Klemmbuch Klemmbuch Klemmbuch
Klemmbuch Klemmbuch Klemmbuch Klemmbuch

Klemmbuch Klemmbuch Klemmbuch Klemmbuch
Klemmbuch Klemmbuch Klemmbuch Klemmbuch
Klemmbuch Klemmbuch Klemmbuch Klemmbuch
Klemmbuch Klemmbuch Klemmbuch Klemmbuch
Klemmbuch Klemmbuch Klemmbuch Klemmbuch
Klemmbuch Klemmbuch Klemmbuch Klemmbuch
Klemmbuch Klemmbuch Klemmbuch Klemmbuch
Klemmbuch Klemmbuch Klemmbuch Klemmbuch

Klemmbuch Klemmbuch Klemmbuch Klemmbuch
Klemmbuch Klemmbuch Klemmbuch Klemmbuch
Klemmbuch Klemmbuch Klemmbuch Klemmbuch
Klemmbuch Klemmbuch Klemmbuch Klemmbuch
Klemmbuch Klemmbuch Klemmbuch Klemmbuch
Klemmbuch Klemmbuch Klemmbuch Klemmbuch
Klemmbuch Klemmbuch Klemmbuch Klemmbuch
Klemmbuch Klemmbuch Klemmbuch Klemmbuch
Klemmbuch Klemmbuch Klemmbuch Klemmbuch
Klemmbuch Klemmbuch Klemmbuch Klemmbuch
Klemmbuch Klemmbuch Klemmbuch Klemmbuch
Klemmbuch Klemmbuch Klemmbuch Klemmbuch
Klemmbuch Klemmbuch Klemmbuch Klemmbuch
Klemmbuch Klemmbuch Klemmbuch Klemmbuch

Klemmbuch Klemmbuch Klemmbuch Klemmbuch
Klemmbuch Klemmbuch Klemmbuch Klemmbuch
Klemmbuch Klemmbuch Klemmbuch Klemmbuch
Klemmbuch Klemmbuch Klemmbuch Klemmbuch
Klemmbuch Klemmbuch Klemmbuch Klemmbuch
Klemmbuch Klemmbuch Klemmbuch Klemmbuch
Klemmbuch Klemmbuch Klemmbuch Klemmbuch
Klemmbuch Klemmbuch Klemmbuch Klemmbuch
Klemmbuch Klemmbuch Klemmbuch Klemmbuch
Klemmbuch Klemmbuch Klemmbuch Klemmbuch
Klemmbuch Klemmbuch Klemmbuch Klemmbuch
Klemmbuch Klemmbuch Klemmbuch Klemmbuch
Klemmbuch Klemmbuch Klemmbuch Klemmbuch
Klemmbuch Klemmbuch Klemmbuch Klemmbuch
Klemmbuch Klemmbuch Klemmbuch Klemmbuch
Klemmbuch Klemmbuch Klemmbuch Klemmbuch
Klemmbuch Klemmbuch Klemmbuch Klemmbuch
Klemmbuch Klemmbuch Klemmbuch Klemmbuch
Klemmbuch Klemmbuch Klemmbuch Klemmbuch
Klemmbuch Klemmbuch Klemmbuch Klemmbuch
Klemmbuch Klemmbuch Klemmbuch Klemmbuch

Klemmbuch Klemmbuch Klemmbuch Klemmbuch
Klemmbuch Klemmbuch Klemmbuch Klemmbuch
Klemmbuch Klemmbuch Klemmbuch Klemmbuch
Klemmbuch Klemmbuch Klemmbuch Klemmbuch
Klemmbuch Klemmbuch Klemmbuch Klemmbuch
Klemmbuch Klemmbuch Klemmbuch Klemmbuch
Klemmbuch Klemmbuch Klemmbuch Klemmbuch
Klemmbuch Klemmbuch Klemmbuch Klemmbuch
Klemmbuch Klemmbuch Klemmbuch Klemmbuch
Klemmbuch Klemmbuch Klemmbuch Klemmbuch
Klemmbuch Klemmbuch Klemmbuch Klemmbuch
Klemmbuch Klemmbuch Klemmbuch Klemmbuch
Klemmbuch Klemmbuch Klemmbuch Klemmbuch
Klemmbuch Klemmbuch Klemmbuch Klemmbuch
Klemmbuch Klemmbuch Klemmbuch Klemmbuch
Klemmbuch Klemmbuch Klemmbuch Klemmbuch
Klemmbuch Klemmbuch Klemmbuch Klemmbuch
Klemmbuch Klemmbuch Klemmbuch Klemmbuch
Klemmbuch Klemmbuch Klemmbuch Klemmbuch
Klemmbuch Klemmbuch Klemmbuch Klemmbuch
Klemmbuch Klemmbuch Klemmbuch Klemmbuch

Klemmbuch Klemmbuch Klemmbuch Klemmbuch
Klemmbuch Klemmbuch Klemmbuch Klemmbuch
Klemmbuch Klemmbuch Klemmbuch Klemmbuch
Klemmbuch Klemmbuch Klemmbuch Klemmbuch
Klemmbuch Klemmbuch Klemmbuch Klemmbuch
Klemmbuch Klemmbuch Klemmbuch Klemmbuch
Klemmbuch Klemmbuch Klemmbuch Klemmbuch
Klemmbuch Klemmbuch Klemmbuch Klemmbuch
Klemmbuch Klemmbuch Klemmbuch Klemmbuch
Klemmbuch Klemmbuch Klemmbuch Klemmbuch
Klemmbuch Klemmbuch Klemmbuch Klemmbuch
Klemmbuch Klemmbuch Klemmbuch Klemmbuch
Klemmbuch Klemmbuch Klemmbuch Klemmbuch
Klemmbuch Klemmbuch Klemmbuch Klemmbuch
Klemmbuch Klemmbuch Klemmbuch Klemmbuch

Klemmbuch Klemmbuch Klemmbuch Klemmbuch
Klemmbuch Klemmbuch Klemmbuch Klemmbuch
Klemmbuch Klemmbuch Klemmbuch Klemmbuch
Klemmbuch Klemmbuch Klemmbuch Klemmbuch
Klemmbuch Klemmbuch Klemmbuch Klemmbuch
Klemmbuch Klemmbuch Klemmbuch Klemmbuch
Klemmbuch Klemmbuch Klemmbuch Klemmbuch

Klemmbuch Klemmbuch Klemmbuch Klemmbuch
Klemmbuch Klemmbuch Klemmbuch Klemmbuch
Klemmbuch Klemmbuch Klemmbuch Klemmbuch
Klemmbuch Klemmbuch Klemmbuch Klemmbuch
Klemmbuch Klemmbuch Klemmbuch Klemmbuch
Klemmbuch Klemmbuch Klemmbuch Klemmbuch
Klemmbuch Klemmbuch Klemmbuch Klemmbuch
Klemmbuch Klemmbuch Klemmbuch Klemmbuch
Klemmbuch Klemmbuch Klemmbuch Klemmbuch
Klemmbuch Klemmbuch Klemmbuch Klemmbuch
Klemmbuch Klemmbuch Klemmbuch Klemmbuch
Klemmbuch Klemmbuch Klemmbuch Klemmbuch
Klemmbuch Klemmbuch Klemmbuch Klemmbuch
Klemmbuch Klemmbuch Klemmbuch Klemmbuch
Klemmbuch Klemmbuch Klemmbuch Klemmbuch
Klemmbuch Klemmbuch Klemmbuch Klemmbuch
Klemmbuch Klemmbuch Klemmbuch Klemmbuch
Klemmbuch Klemmbuch Klemmbuch Klemmbuch
Klemmbuch Klemmbuch Klemmbuch Klemmbuch
Klemmbuch Klemmbuch Klemmbuch Klemmbuch
Klemmbuch Klemmbuch Klemmbuch Klemmbuch

Klemmbuch Klemmbuch Klemmbuch Klemmbuch
Klemmbuch Klemmbuch Klemmbuch Klemmbuch
Klemmbuch Klemmbuch Klemmbuch Klemmbuch
Klemmbuch Klemmbuch Klemmbuch Klemmbuch
Klemmbuch Klemmbuch Klemmbuch Klemmbuch
Klemmbuch Klemmbuch Klemmbuch Klemmbuch

Klemmbuch Klemmbuch Klemmbuch Klemmbuch
Klemmbuch Klemmbuch Klemmbuch Klemmbuch
Klemmbuch Klemmbuch Klemmbuch Klemmbuch
Klemmbuch Klemmbuch Klemmbuch Klemmbuch
Klemmbuch Klemmbuch Klemmbuch Klemmbuch
Klemmbuch Klemmbuch Klemmbuch Klemmbuch
Klemmbuch Klemmbuch Klemmbuch Klemmbuch
Klemmbuch Klemmbuch Klemmbuch Klemmbuch
Klemmbuch Klemmbuch Klemmbuch Klemmbuch
Klemmbuch Klemmbuch Klemmbuch Klemmbuch
Klemmbuch Klemmbuch Klemmbuch Klemmbuch
Klemmbuch Klemmbuch Klemmbuch Klemmbuch
Klemmbuch Klemmbuch Klemmbuch Klemmbuch
Klemmbuch Klemmbuch Klemmbuch Klemmbuch
Klemmbuch Klemmbuch Klemmbuch Klemmbuch
Klemmbuch Klemmbuch Klemmbuch Klemmbuch

Klemmbuch Klemmbuch Klemmbuch Klemmbuch
Klemmbuch Klemmbuch Klemmbuch Klemmbuch
Klemmbuch Klemmbuch Klemmbuch Klemmbuch
Klemmbuch Klemmbuch Klemmbuch Klemmbuch
Klemmbuch Klemmbuch Klemmbuch Klemmbuch
Klemmbuch Klemmbuch Klemmbuch Klemmbuch
Klemmbuch Klemmbuch Klemmbuch Klemmbuch
Klemmbuch Klemmbuch Klemmbuch Klemmbuch
Klemmbuch Klemmbuch Klemmbuch Klemmbuch
Klemmbuch Klemmbuch Klemmbuch Klemmbuch
Klemmbuch Klemmbuch Klemmbuch Klemmbuch
Klemmbuch Klemmbuch Klemmbuch Klemmbuch
Klemmbuch Klemmbuch Klemmbuch Klemmbuch
Klemmbuch Klemmbuch Klemmbuch Klemmbuch
Klemmbuch Klemmbuch Klemmbuch Klemmbuch
Klemmbuch Klemmbuch Klemmbuch Klemmbuch
Klemmbuch Klemmbuch Klemmbuch Klemmbuch
Klemmbuch Klemmbuch Klemmbuch Klemmbuch
Klemmbuch Klemmbuch Klemmbuch Klemmbuch
Klemmbuch Klemmbuch Klemmbuch Klemmbuch

Klemmbuch Klemmbuch Klemmbuch Klemmbuch
Klemmbuch Klemmbuch Klemmbuch Klemmbuch

Klemmbuch Klemmbuch Klemmbuch Klemmbuch
Klemmbuch Klemmbuch Klemmbuch Klemmbuch
Klemmbuch Klemmbuch Klemmbuch Klemmbuch
Klemmbuch Klemmbuch Klemmbuch Klemmbuch
Klemmbuch Klemmbuch Klemmbuch Klemmbuch
Klemmbuch Klemmbuch Klemmbuch Klemmbuch
Klemmbuch Klemmbuch Klemmbuch Klemmbuch
Klemmbuch Klemmbuch Klemmbuch Klemmbuch
Klemmbuch Klemmbuch Klemmbuch Klemmbuch
Klemmbuch Klemmbuch Klemmbuch Klemmbuch
Klemmbuch Klemmbuch Klemmbuch Klemmbuch
Klemmbuch Klemmbuch Klemmbuch Klemmbuch
Klemmbuch Klemmbuch Klemmbuch Klemmbuch
Klemmbuch Klemmbuch Klemmbuch Klemmbuch
Klemmbuch Klemmbuch Klemmbuch Klemmbuch
Klemmbuch Klemmbuch Klemmbuch Klemmbuch
Klemmbuch Klemmbuch Klemmbuch Klemmbuch
Klemmbuch Klemmbuch Klemmbuch Klemmbuch
Klemmbuch Klemmbuch Klemmbuch Klemmbuch
Klemmbuch Klemmbuch Klemmbuch Klemmbuch
Klemmbuch Klemmbuch Klemmbuch Klemmbuch
Klemmbuch Klemmbuch Klemmbuch Klemmbuch

Klemmbuch Klemmbuch Klemmbuch Klemmbuch
Klemmbuch Klemmbuch Klemmbuch Klemmbuch
Klemmbuch Klemmbuch Klemmbuch Klemmbuch
Klemmbuch Klemmbuch Klemmbuch Klemmbuch
Klemmbuch Klemmbuch Klemmbuch Klemmbuch
Klemmbuch Klemmbuch Klemmbuch Klemmbuch
Klemmbuch Klemmbuch Klemmbuch Klemmbuch
Klemmbuch Klemmbuch Klemmbuch Klemmbuch
Klemmbuch Klemmbuch Klemmbuch Klemmbuch
Klemmbuch Klemmbuch Klemmbuch Klemmbuch
Klemmbuch Klemmbuch Klemmbuch Klemmbuch

Klemmbuch Klemmbuch Klemmbuch Klemmbuch
Klemmbuch Klemmbuch Klemmbuch Klemmbuch
Klemmbuch Klemmbuch Klemmbuch Klemmbuch
Klemmbuch Klemmbuch Klemmbuch Klemmbuch
Klemmbuch Klemmbuch Klemmbuch Klemmbuch
Klemmbuch Klemmbuch Klemmbuch Klemmbuch
Klemmbuch Klemmbuch Klemmbuch Klemmbuch
Klemmbuch Klemmbuch Klemmbuch Klemmbuch
Klemmbuch Klemmbuch Klemmbuch Klemmbuch
Klemmbuch Klemmbuch Klemmbuch Klemmbuch
Klemmbuch Klemmbuch Klemmbuch Klemmbuch

Klemmbuch Klemmbuch Klemmbuch Klemmbuch
Klemmbuch Klemmbuch Klemmbuch Klemmbuch
Klemmbuch Klemmbuch Klemmbuch Klemmbuch
Klemmbuch Klemmbuch Klemmbuch Klemmbuch
Klemmbuch Klemmbuch Klemmbuch Klemmbuch
Klemmbuch Klemmbuch Klemmbuch Klemmbuch
Klemmbuch Klemmbuch Klemmbuch Klemmbuch
Klemmbuch Klemmbuch Klemmbuch Klemmbuch
Klemmbuch Klemmbuch Klemmbuch Klemmbuch
Klemmbuch Klemmbuch Klemmbuch Klemmbuch
Klemmbuch Klemmbuch Klemmbuch Klemmbuch
Klemmbuch Klemmbuch Klemmbuch Klemmbuch
Klemmbuch Klemmbuch Klemmbuch Klemmbuch
Klemmbuch Klemmbuch Klemmbuch Klemmbuch
Klemmbuch Klemmbuch Klemmbuch Klemmbuch
Klemmbuch Klemmbuch Klemmbuch Klemmbuch
Klemmbuch Klemmbuch Klemmbuch Klemmbuch
Klemmbuch Klemmbuch Klemmbuch Klemmbuch
Klemmbuch Klemmbuch Klemmbuch Klemmbuch
Klemmbuch Klemmbuch Klemmbuch Klemmbuch
Klemmbuch Klemmbuch Klemmbuch Klemmbuch

Klemmbuch Klemmbuch Klemmbuch Klemmbuch
Klemmbuch Klemmbuch Klemmbuch Klemmbuch

Klemmbuch Klemmbuch Klemmbuch Klemmbuch
Klemmbuch Klemmbuch Klemmbuch Klemmbuch
Klemmbuch Klemmbuch Klemmbuch Klemmbuch
Klemmbuch Klemmbuch Klemmbuch Klemmbuch
Klemmbuch Klemmbuch Klemmbuch Klemmbuch
Klemmbuch Klemmbuch Klemmbuch Klemmbuch
Klemmbuch Klemmbuch Klemmbuch Klemmbuch
Klemmbuch Klemmbuch Klemmbuch Klemmbuch
Klemmbuch Klemmbuch Klemmbuch Klemmbuch
Klemmbuch Klemmbuch Klemmbuch Klemmbuch
Klemmbuch Klemmbuch Klemmbuch Klemmbuch
Klemmbuch Klemmbuch Klemmbuch Klemmbuch
Klemmbuch Klemmbuch Klemmbuch Klemmbuch
Klemmbuch Klemmbuch Klemmbuch Klemmbuch
Klemmbuch Klemmbuch Klemmbuch Klemmbuch
Klemmbuch Klemmbuch Klemmbuch Klemmbuch
Klemmbuch Klemmbuch Klemmbuch Klemmbuch
Klemmbuch Klemmbuch Klemmbuch Klemmbuch
Klemmbuch Klemmbuch Klemmbuch Klemmbuch
Klemmbuch Klemmbuch Klemmbuch Klemmbuch

Klemmbuch Klemmbuch Klemmbuch Klemmbuch
Klemmbuch Klemmbuch Klemmbuch Klemmbuch
Klemmbuch Klemmbuch Klemmbuch Klemmbuch
Klemmbuch Klemmbuch Klemmbuch Klemmbuch
Klemmbuch Klemmbuch Klemmbuch Klemmbuch
Klemmbuch Klemmbuch Klemmbuch Klemmbuch
Klemmbuch Klemmbuch Klemmbuch Klemmbuch
Klemmbuch Klemmbuch Klemmbuch Klemmbuch
Klemmbuch Klemmbuch Klemmbuch Klemmbuch
Klemmbuch Klemmbuch Klemmbuch Klemmbuch
Klemmbuch Klemmbuch Klemmbuch Klemmbuch
Klemmbuch Klemmbuch Klemmbuch Klemmbuch
Klemmbuch Klemmbuch Klemmbuch Klemmbuch
Klemmbuch Klemmbuch Klemmbuch Klemmbuch
Klemmbuch Klemmbuch Klemmbuch Klemmbuch
Klemmbuch Klemmbuch Klemmbuch Klemmbuch
Klemmbuch Klemmbuch Klemmbuch Klemmbuch

Klemmbuch Klemmbuch Klemmbuch Klemmbuch
Klemmbuch Klemmbuch Klemmbuch Klemmbuch
Klemmbuch Klemmbuch Klemmbuch Klemmbuch
Klemmbuch Klemmbuch Klemmbuch Klemmbuch
Klemmbuch Klemmbuch Klemmbuch Klemmbuch

Klemmbuch Klemmbuch Klemmbuch Klemmbuch
Klemmbuch Klemmbuch Klemmbuch Klemmbuch
Klemmbuch Klemmbuch Klemmbuch Klemmbuch
Klemmbuch Klemmbuch Klemmbuch Klemmbuch
Klemmbuch Klemmbuch Klemmbuch Klemmbuch
Klemmbuch Klemmbuch Klemmbuch Klemmbuch
Klemmbuch Klemmbuch Klemmbuch Klemmbuch
Klemmbuch Klemmbuch Klemmbuch Klemmbuch
Klemmbuch Klemmbuch Klemmbuch Klemmbuch
Klemmbuch Klemmbuch Klemmbuch Klemmbuch
Klemmbuch Klemmbuch Klemmbuch Klemmbuch
Klemmbuch Klemmbuch Klemmbuch Klemmbuch
Klemmbuch Klemmbuch Klemmbuch Klemmbuch
Klemmbuch Klemmbuch Klemmbuch Klemmbuch
Klemmbuch Klemmbuch Klemmbuch Klemmbuch
Klemmbuch Klemmbuch Klemmbuch Klemmbuch
Klemmbuch Klemmbuch Klemmbuch Klemmbuch
Klemmbuch Klemmbuch Klemmbuch Klemmbuch
Klemmbuch Klemmbuch Klemmbuch Klemmbuch
Klemmbuch Klemmbuch Klemmbuch Klemmbuch
Klemmbuch Klemmbuch Klemmbuch Klemmbuch

Klemmbuch Klemmbuch Klemmbuch Klemmbuch
Klemmbuch Klemmbuch Klemmbuch Klemmbuch
Klemmbuch Klemmbuch Klemmbuch Klemmbuch
Klemmbuch Klemmbuch Klemmbuch Klemmbuch
Klemmbuch Klemmbuch Klemmbuch Klemmbuch
Klemmbuch Klemmbuch Klemmbuch Klemmbuch
Klemmbuch Klemmbuch Klemmbuch Klemmbuch
Klemmbuch Klemmbuch Klemmbuch Klemmbuch

Klemmbuch Klemmbuch Klemmbuch Klemmbuch
Klemmbuch Klemmbuch Klemmbuch Klemmbuch
Klemmbuch Klemmbuch Klemmbuch Klemmbuch
Klemmbuch Klemmbuch Klemmbuch Klemmbuch
Klemmbuch Klemmbuch Klemmbuch Klemmbuch
Klemmbuch Klemmbuch Klemmbuch Klemmbuch
Klemmbuch Klemmbuch Klemmbuch Klemmbuch
Klemmbuch Klemmbuch Klemmbuch Klemmbuch
Klemmbuch Klemmbuch Klemmbuch Klemmbuch
Klemmbuch Klemmbuch Klemmbuch Klemmbuch
Klemmbuch Klemmbuch Klemmbuch Klemmbuch
Klemmbuch Klemmbuch Klemmbuch Klemmbuch
Klemmbuch Klemmbuch Klemmbuch Klemmbuch
Klemmbuch Klemmbuch Klemmbuch Klemmbuch

Klemmbuch Klemmbuch Klemmbuch Klemmbuch
Klemmbuch Klemmbuch Klemmbuch Klemmbuch
Klemmbuch Klemmbuch Klemmbuch Klemmbuch
Klemmbuch Klemmbuch Klemmbuch Klemmbuch
Klemmbuch Klemmbuch Klemmbuch Klemmbuch
Klemmbuch Klemmbuch Klemmbuch Klemmbuch
Klemmbuch Klemmbuch Klemmbuch Klemmbuch
Klemmbuch Klemmbuch Klemmbuch Klemmbuch
Klemmbuch Klemmbuch Klemmbuch Klemmbuch
Klemmbuch Klemmbuch Klemmbuch Klemmbuch
Klemmbuch Klemmbuch Klemmbuch Klemmbuch
Klemmbuch Klemmbuch Klemmbuch Klemmbuch
Klemmbuch Klemmbuch Klemmbuch Klemmbuch
Klemmbuch Klemmbuch Klemmbuch Klemmbuch
Klemmbuch Klemmbuch Klemmbuch Klemmbuch
Klemmbuch Klemmbuch Klemmbuch Klemmbuch
Klemmbuch Klemmbuch Klemmbuch Klemmbuch
Klemmbuch Klemmbuch Klemmbuch Klemmbuch
Klemmbuch Klemmbuch Klemmbuch Klemmbuch
Klemmbuch Klemmbuch Klemmbuch Klemmbuch
Klemmbuch Klemmbuch Klemmbuch Klemmbuch
Klemmbuch Klemmbuch Klemmbuch Klemmbuch

Klemmbuch Klemmbuch Klemmbuch Klemmbuch
Klemmbuch Klemmbuch Klemmbuch Klemmbuch
Klemmbuch Klemmbuch Klemmbuch Klemmbuch
Klemmbuch Klemmbuch Klemmbuch Klemmbuch
Klemmbuch Klemmbuch Klemmbuch Klemmbuch
Klemmbuch Klemmbuch Klemmbuch Klemmbuch
Klemmbuch Klemmbuch Klemmbuch Klemmbuch
Klemmbuch Klemmbuch Klemmbuch Klemmbuch
Klemmbuch Klemmbuch Klemmbuch Klemmbuch
Klemmbuch Klemmbuch Klemmbuch Klemmbuch
Klemmbuch Klemmbuch Klemmbuch Klemmbuch
Klemmbuch Klemmbuch Klemmbuch Klemmbuch
Klemmbuch Klemmbuch Klemmbuch Klemmbuch
Klemmbuch Klemmbuch Klemmbuch Klemmbuch
Klemmbuch Klemmbuch Klemmbuch Klemmbuch
Klemmbuch Klemmbuch Klemmbuch Klemmbuch
Klemmbuch Klemmbuch Klemmbuch Klemmbuch
Klemmbuch Klemmbuch Klemmbuch Klemmbuch
Klemmbuch Klemmbuch Klemmbuch Klemmbuch
Klemmbuch Klemmbuch Klemmbuch Klemmbuch

Klemmbuch Klemmbuch Klemmbuch Klemmbuch
Klemmbuch Klemmbuch Klemmbuch Klemmbuch
Klemmbuch Klemmbuch Klemmbuch Klemmbuch
Klemmbuch Klemmbuch Klemmbuch Klemmbuch
Klemmbuch Klemmbuch Klemmbuch Klemmbuch
Klemmbuch Klemmbuch Klemmbuch Klemmbuch
Klemmbuch Klemmbuch Klemmbuch Klemmbuch
Klemmbuch Klemmbuch Klemmbuch Klemmbuch
Klemmbuch Klemmbuch Klemmbuch Klemmbuch
Klemmbuch Klemmbuch Klemmbuch Klemmbuch
Klemmbuch Klemmbuch Klemmbuch Klemmbuch
Klemmbuch Klemmbuch Klemmbuch Klemmbuch
Klemmbuch Klemmbuch Klemmbuch Klemmbuch
Klemmbuch Klemmbuch Klemmbuch Klemmbuch
Klemmbuch Klemmbuch Klemmbuch Klemmbuch

Klemmbuch Klemmbuch Klemmbuch Klemmbuch
Klemmbuch Klemmbuch Klemmbuch Klemmbuch
Klemmbuch Klemmbuch Klemmbuch Klemmbuch
Klemmbuch Klemmbuch Klemmbuch Klemmbuch
Klemmbuch Klemmbuch Klemmbuch Klemmbuch
Klemmbuch Klemmbuch Klemmbuch Klemmbuch
Klemmbuch Klemmbuch Klemmbuch Klemmbuch

Klemmbuch Klemmbuch Klemmbuch Klemmbuch
Klemmbuch Klemmbuch Klemmbuch Klemmbuch
Klemmbuch Klemmbuch Klemmbuch Klemmbuch
Klemmbuch Klemmbuch Klemmbuch Klemmbuch
Klemmbuch Klemmbuch Klemmbuch Klemmbuch
Klemmbuch Klemmbuch Klemmbuch Klemmbuch
Klemmbuch Klemmbuch Klemmbuch Klemmbuch
Klemmbuch Klemmbuch Klemmbuch Klemmbuch
Klemmbuch Klemmbuch Klemmbuch Klemmbuch
Klemmbuch Klemmbuch Klemmbuch Klemmbuch
Klemmbuch Klemmbuch Klemmbuch Klemmbuch
Klemmbuch Klemmbuch Klemmbuch Klemmbuch
Klemmbuch Klemmbuch Klemmbuch Klemmbuch
Klemmbuch Klemmbuch Klemmbuch Klemmbuch
Klemmbuch Klemmbuch Klemmbuch Klemmbuch
Klemmbuch Klemmbuch Klemmbuch Klemmbuch
Klemmbuch Klemmbuch Klemmbuch Klemmbuch
Klemmbuch Klemmbuch Klemmbuch Klemmbuch
Klemmbuch Klemmbuch Klemmbuch Klemmbuch
Klemmbuch Klemmbuch Klemmbuch Klemmbuch
Klemmbuch Klemmbuch Klemmbuch Klemmbuch
Klemmbuch Klemmbuch Klemmbuch Klemmbuch

Klemmbuch Klemmbuch Klemmbuch Klemmbuch
Klemmbuch Klemmbuch Klemmbuch Klemmbuch
Klemmbuch Klemmbuch Klemmbuch Klemmbuch
Klemmbuch Klemmbuch Klemmbuch Klemmbuch
Klemmbuch Klemmbuch Klemmbuch Klemmbuch
Klemmbuch Klemmbuch Klemmbuch Klemmbuch

Klemmbuch Klemmbuch Klemmbuch Klemmbuch
Klemmbuch Klemmbuch Klemmbuch Klemmbuch
Klemmbuch Klemmbuch Klemmbuch Klemmbuch
Klemmbuch Klemmbuch Klemmbuch Klemmbuch
Klemmbuch Klemmbuch Klemmbuch Klemmbuch
Klemmbuch Klemmbuch Klemmbuch Klemmbuch
Klemmbuch Klemmbuch Klemmbuch Klemmbuch
Klemmbuch Klemmbuch Klemmbuch Klemmbuch
Klemmbuch Klemmbuch Klemmbuch Klemmbuch
Klemmbuch Klemmbuch Klemmbuch Klemmbuch
Klemmbuch Klemmbuch Klemmbuch Klemmbuch
Klemmbuch Klemmbuch Klemmbuch Klemmbuch
Klemmbuch Klemmbuch Klemmbuch Klemmbuch
Klemmbuch Klemmbuch Klemmbuch Klemmbuch
Klemmbuch Klemmbuch Klemmbuch Klemmbuch
Klemmbuch Klemmbuch Klemmbuch Klemmbuch

Klemmbuch Klemmbuch Klemmbuch Klemmbuch
Klemmbuch Klemmbuch Klemmbuch Klemmbuch
Klemmbuch Klemmbuch Klemmbuch Klemmbuch
Klemmbuch Klemmbuch Klemmbuch Klemmbuch
Klemmbuch Klemmbuch Klemmbuch Klemmbuch
Klemmbuch Klemmbuch Klemmbuch Klemmbuch
Klemmbuch Klemmbuch Klemmbuch Klemmbuch
Klemmbuch Klemmbuch Klemmbuch Klemmbuch
Klemmbuch Klemmbuch Klemmbuch Klemmbuch
Klemmbuch Klemmbuch Klemmbuch Klemmbuch
Klemmbuch Klemmbuch Klemmbuch Klemmbuch
Klemmbuch Klemmbuch Klemmbuch Klemmbuch
Klemmbuch Klemmbuch Klemmbuch Klemmbuch
Klemmbuch Klemmbuch Klemmbuch Klemmbuch
Klemmbuch Klemmbuch Klemmbuch Klemmbuch
Klemmbuch Klemmbuch Klemmbuch Klemmbuch
Klemmbuch Klemmbuch Klemmbuch Klemmbuch
Klemmbuch Klemmbuch Klemmbuch Klemmbuch

Klemmbuch Klemmbuch Klemmbuch Klemmbuch
Klemmbuch Klemmbuch Klemmbuch Klemmbuch

Klemmbuch Klemmbuch Klemmbuch Klemmbuch
Klemmbuch Klemmbuch Klemmbuch Klemmbuch
Klemmbuch Klemmbuch Klemmbuch Klemmbuch
Klemmbuch Klemmbuch Klemmbuch Klemmbuch
Klemmbuch Klemmbuch Klemmbuch Klemmbuch
Klemmbuch Klemmbuch Klemmbuch Klemmbuch
Klemmbuch Klemmbuch Klemmbuch Klemmbuch
Klemmbuch Klemmbuch Klemmbuch Klemmbuch
Klemmbuch Klemmbuch Klemmbuch Klemmbuch
Klemmbuch Klemmbuch Klemmbuch Klemmbuch
Klemmbuch Klemmbuch Klemmbuch Klemmbuch
Klemmbuch Klemmbuch Klemmbuch Klemmbuch
Klemmbuch Klemmbuch Klemmbuch Klemmbuch
Klemmbuch Klemmbuch Klemmbuch Klemmbuch
Klemmbuch Klemmbuch Klemmbuch Klemmbuch
Klemmbuch Klemmbuch Klemmbuch Klemmbuch
Klemmbuch Klemmbuch Klemmbuch Klemmbuch
Klemmbuch Klemmbuch Klemmbuch Klemmbuch
Klemmbuch Klemmbuch Klemmbuch Klemmbuch
Klemmbuch Klemmbuch Klemmbuch Klemmbuch
Klemmbuch Klemmbuch Klemmbuch Klemmbuch

Klemmbuch Klemmbuch Klemmbuch Klemmbuch
Klemmbuch Klemmbuch Klemmbuch Klemmbuch
Klemmbuch Klemmbuch Klemmbuch Klemmbuch
Klemmbuch Klemmbuch Klemmbuch Klemmbuch
Klemmbuch Klemmbuch Klemmbuch Klemmbuch
Klemmbuch Klemmbuch Klemmbuch Klemmbuch
Klemmbuch Klemmbuch Klemmbuch Klemmbuch
Klemmbuch Klemmbuch Klemmbuch Klemmbuch
Klemmbuch Klemmbuch Klemmbuch Klemmbuch
Klemmbuch Klemmbuch Klemmbuch Klemmbuch
Klemmbuch Klemmbuch Klemmbuch Klemmbuch

Klemmbuch Klemmbuch Klemmbuch Klemmbuch
Klemmbuch Klemmbuch Klemmbuch Klemmbuch
Klemmbuch Klemmbuch Klemmbuch Klemmbuch
Klemmbuch Klemmbuch Klemmbuch Klemmbuch
Klemmbuch Klemmbuch Klemmbuch Klemmbuch
Klemmbuch Klemmbuch Klemmbuch Klemmbuch
Klemmbuch Klemmbuch Klemmbuch Klemmbuch
Klemmbuch Klemmbuch Klemmbuch Klemmbuch
Klemmbuch Klemmbuch Klemmbuch Klemmbuch
Klemmbuch Klemmbuch Klemmbuch Klemmbuch
Klemmbuch Klemmbuch Klemmbuch Klemmbuch

Klemmbuch Klemmbuch Klemmbuch Klemmbuch
Klemmbuch Klemmbuch Klemmbuch Klemmbuch
Klemmbuch Klemmbuch Klemmbuch Klemmbuch
Klemmbuch Klemmbuch Klemmbuch Klemmbuch
Klemmbuch Klemmbuch Klemmbuch Klemmbuch
Klemmbuch Klemmbuch Klemmbuch Klemmbuch
Klemmbuch Klemmbuch Klemmbuch Klemmbuch
Klemmbuch Klemmbuch Klemmbuch Klemmbuch
Klemmbuch Klemmbuch Klemmbuch Klemmbuch
Klemmbuch Klemmbuch Klemmbuch Klemmbuch
Klemmbuch Klemmbuch Klemmbuch Klemmbuch
Klemmbuch Klemmbuch Klemmbuch Klemmbuch
Klemmbuch Klemmbuch Klemmbuch Klemmbuch
Klemmbuch Klemmbuch Klemmbuch Klemmbuch
Klemmbuch Klemmbuch Klemmbuch Klemmbuch
Klemmbuch Klemmbuch Klemmbuch Klemmbuch
Klemmbuch Klemmbuch Klemmbuch Klemmbuch
Klemmbuch Klemmbuch Klemmbuch Klemmbuch
Klemmbuch Klemmbuch Klemmbuch Klemmbuch
Klemmbuch Klemmbuch Klemmbuch Klemmbuch
Klemmbuch Klemmbuch Klemmbuch Klemmbuch
Klemmbuch Klemmbuch Klemmbuch Klemmbuch

Klemmbuch Klemmbuch Klemmbuch Klemmbuch
Klemmbuch Klemmbuch Klemmbuch Klemmbuch

Klemmbuch Klemmbuch Klemmbuch Klemmbuch
Klemmbuch Klemmbuch Klemmbuch Klemmbuch
Klemmbuch Klemmbuch Klemmbuch Klemmbuch
Klemmbuch Klemmbuch Klemmbuch Klemmbuch
Klemmbuch Klemmbuch Klemmbuch Klemmbuch
Klemmbuch Klemmbuch Klemmbuch Klemmbuch
Klemmbuch Klemmbuch Klemmbuch Klemmbuch
Klemmbuch Klemmbuch Klemmbuch Klemmbuch
Klemmbuch Klemmbuch Klemmbuch Klemmbuch
Klemmbuch Klemmbuch Klemmbuch Klemmbuch
Klemmbuch Klemmbuch Klemmbuch Klemmbuch
Klemmbuch Klemmbuch Klemmbuch Klemmbuch
Klemmbuch Klemmbuch Klemmbuch Klemmbuch
Klemmbuch Klemmbuch Klemmbuch Klemmbuch
Klemmbuch Klemmbuch Klemmbuch Klemmbuch
Klemmbuch Klemmbuch Klemmbuch Klemmbuch
Klemmbuch Klemmbuch Klemmbuch Klemmbuch
Klemmbuch Klemmbuch Klemmbuch Klemmbuch
Klemmbuch Klemmbuch Klemmbuch Klemmbuch
Klemmbuch Klemmbuch Klemmbuch Klemmbuch

Klemmbuch Klemmbuch Klemmbuch Klemmbuch
Klemmbuch Klemmbuch Klemmbuch Klemmbuch
Klemmbuch Klemmbuch Klemmbuch Klemmbuch
Klemmbuch Klemmbuch Klemmbuch Klemmbuch
Klemmbuch Klemmbuch Klemmbuch Klemmbuch
Klemmbuch Klemmbuch Klemmbuch Klemmbuch
Klemmbuch Klemmbuch Klemmbuch Klemmbuch
Klemmbuch Klemmbuch Klemmbuch Klemmbuch
Klemmbuch Klemmbuch Klemmbuch Klemmbuch
Klemmbuch Klemmbuch Klemmbuch Klemmbuch
Klemmbuch Klemmbuch Klemmbuch Klemmbuch
Klemmbuch Klemmbuch Klemmbuch Klemmbuch
Klemmbuch Klemmbuch Klemmbuch Klemmbuch
Klemmbuch Klemmbuch Klemmbuch Klemmbuch
Klemmbuch Klemmbuch Klemmbuch Klemmbuch
Klemmbuch Klemmbuch Klemmbuch Klemmbuch
Klemmbuch Klemmbuch Klemmbuch Klemmbuch

Klemmbuch Klemmbuch Klemmbuch Klemmbuch
Klemmbuch Klemmbuch Klemmbuch Klemmbuch
Klemmbuch Klemmbuch Klemmbuch Klemmbuch
Klemmbuch Klemmbuch Klemmbuch Klemmbuch
Klemmbuch Klemmbuch Klemmbuch Klemmbuch

Klemmbuch Klemmbuch Klemmbuch Klemmbuch
Klemmbuch Klemmbuch Klemmbuch Klemmbuch
Klemmbuch Klemmbuch Klemmbuch Klemmbuch
Klemmbuch Klemmbuch Klemmbuch Klemmbuch
Klemmbuch Klemmbuch Klemmbuch Klemmbuch
Klemmbuch Klemmbuch Klemmbuch Klemmbuch
Klemmbuch Klemmbuch Klemmbuch Klemmbuch
Klemmbuch Klemmbuch Klemmbuch Klemmbuch
Klemmbuch Klemmbuch Klemmbuch Klemmbuch
Klemmbuch Klemmbuch Klemmbuch Klemmbuch
Klemmbuch Klemmbuch Klemmbuch Klemmbuch
Klemmbuch Klemmbuch Klemmbuch Klemmbuch
Klemmbuch Klemmbuch Klemmbuch Klemmbuch
Klemmbuch Klemmbuch Klemmbuch Klemmbuch
Klemmbuch Klemmbuch Klemmbuch Klemmbuch
Klemmbuch Klemmbuch Klemmbuch Klemmbuch
Klemmbuch Klemmbuch Klemmbuch Klemmbuch
Klemmbuch Klemmbuch Klemmbuch Klemmbuch
Klemmbuch Klemmbuch Klemmbuch Klemmbuch
Klemmbuch Klemmbuch Klemmbuch Klemmbuch

Klemmbuch Klemmbuch Klemmbuch Klemmbuch
Klemmbuch Klemmbuch Klemmbuch Klemmbuch
Klemmbuch Klemmbuch Klemmbuch Klemmbuch
Klemmbuch Klemmbuch Klemmbuch Klemmbuch
Klemmbuch Klemmbuch Klemmbuch Klemmbuch
Klemmbuch Klemmbuch Klemmbuch Klemmbuch
Klemmbuch Klemmbuch Klemmbuch Klemmbuch
Klemmbuch Klemmbuch Klemmbuch Klemmbuch

Klemmbuch Klemmbuch Klemmbuch Klemmbuch
Klemmbuch Klemmbuch Klemmbuch Klemmbuch
Klemmbuch Klemmbuch Klemmbuch Klemmbuch
Klemmbuch Klemmbuch Klemmbuch Klemmbuch
Klemmbuch Klemmbuch Klemmbuch Klemmbuch
Klemmbuch Klemmbuch Klemmbuch Klemmbuch
Klemmbuch Klemmbuch Klemmbuch Klemmbuch
Klemmbuch Klemmbuch Klemmbuch Klemmbuch
Klemmbuch Klemmbuch Klemmbuch Klemmbuch
Klemmbuch Klemmbuch Klemmbuch Klemmbuch
Klemmbuch Klemmbuch Klemmbuch Klemmbuch
Klemmbuch Klemmbuch Klemmbuch Klemmbuch
Klemmbuch Klemmbuch Klemmbuch Klemmbuch
Klemmbuch Klemmbuch Klemmbuch Klemmbuch

Klemmbuch Klemmbuch Klemmbuch Klemmbuch
Klemmbuch Klemmbuch Klemmbuch Klemmbuch
Klemmbuch Klemmbuch Klemmbuch Klemmbuch
Klemmbuch Klemmbuch Klemmbuch Klemmbuch
Klemmbuch Klemmbuch Klemmbuch Klemmbuch
Klemmbuch Klemmbuch Klemmbuch Klemmbuch
Klemmbuch Klemmbuch Klemmbuch Klemmbuch
Klemmbuch Klemmbuch Klemmbuch Klemmbuch
Klemmbuch Klemmbuch Klemmbuch Klemmbuch
Klemmbuch Klemmbuch Klemmbuch Klemmbuch
Klemmbuch Klemmbuch Klemmbuch Klemmbuch
Klemmbuch Klemmbuch Klemmbuch Klemmbuch
Klemmbuch Klemmbuch Klemmbuch Klemmbuch
Klemmbuch Klemmbuch Klemmbuch Klemmbuch
Klemmbuch Klemmbuch Klemmbuch Klemmbuch
Klemmbuch Klemmbuch Klemmbuch Klemmbuch
Klemmbuch Klemmbuch Klemmbuch Klemmbuch
Klemmbuch Klemmbuch Klemmbuch Klemmbuch
Klemmbuch Klemmbuch Klemmbuch Klemmbuch
Klemmbuch Klemmbuch Klemmbuch Klemmbuch
Klemmbuch Klemmbuch Klemmbuch Klemmbuch

Klemmbuch Klemmbuch Klemmbuch Klemmbuch
Klemmbuch Klemmbuch Klemmbuch Klemmbuch
Klemmbuch Klemmbuch Klemmbuch Klemmbuch
Klemmbuch Klemmbuch Klemmbuch Klemmbuch
Klemmbuch Klemmbuch Klemmbuch Klemmbuch
Klemmbuch Klemmbuch Klemmbuch Klemmbuch
Klemmbuch Klemmbuch Klemmbuch Klemmbuch
Klemmbuch Klemmbuch Klemmbuch Klemmbuch
Klemmbuch Klemmbuch Klemmbuch Klemmbuch
Klemmbuch Klemmbuch Klemmbuch Klemmbuch
Klemmbuch Klemmbuch Klemmbuch Klemmbuch
Klemmbuch Klemmbuch Klemmbuch Klemmbuch
Klemmbuch Klemmbuch Klemmbuch Klemmbuch
Klemmbuch Klemmbuch Klemmbuch Klemmbuch
Klemmbuch Klemmbuch Klemmbuch Klemmbuch
Klemmbuch Klemmbuch Klemmbuch Klemmbuch
Klemmbuch Klemmbuch Klemmbuch Klemmbuch
Klemmbuch Klemmbuch Klemmbuch Klemmbuch
Klemmbuch Klemmbuch Klemmbuch Klemmbuch
Klemmbuch Klemmbuch Klemmbuch Klemmbuch
Klemmbuch Klemmbuch Klemmbuch Klemmbuch

Klemmbuch Klemmbuch Klemmbuch Klemmbuch
Klemmbuch Klemmbuch Klemmbuch Klemmbuch
Klemmbuch Klemmbuch Klemmbuch Klemmbuch
Klemmbuch Klemmbuch Klemmbuch Klemmbuch
Klemmbuch Klemmbuch Klemmbuch Klemmbuch
Klemmbuch Klemmbuch Klemmbuch Klemmbuch
Klemmbuch Klemmbuch Klemmbuch Klemmbuch
Klemmbuch Klemmbuch Klemmbuch Klemmbuch
Klemmbuch Klemmbuch Klemmbuch Klemmbuch
Klemmbuch Klemmbuch Klemmbuch Klemmbuch
Klemmbuch Klemmbuch Klemmbuch Klemmbuch
Klemmbuch Klemmbuch Klemmbuch Klemmbuch
Klemmbuch Klemmbuch Klemmbuch Klemmbuch
Klemmbuch Klemmbuch Klemmbuch Klemmbuch
Klemmbuch Klemmbuch Klemmbuch Klemmbuch

Klemmbuch Klemmbuch Klemmbuch Klemmbuch
Klemmbuch Klemmbuch Klemmbuch Klemmbuch
Klemmbuch Klemmbuch Klemmbuch Klemmbuch
Klemmbuch Klemmbuch Klemmbuch Klemmbuch
Klemmbuch Klemmbuch Klemmbuch Klemmbuch
Klemmbuch Klemmbuch Klemmbuch Klemmbuch
Klemmbuch Klemmbuch Klemmbuch Klemmbuch

Klemmbuch Klemmbuch Klemmbuch Klemmbuch
Klemmbuch Klemmbuch Klemmbuch Klemmbuch
Klemmbuch Klemmbuch Klemmbuch Klemmbuch
Klemmbuch Klemmbuch Klemmbuch Klemmbuch
Klemmbuch Klemmbuch Klemmbuch Klemmbuch
Klemmbuch Klemmbuch Klemmbuch Klemmbuch
Klemmbuch Klemmbuch Klemmbuch Klemmbuch
Klemmbuch Klemmbuch Klemmbuch Klemmbuch
Klemmbuch Klemmbuch Klemmbuch Klemmbuch
Klemmbuch Klemmbuch Klemmbuch Klemmbuch
Klemmbuch Klemmbuch Klemmbuch Klemmbuch
Klemmbuch Klemmbuch Klemmbuch Klemmbuch
Klemmbuch Klemmbuch Klemmbuch Klemmbuch
Klemmbuch Klemmbuch Klemmbuch Klemmbuch
Klemmbuch Klemmbuch Klemmbuch Klemmbuch
Klemmbuch Klemmbuch Klemmbuch Klemmbuch
Klemmbuch Klemmbuch Klemmbuch Klemmbuch
Klemmbuch Klemmbuch Klemmbuch Klemmbuch
Klemmbuch Klemmbuch Klemmbuch Klemmbuch
Klemmbuch Klemmbuch Klemmbuch Klemmbuch
Klemmbuch Klemmbuch Klemmbuch Klemmbuch

Klemmbuch Klemmbuch Klemmbuch Klemmbuch
Klemmbuch Klemmbuch Klemmbuch Klemmbuch
Klemmbuch Klemmbuch Klemmbuch Klemmbuch
Klemmbuch Klemmbuch Klemmbuch Klemmbuch
Klemmbuch Klemmbuch Klemmbuch Klemmbuch
Klemmbuch Klemmbuch Klemmbuch Klemmbuch

Klemmbuch Klemmbuch Klemmbuch Klemmbuch
Klemmbuch Klemmbuch Klemmbuch Klemmbuch
Klemmbuch Klemmbuch Klemmbuch Klemmbuch
Klemmbuch Klemmbuch Klemmbuch Klemmbuch
Klemmbuch Klemmbuch Klemmbuch Klemmbuch
Klemmbuch Klemmbuch Klemmbuch Klemmbuch
Klemmbuch Klemmbuch Klemmbuch Klemmbuch
Klemmbuch Klemmbuch Klemmbuch Klemmbuch
Klemmbuch Klemmbuch Klemmbuch Klemmbuch
Klemmbuch Klemmbuch Klemmbuch Klemmbuch
Klemmbuch Klemmbuch Klemmbuch Klemmbuch
Klemmbuch Klemmbuch Klemmbuch Klemmbuch
Klemmbuch Klemmbuch Klemmbuch Klemmbuch
Klemmbuch Klemmbuch Klemmbuch Klemmbuch
Klemmbuch Klemmbuch Klemmbuch Klemmbuch
Klemmbuch Klemmbuch Klemmbuch Klemmbuch

Klemmbuch Klemmbuch Klemmbuch Klemmbuch
Klemmbuch Klemmbuch Klemmbuch Klemmbuch
Klemmbuch Klemmbuch Klemmbuch Klemmbuch
Klemmbuch Klemmbuch Klemmbuch Klemmbuch
Klemmbuch Klemmbuch Klemmbuch Klemmbuch
Klemmbuch Klemmbuch Klemmbuch Klemmbuch
Klemmbuch Klemmbuch Klemmbuch Klemmbuch
Klemmbuch Klemmbuch Klemmbuch Klemmbuch
Klemmbuch Klemmbuch Klemmbuch Klemmbuch
Klemmbuch Klemmbuch Klemmbuch Klemmbuch
Klemmbuch Klemmbuch Klemmbuch Klemmbuch
Klemmbuch Klemmbuch Klemmbuch Klemmbuch
Klemmbuch Klemmbuch Klemmbuch Klemmbuch
Klemmbuch Klemmbuch Klemmbuch Klemmbuch
Klemmbuch Klemmbuch Klemmbuch Klemmbuch
Klemmbuch Klemmbuch Klemmbuch Klemmbuch
Klemmbuch Klemmbuch Klemmbuch Klemmbuch
Klemmbuch Klemmbuch Klemmbuch Klemmbuch
Klemmbuch Klemmbuch Klemmbuch Klemmbuch

Klemmbuch Klemmbuch Klemmbuch Klemmbuch
Klemmbuch Klemmbuch Klemmbuch Klemmbuch

Klemmbuch Klemmbuch Klemmbuch Klemmbuch
Klemmbuch Klemmbuch Klemmbuch Klemmbuch
Klemmbuch Klemmbuch Klemmbuch Klemmbuch
Klemmbuch Klemmbuch Klemmbuch Klemmbuch
Klemmbuch Klemmbuch Klemmbuch Klemmbuch
Klemmbuch Klemmbuch Klemmbuch Klemmbuch
Klemmbuch Klemmbuch Klemmbuch Klemmbuch
Klemmbuch Klemmbuch Klemmbuch Klemmbuch
Klemmbuch Klemmbuch Klemmbuch Klemmbuch
Klemmbuch Klemmbuch Klemmbuch Klemmbuch
Klemmbuch Klemmbuch Klemmbuch Klemmbuch
Klemmbuch Klemmbuch Klemmbuch Klemmbuch
Klemmbuch Klemmbuch Klemmbuch Klemmbuch
Klemmbuch Klemmbuch Klemmbuch Klemmbuch
Klemmbuch Klemmbuch Klemmbuch Klemmbuch
Klemmbuch Klemmbuch Klemmbuch Klemmbuch
Klemmbuch Klemmbuch Klemmbuch Klemmbuch
Klemmbuch Klemmbuch Klemmbuch Klemmbuch
Klemmbuch Klemmbuch Klemmbuch Klemmbuch
Klemmbuch Klemmbuch Klemmbuch Klemmbuch
Klemmbuch Klemmbuch Klemmbuch Klemmbuch
Klemmbuch Klemmbuch Klemmbuch Klemmbuch

Klemmbuch Klemmbuch Klemmbuch Klemmbuch
Klemmbuch Klemmbuch Klemmbuch Klemmbuch
Klemmbuch Klemmbuch Klemmbuch Klemmbuch
Klemmbuch Klemmbuch Klemmbuch Klemmbuch
Klemmbuch Klemmbuch Klemmbuch Klemmbuch
Klemmbuch Klemmbuch Klemmbuch Klemmbuch
Klemmbuch Klemmbuch Klemmbuch Klemmbuch
Klemmbuch Klemmbuch Klemmbuch Klemmbuch
Klemmbuch Klemmbuch Klemmbuch Klemmbuch
Klemmbuch Klemmbuch Klemmbuch Klemmbuch
Klemmbuch Klemmbuch Klemmbuch Klemmbuch

Klemmbuch Klemmbuch Klemmbuch Klemmbuch
Klemmbuch Klemmbuch Klemmbuch Klemmbuch
Klemmbuch Klemmbuch Klemmbuch Klemmbuch
Klemmbuch Klemmbuch Klemmbuch Klemmbuch
Klemmbuch Klemmbuch Klemmbuch Klemmbuch
Klemmbuch Klemmbuch Klemmbuch Klemmbuch
Klemmbuch Klemmbuch Klemmbuch Klemmbuch
Klemmbuch Klemmbuch Klemmbuch Klemmbuch
Klemmbuch Klemmbuch Klemmbuch Klemmbuch
Klemmbuch Klemmbuch Klemmbuch Klemmbuch
Klemmbuch Klemmbuch Klemmbuch Klemmbuch

Klemmbuch Klemmbuch Klemmbuch Klemmbuch
Klemmbuch Klemmbuch Klemmbuch Klemmbuch
Klemmbuch Klemmbuch Klemmbuch Klemmbuch
Klemmbuch Klemmbuch Klemmbuch Klemmbuch
Klemmbuch Klemmbuch Klemmbuch Klemmbuch
Klemmbuch Klemmbuch Klemmbuch Klemmbuch
Klemmbuch Klemmbuch Klemmbuch Klemmbuch
Klemmbuch Klemmbuch Klemmbuch Klemmbuch
Klemmbuch Klemmbuch Klemmbuch Klemmbuch
Klemmbuch Klemmbuch Klemmbuch Klemmbuch
Klemmbuch Klemmbuch Klemmbuch Klemmbuch
Klemmbuch Klemmbuch Klemmbuch Klemmbuch
Klemmbuch Klemmbuch Klemmbuch Klemmbuch
Klemmbuch Klemmbuch Klemmbuch Klemmbuch
Klemmbuch Klemmbuch Klemmbuch Klemmbuch
Klemmbuch Klemmbuch Klemmbuch Klemmbuch
Klemmbuch Klemmbuch Klemmbuch Klemmbuch
Klemmbuch Klemmbuch Klemmbuch Klemmbuch
Klemmbuch Klemmbuch Klemmbuch Klemmbuch
Klemmbuch Klemmbuch Klemmbuch Klemmbuch
Klemmbuch Klemmbuch Klemmbuch Klemmbuch

Klemmbuch Klemmbuch Klemmbuch Klemmbuch
Klemmbuch Klemmbuch Klemmbuch Klemmbuch

Klemmbuch Klemmbuch Klemmbuch Klemmbuch
Klemmbuch Klemmbuch Klemmbuch Klemmbuch
Klemmbuch Klemmbuch Klemmbuch Klemmbuch
Klemmbuch Klemmbuch Klemmbuch Klemmbuch
Klemmbuch Klemmbuch Klemmbuch Klemmbuch
Klemmbuch Klemmbuch Klemmbuch Klemmbuch
Klemmbuch Klemmbuch Klemmbuch Klemmbuch
Klemmbuch Klemmbuch Klemmbuch Klemmbuch
Klemmbuch Klemmbuch Klemmbuch Klemmbuch
Klemmbuch Klemmbuch Klemmbuch Klemmbuch
Klemmbuch Klemmbuch Klemmbuch Klemmbuch
Klemmbuch Klemmbuch Klemmbuch Klemmbuch
Klemmbuch Klemmbuch Klemmbuch Klemmbuch
Klemmbuch Klemmbuch Klemmbuch Klemmbuch
Klemmbuch Klemmbuch Klemmbuch Klemmbuch
Klemmbuch Klemmbuch Klemmbuch Klemmbuch
Klemmbuch Klemmbuch Klemmbuch Klemmbuch
Klemmbuch Klemmbuch Klemmbuch Klemmbuch
Klemmbuch Klemmbuch Klemmbuch Klemmbuch
Klemmbuch Klemmbuch Klemmbuch Klemmbuch

Klemmbuch Klemmbuch Klemmbuch Klemmbuch
Klemmbuch Klemmbuch Klemmbuch Klemmbuch
Klemmbuch Klemmbuch Klemmbuch Klemmbuch
Klemmbuch Klemmbuch Klemmbuch Klemmbuch
Klemmbuch Klemmbuch Klemmbuch Klemmbuch
Klemmbuch Klemmbuch Klemmbuch Klemmbuch
Klemmbuch Klemmbuch Klemmbuch Klemmbuch
Klemmbuch Klemmbuch Klemmbuch Klemmbuch
Klemmbuch Klemmbuch Klemmbuch Klemmbuch
Klemmbuch Klemmbuch Klemmbuch Klemmbuch
Klemmbuch Klemmbuch Klemmbuch Klemmbuch
Klemmbuch Klemmbuch Klemmbuch Klemmbuch
Klemmbuch Klemmbuch Klemmbuch Klemmbuch
Klemmbuch Klemmbuch Klemmbuch Klemmbuch
Klemmbuch Klemmbuch Klemmbuch Klemmbuch
Klemmbuch Klemmbuch Klemmbuch Klemmbuch
Klemmbuch Klemmbuch Klemmbuch Klemmbuch

Klemmbuch Klemmbuch Klemmbuch Klemmbuch
Klemmbuch Klemmbuch Klemmbuch Klemmbuch
Klemmbuch Klemmbuch Klemmbuch Klemmbuch
Klemmbuch Klemmbuch Klemmbuch Klemmbuch
Klemmbuch Klemmbuch Klemmbuch Klemmbuch

Klemmbuch Klemmbuch Klemmbuch Klemmbuch
Klemmbuch Klemmbuch Klemmbuch Klemmbuch
Klemmbuch Klemmbuch Klemmbuch Klemmbuch
Klemmbuch Klemmbuch Klemmbuch Klemmbuch
Klemmbuch Klemmbuch Klemmbuch Klemmbuch
Klemmbuch Klemmbuch Klemmbuch Klemmbuch
Klemmbuch Klemmbuch Klemmbuch Klemmbuch
Klemmbuch Klemmbuch Klemmbuch Klemmbuch
Klemmbuch Klemmbuch Klemmbuch Klemmbuch
Klemmbuch Klemmbuch Klemmbuch Klemmbuch
Klemmbuch Klemmbuch Klemmbuch Klemmbuch
Klemmbuch Klemmbuch Klemmbuch Klemmbuch
Klemmbuch Klemmbuch Klemmbuch Klemmbuch
Klemmbuch Klemmbuch Klemmbuch Klemmbuch
Klemmbuch Klemmbuch Klemmbuch Klemmbuch
Klemmbuch Klemmbuch Klemmbuch Klemmbuch
Klemmbuch Klemmbuch Klemmbuch Klemmbuch
Klemmbuch Klemmbuch Klemmbuch Klemmbuch
Klemmbuch Klemmbuch Klemmbuch Klemmbuch
Klemmbuch Klemmbuch Klemmbuch Klemmbuch

Klemmbuch Klemmbuch Klemmbuch Klemmbuch
Klemmbuch Klemmbuch Klemmbuch Klemmbuch
Klemmbuch Klemmbuch Klemmbuch Klemmbuch
Klemmbuch Klemmbuch Klemmbuch Klemmbuch
Klemmbuch Klemmbuch Klemmbuch Klemmbuch
Klemmbuch Klemmbuch Klemmbuch Klemmbuch
Klemmbuch Klemmbuch Klemmbuch Klemmbuch
Klemmbuch Klemmbuch Klemmbuch Klemmbuch

Klemmbuch Klemmbuch Klemmbuch Klemmbuch
Klemmbuch Klemmbuch Klemmbuch Klemmbuch
Klemmbuch Klemmbuch Klemmbuch Klemmbuch
Klemmbuch Klemmbuch Klemmbuch Klemmbuch
Klemmbuch Klemmbuch Klemmbuch Klemmbuch
Klemmbuch Klemmbuch Klemmbuch Klemmbuch
Klemmbuch Klemmbuch Klemmbuch Klemmbuch
Klemmbuch Klemmbuch Klemmbuch Klemmbuch
Klemmbuch Klemmbuch Klemmbuch Klemmbuch
Klemmbuch Klemmbuch Klemmbuch Klemmbuch
Klemmbuch Klemmbuch Klemmbuch Klemmbuch
Klemmbuch Klemmbuch Klemmbuch Klemmbuch
Klemmbuch Klemmbuch Klemmbuch Klemmbuch
Klemmbuch Klemmbuch Klemmbuch Klemmbuch

Klemmbuch Klemmbuch Klemmbuch Klemmbuch
Klemmbuch Klemmbuch Klemmbuch Klemmbuch
Klemmbuch Klemmbuch Klemmbuch Klemmbuch
Klemmbuch Klemmbuch Klemmbuch Klemmbuch
Klemmbuch Klemmbuch Klemmbuch Klemmbuch
Klemmbuch Klemmbuch Klemmbuch Klemmbuch
Klemmbuch Klemmbuch Klemmbuch Klemmbuch
Klemmbuch Klemmbuch Klemmbuch Klemmbuch
Klemmbuch Klemmbuch Klemmbuch Klemmbuch
Klemmbuch Klemmbuch Klemmbuch Klemmbuch
Klemmbuch Klemmbuch Klemmbuch Klemmbuch
Klemmbuch Klemmbuch Klemmbuch Klemmbuch
Klemmbuch Klemmbuch Klemmbuch Klemmbuch
Klemmbuch Klemmbuch Klemmbuch Klemmbuch
Klemmbuch Klemmbuch Klemmbuch Klemmbuch
Klemmbuch Klemmbuch Klemmbuch Klemmbuch
Klemmbuch Klemmbuch Klemmbuch Klemmbuch
Klemmbuch Klemmbuch Klemmbuch Klemmbuch
Klemmbuch Klemmbuch Klemmbuch Klemmbuch
Klemmbuch Klemmbuch Klemmbuch Klemmbuch
Klemmbuch Klemmbuch Klemmbuch Klemmbuch

Klemmbuch Klemmbuch Klemmbuch Klemmbuch
Klemmbuch Klemmbuch Klemmbuch Klemmbuch
Klemmbuch Klemmbuch Klemmbuch Klemmbuch
Klemmbuch Klemmbuch Klemmbuch Klemmbuch
Klemmbuch Klemmbuch Klemmbuch Klemmbuch
Klemmbuch Klemmbuch Klemmbuch Klemmbuch
Klemmbuch Klemmbuch Klemmbuch Klemmbuch
Klemmbuch Klemmbuch Klemmbuch Klemmbuch
Klemmbuch Klemmbuch Klemmbuch Klemmbuch
Klemmbuch Klemmbuch Klemmbuch Klemmbuch
Klemmbuch Klemmbuch Klemmbuch Klemmbuch
Klemmbuch Klemmbuch Klemmbuch Klemmbuch
Klemmbuch Klemmbuch Klemmbuch Klemmbuch
Klemmbuch Klemmbuch Klemmbuch Klemmbuch
Klemmbuch Klemmbuch Klemmbuch Klemmbuch
Klemmbuch Klemmbuch Klemmbuch Klemmbuch
Klemmbuch Klemmbuch Klemmbuch Klemmbuch
Klemmbuch Klemmbuch Klemmbuch Klemmbuch
Klemmbuch Klemmbuch Klemmbuch Klemmbuch
Klemmbuch Klemmbuch Klemmbuch Klemmbuch
Klemmbuch Klemmbuch Klemmbuch Klemmbuch

Klemmbuch Klemmbuch Klemmbuch Klemmbuch
Klemmbuch Klemmbuch Klemmbuch Klemmbuch
Klemmbuch Klemmbuch Klemmbuch Klemmbuch
Klemmbuch Klemmbuch Klemmbuch Klemmbuch
Klemmbuch Klemmbuch Klemmbuch Klemmbuch
Klemmbuch Klemmbuch Klemmbuch Klemmbuch
Klemmbuch Klemmbuch Klemmbuch Klemmbuch
Klemmbuch Klemmbuch Klemmbuch Klemmbuch
Klemmbuch Klemmbuch Klemmbuch Klemmbuch
Klemmbuch Klemmbuch Klemmbuch Klemmbuch
Klemmbuch Klemmbuch Klemmbuch Klemmbuch
Klemmbuch Klemmbuch Klemmbuch Klemmbuch
Klemmbuch Klemmbuch Klemmbuch Klemmbuch
Klemmbuch Klemmbuch Klemmbuch Klemmbuch
Klemmbuch Klemmbuch Klemmbuch Klemmbuch

Klemmbuch Klemmbuch Klemmbuch Klemmbuch
Klemmbuch Klemmbuch Klemmbuch Klemmbuch
Klemmbuch Klemmbuch Klemmbuch Klemmbuch
Klemmbuch Klemmbuch Klemmbuch Klemmbuch
Klemmbuch Klemmbuch Klemmbuch Klemmbuch
Klemmbuch Klemmbuch Klemmbuch Klemmbuch
Klemmbuch Klemmbuch Klemmbuch Klemmbuch

Klemmbuch Klemmbuch Klemmbuch Klemmbuch
Klemmbuch Klemmbuch Klemmbuch Klemmbuch
Klemmbuch Klemmbuch Klemmbuch Klemmbuch
Klemmbuch Klemmbuch Klemmbuch Klemmbuch
Klemmbuch Klemmbuch Klemmbuch Klemmbuch
Klemmbuch Klemmbuch Klemmbuch Klemmbuch
Klemmbuch Klemmbuch Klemmbuch Klemmbuch
Klemmbuch Klemmbuch Klemmbuch Klemmbuch
Klemmbuch Klemmbuch Klemmbuch Klemmbuch
Klemmbuch Klemmbuch Klemmbuch Klemmbuch
Klemmbuch Klemmbuch Klemmbuch Klemmbuch
Klemmbuch Klemmbuch Klemmbuch Klemmbuch
Klemmbuch Klemmbuch Klemmbuch Klemmbuch
Klemmbuch Klemmbuch Klemmbuch Klemmbuch
Klemmbuch Klemmbuch Klemmbuch Klemmbuch
Klemmbuch Klemmbuch Klemmbuch Klemmbuch
Klemmbuch Klemmbuch Klemmbuch Klemmbuch
Klemmbuch Klemmbuch Klemmbuch Klemmbuch
Klemmbuch Klemmbuch Klemmbuch Klemmbuch
Klemmbuch Klemmbuch Klemmbuch Klemmbuch
Klemmbuch Klemmbuch Klemmbuch Klemmbuch

Klemmbuch Klemmbuch Klemmbuch Klemmbuch
Klemmbuch Klemmbuch Klemmbuch Klemmbuch
Klemmbuch Klemmbuch Klemmbuch Klemmbuch
Klemmbuch Klemmbuch Klemmbuch Klemmbuch
Klemmbuch Klemmbuch Klemmbuch Klemmbuch
Klemmbuch Klemmbuch Klemmbuch Klemmbuch

Klemmbuch Klemmbuch Klemmbuch Klemmbuch
Klemmbuch Klemmbuch Klemmbuch Klemmbuch
Klemmbuch Klemmbuch Klemmbuch Klemmbuch
Klemmbuch Klemmbuch Klemmbuch Klemmbuch
Klemmbuch Klemmbuch Klemmbuch Klemmbuch
Klemmbuch Klemmbuch Klemmbuch Klemmbuch
Klemmbuch Klemmbuch Klemmbuch Klemmbuch
Klemmbuch Klemmbuch Klemmbuch Klemmbuch
Klemmbuch Klemmbuch Klemmbuch Klemmbuch
Klemmbuch Klemmbuch Klemmbuch Klemmbuch
Klemmbuch Klemmbuch Klemmbuch Klemmbuch
Klemmbuch Klemmbuch Klemmbuch Klemmbuch
Klemmbuch Klemmbuch Klemmbuch Klemmbuch
Klemmbuch Klemmbuch Klemmbuch Klemmbuch
Klemmbuch Klemmbuch Klemmbuch Klemmbuch

Klemmbuch Klemmbuch Klemmbuch Klemmbuch
Klemmbuch Klemmbuch Klemmbuch Klemmbuch
Klemmbuch Klemmbuch Klemmbuch Klemmbuch
Klemmbuch Klemmbuch Klemmbuch Klemmbuch
Klemmbuch Klemmbuch Klemmbuch Klemmbuch
Klemmbuch Klemmbuch Klemmbuch Klemmbuch
Klemmbuch Klemmbuch Klemmbuch Klemmbuch
Klemmbuch Klemmbuch Klemmbuch Klemmbuch
Klemmbuch Klemmbuch Klemmbuch Klemmbuch
Klemmbuch Klemmbuch Klemmbuch Klemmbuch
Klemmbuch Klemmbuch Klemmbuch Klemmbuch
Klemmbuch Klemmbuch Klemmbuch Klemmbuch
Klemmbuch Klemmbuch Klemmbuch Klemmbuch
Klemmbuch Klemmbuch Klemmbuch Klemmbuch
Klemmbuch Klemmbuch Klemmbuch Klemmbuch
Klemmbuch Klemmbuch Klemmbuch Klemmbuch
Klemmbuch Klemmbuch Klemmbuch Klemmbuch
Klemmbuch Klemmbuch Klemmbuch Klemmbuch
Klemmbuch Klemmbuch Klemmbuch Klemmbuch
Klemmbuch Klemmbuch Klemmbuch Klemmbuch

Klemmbuch Klemmbuch Klemmbuch Klemmbuch
Klemmbuch Klemmbuch Klemmbuch Klemmbuch

Klemmbuch Klemmbuch Klemmbuch Klemmbuch
Klemmbuch Klemmbuch Klemmbuch Klemmbuch
Klemmbuch Klemmbuch Klemmbuch Klemmbuch
Klemmbuch Klemmbuch Klemmbuch Klemmbuch
Klemmbuch Klemmbuch Klemmbuch Klemmbuch
Klemmbuch Klemmbuch Klemmbuch Klemmbuch
Klemmbuch Klemmbuch Klemmbuch Klemmbuch
Klemmbuch Klemmbuch Klemmbuch Klemmbuch
Klemmbuch Klemmbuch Klemmbuch Klemmbuch
Klemmbuch Klemmbuch Klemmbuch Klemmbuch
Klemmbuch Klemmbuch Klemmbuch Klemmbuch
Klemmbuch Klemmbuch Klemmbuch Klemmbuch
Klemmbuch Klemmbuch Klemmbuch Klemmbuch
Klemmbuch Klemmbuch Klemmbuch Klemmbuch
Klemmbuch Klemmbuch Klemmbuch Klemmbuch
Klemmbuch Klemmbuch Klemmbuch Klemmbuch
Klemmbuch Klemmbuch Klemmbuch Klemmbuch
Klemmbuch Klemmbuch Klemmbuch Klemmbuch
Klemmbuch Klemmbuch Klemmbuch Klemmbuch
Klemmbuch Klemmbuch Klemmbuch Klemmbuch
Klemmbuch Klemmbuch Klemmbuch Klemmbuch

Klemmbuch Klemmbuch Klemmbuch Klemmbuch
Klemmbuch Klemmbuch Klemmbuch Klemmbuch
Klemmbuch Klemmbuch Klemmbuch Klemmbuch
Klemmbuch Klemmbuch Klemmbuch Klemmbuch
Klemmbuch Klemmbuch Klemmbuch Klemmbuch
Klemmbuch Klemmbuch Klemmbuch Klemmbuch
Klemmbuch Klemmbuch Klemmbuch Klemmbuch
Klemmbuch Klemmbuch Klemmbuch Klemmbuch
Klemmbuch Klemmbuch Klemmbuch Klemmbuch
Klemmbuch Klemmbuch Klemmbuch Klemmbuch
Klemmbuch Klemmbuch Klemmbuch Klemmbuch

Klemmbuch Klemmbuch Klemmbuch Klemmbuch
Klemmbuch Klemmbuch Klemmbuch Klemmbuch
Klemmbuch Klemmbuch Klemmbuch Klemmbuch
Klemmbuch Klemmbuch Klemmbuch Klemmbuch
Klemmbuch Klemmbuch Klemmbuch Klemmbuch
Klemmbuch Klemmbuch Klemmbuch Klemmbuch
Klemmbuch Klemmbuch Klemmbuch Klemmbuch
Klemmbuch Klemmbuch Klemmbuch Klemmbuch
Klemmbuch Klemmbuch Klemmbuch Klemmbuch
Klemmbuch Klemmbuch Klemmbuch Klemmbuch
Klemmbuch Klemmbuch Klemmbuch Klemmbuch

Klemmbuch Klemmbuch Klemmbuch Klemmbuch
Klemmbuch Klemmbuch Klemmbuch Klemmbuch
Klemmbuch Klemmbuch Klemmbuch Klemmbuch
Klemmbuch Klemmbuch Klemmbuch Klemmbuch
Klemmbuch Klemmbuch Klemmbuch Klemmbuch
Klemmbuch Klemmbuch Klemmbuch Klemmbuch
Klemmbuch Klemmbuch Klemmbuch Klemmbuch
Klemmbuch Klemmbuch Klemmbuch Klemmbuch
Klemmbuch Klemmbuch Klemmbuch Klemmbuch
Klemmbuch Klemmbuch Klemmbuch Klemmbuch
Klemmbuch Klemmbuch Klemmbuch Klemmbuch
Klemmbuch Klemmbuch Klemmbuch Klemmbuch
Klemmbuch Klemmbuch Klemmbuch Klemmbuch
Klemmbuch Klemmbuch Klemmbuch Klemmbuch
Klemmbuch Klemmbuch Klemmbuch Klemmbuch
Klemmbuch Klemmbuch Klemmbuch Klemmbuch
Klemmbuch Klemmbuch Klemmbuch Klemmbuch
Klemmbuch Klemmbuch Klemmbuch Klemmbuch
Klemmbuch Klemmbuch Klemmbuch Klemmbuch
Klemmbuch Klemmbuch Klemmbuch Klemmbuch
Klemmbuch Klemmbuch Klemmbuch Klemmbuch

Klemmbuch Klemmbuch Klemmbuch Klemmbuch
Klemmbuch Klemmbuch Klemmbuch Klemmbuch

Klemmbuch Klemmbuch Klemmbuch Klemmbuch
Klemmbuch Klemmbuch Klemmbuch Klemmbuch
Klemmbuch Klemmbuch Klemmbuch Klemmbuch
Klemmbuch Klemmbuch Klemmbuch Klemmbuch
Klemmbuch Klemmbuch Klemmbuch Klemmbuch
Klemmbuch Klemmbuch Klemmbuch Klemmbuch
Klemmbuch Klemmbuch Klemmbuch Klemmbuch
Klemmbuch Klemmbuch Klemmbuch Klemmbuch
Klemmbuch Klemmbuch Klemmbuch Klemmbuch
Klemmbuch Klemmbuch Klemmbuch Klemmbuch
Klemmbuch Klemmbuch Klemmbuch Klemmbuch
Klemmbuch Klemmbuch Klemmbuch Klemmbuch
Klemmbuch Klemmbuch Klemmbuch Klemmbuch
Klemmbuch Klemmbuch Klemmbuch Klemmbuch
Klemmbuch Klemmbuch Klemmbuch Klemmbuch
Klemmbuch Klemmbuch Klemmbuch Klemmbuch
Klemmbuch Klemmbuch Klemmbuch Klemmbuch
Klemmbuch Klemmbuch Klemmbuch Klemmbuch
Klemmbuch Klemmbuch Klemmbuch Klemmbuch
Klemmbuch Klemmbuch Klemmbuch Klemmbuch

Klemmbuch Klemmbuch Klemmbuch Klemmbuch
Klemmbuch Klemmbuch Klemmbuch Klemmbuch
Klemmbuch Klemmbuch Klemmbuch Klemmbuch
Klemmbuch Klemmbuch Klemmbuch Klemmbuch
Klemmbuch Klemmbuch Klemmbuch Klemmbuch
Klemmbuch Klemmbuch Klemmbuch Klemmbuch
Klemmbuch Klemmbuch Klemmbuch Klemmbuch
Klemmbuch Klemmbuch Klemmbuch Klemmbuch
Klemmbuch Klemmbuch Klemmbuch Klemmbuch
Klemmbuch Klemmbuch Klemmbuch Klemmbuch
Klemmbuch Klemmbuch Klemmbuch Klemmbuch
Klemmbuch Klemmbuch Klemmbuch Klemmbuch
Klemmbuch Klemmbuch Klemmbuch Klemmbuch
Klemmbuch Klemmbuch Klemmbuch Klemmbuch
Klemmbuch Klemmbuch Klemmbuch Klemmbuch
Klemmbuch Klemmbuch Klemmbuch Klemmbuch
Klemmbuch Klemmbuch Klemmbuch Klemmbuch

Klemmbuch Klemmbuch Klemmbuch Klemmbuch
Klemmbuch Klemmbuch Klemmbuch Klemmbuch
Klemmbuch Klemmbuch Klemmbuch Klemmbuch
Klemmbuch Klemmbuch Klemmbuch Klemmbuch
Klemmbuch Klemmbuch Klemmbuch Klemmbuch

Klemmbuch Klemmbuch Klemmbuch Klemmbuch
Klemmbuch Klemmbuch Klemmbuch Klemmbuch
Klemmbuch Klemmbuch Klemmbuch Klemmbuch
Klemmbuch Klemmbuch Klemmbuch Klemmbuch
Klemmbuch Klemmbuch Klemmbuch Klemmbuch
Klemmbuch Klemmbuch Klemmbuch Klemmbuch
Klemmbuch Klemmbuch Klemmbuch Klemmbuch
Klemmbuch Klemmbuch Klemmbuch Klemmbuch
Klemmbuch Klemmbuch Klemmbuch Klemmbuch
Klemmbuch Klemmbuch Klemmbuch Klemmbuch
Klemmbuch Klemmbuch Klemmbuch Klemmbuch
Klemmbuch Klemmbuch Klemmbuch Klemmbuch
Klemmbuch Klemmbuch Klemmbuch Klemmbuch
Klemmbuch Klemmbuch Klemmbuch Klemmbuch
Klemmbuch Klemmbuch Klemmbuch Klemmbuch
Klemmbuch Klemmbuch Klemmbuch Klemmbuch
Klemmbuch Klemmbuch Klemmbuch Klemmbuch
Klemmbuch Klemmbuch Klemmbuch Klemmbuch
Klemmbuch Klemmbuch Klemmbuch Klemmbuch
Klemmbuch Klemmbuch Klemmbuch Klemmbuch

Klemmbuch Klemmbuch Klemmbuch Klemmbuch
Klemmbuch Klemmbuch Klemmbuch Klemmbuch
Klemmbuch Klemmbuch Klemmbuch Klemmbuch
Klemmbuch Klemmbuch Klemmbuch Klemmbuch
Klemmbuch Klemmbuch Klemmbuch Klemmbuch
Klemmbuch Klemmbuch Klemmbuch Klemmbuch
Klemmbuch Klemmbuch Klemmbuch Klemmbuch
Klemmbuch Klemmbuch Klemmbuch Klemmbuch

Klemmbuch Klemmbuch Klemmbuch Klemmbuch
Klemmbuch Klemmbuch Klemmbuch Klemmbuch
Klemmbuch Klemmbuch Klemmbuch Klemmbuch
Klemmbuch Klemmbuch Klemmbuch Klemmbuch
Klemmbuch Klemmbuch Klemmbuch Klemmbuch
Klemmbuch Klemmbuch Klemmbuch Klemmbuch
Klemmbuch Klemmbuch Klemmbuch Klemmbuch
Klemmbuch Klemmbuch Klemmbuch Klemmbuch
Klemmbuch Klemmbuch Klemmbuch Klemmbuch
Klemmbuch Klemmbuch Klemmbuch Klemmbuch
Klemmbuch Klemmbuch Klemmbuch Klemmbuch
Klemmbuch Klemmbuch Klemmbuch Klemmbuch
Klemmbuch Klemmbuch Klemmbuch Klemmbuch
Klemmbuch Klemmbuch Klemmbuch Klemmbuch

Klemmbuch Klemmbuch Klemmbuch Klemmbuch
Klemmbuch Klemmbuch Klemmbuch Klemmbuch
Klemmbuch Klemmbuch Klemmbuch Klemmbuch
Klemmbuch Klemmbuch Klemmbuch Klemmbuch
Klemmbuch Klemmbuch Klemmbuch Klemmbuch
Klemmbuch Klemmbuch Klemmbuch Klemmbuch
Klemmbuch Klemmbuch Klemmbuch Klemmbuch
Klemmbuch Klemmbuch Klemmbuch Klemmbuch
Klemmbuch Klemmbuch Klemmbuch Klemmbuch
Klemmbuch Klemmbuch Klemmbuch Klemmbuch
Klemmbuch Klemmbuch Klemmbuch Klemmbuch
Klemmbuch Klemmbuch Klemmbuch Klemmbuch
Klemmbuch Klemmbuch Klemmbuch Klemmbuch
Klemmbuch Klemmbuch Klemmbuch Klemmbuch
Klemmbuch Klemmbuch Klemmbuch Klemmbuch
Klemmbuch Klemmbuch Klemmbuch Klemmbuch
Klemmbuch Klemmbuch Klemmbuch Klemmbuch
Klemmbuch Klemmbuch Klemmbuch Klemmbuch
Klemmbuch Klemmbuch Klemmbuch Klemmbuch
Klemmbuch Klemmbuch Klemmbuch Klemmbuch
Klemmbuch Klemmbuch Klemmbuch Klemmbuch

Klemmbuch Klemmbuch Klemmbuch Klemmbuch
Klemmbuch Klemmbuch Klemmbuch Klemmbuch
Klemmbuch Klemmbuch Klemmbuch Klemmbuch
Klemmbuch Klemmbuch Klemmbuch Klemmbuch
Klemmbuch Klemmbuch Klemmbuch Klemmbuch
Klemmbuch Klemmbuch Klemmbuch Klemmbuch
Klemmbuch Klemmbuch Klemmbuch Klemmbuch
Klemmbuch Klemmbuch Klemmbuch Klemmbuch
Klemmbuch Klemmbuch Klemmbuch Klemmbuch
Klemmbuch Klemmbuch Klemmbuch Klemmbuch
Klemmbuch Klemmbuch Klemmbuch Klemmbuch
Klemmbuch Klemmbuch Klemmbuch Klemmbuch
Klemmbuch Klemmbuch Klemmbuch Klemmbuch
Klemmbuch Klemmbuch Klemmbuch Klemmbuch
Klemmbuch Klemmbuch Klemmbuch Klemmbuch
Klemmbuch Klemmbuch Klemmbuch Klemmbuch
Klemmbuch Klemmbuch Klemmbuch Klemmbuch
Klemmbuch Klemmbuch Klemmbuch Klemmbuch
Klemmbuch Klemmbuch Klemmbuch Klemmbuch
Klemmbuch Klemmbuch Klemmbuch Klemmbuch
Klemmbuch Klemmbuch Klemmbuch Klemmbuch
Klemmbuch Klemmbuch Klemmbuch Klemmbuch

Klemmbuch Klemmbuch Klemmbuch Klemmbuch
Klemmbuch Klemmbuch Klemmbuch Klemmbuch
Klemmbuch Klemmbuch Klemmbuch Klemmbuch
Klemmbuch Klemmbuch Klemmbuch Klemmbuch
Klemmbuch Klemmbuch Klemmbuch Klemmbuch
Klemmbuch Klemmbuch Klemmbuch Klemmbuch
Klemmbuch Klemmbuch Klemmbuch Klemmbuch
Klemmbuch Klemmbuch Klemmbuch Klemmbuch
Klemmbuch Klemmbuch Klemmbuch Klemmbuch
Klemmbuch Klemmbuch Klemmbuch Klemmbuch
Klemmbuch Klemmbuch Klemmbuch Klemmbuch
Klemmbuch Klemmbuch Klemmbuch Klemmbuch
Klemmbuch Klemmbuch Klemmbuch Klemmbuch
Klemmbuch Klemmbuch Klemmbuch Klemmbuch
Klemmbuch Klemmbuch Klemmbuch Klemmbuch

Klemmbuch Klemmbuch Klemmbuch Klemmbuch
Klemmbuch Klemmbuch Klemmbuch Klemmbuch
Klemmbuch Klemmbuch Klemmbuch Klemmbuch
Klemmbuch Klemmbuch Klemmbuch Klemmbuch
Klemmbuch Klemmbuch Klemmbuch Klemmbuch
Klemmbuch Klemmbuch Klemmbuch Klemmbuch
Klemmbuch Klemmbuch Klemmbuch Klemmbuch

Klemmbuch Klemmbuch Klemmbuch Klemmbuch
Klemmbuch Klemmbuch Klemmbuch Klemmbuch
Klemmbuch Klemmbuch Klemmbuch Klemmbuch
Klemmbuch Klemmbuch Klemmbuch Klemmbuch
Klemmbuch Klemmbuch Klemmbuch Klemmbuch
Klemmbuch Klemmbuch Klemmbuch Klemmbuch
Klemmbuch Klemmbuch Klemmbuch Klemmbuch
Klemmbuch Klemmbuch Klemmbuch Klemmbuch
Klemmbuch Klemmbuch Klemmbuch Klemmbuch
Klemmbuch Klemmbuch Klemmbuch Klemmbuch
Klemmbuch Klemmbuch Klemmbuch Klemmbuch
Klemmbuch Klemmbuch Klemmbuch Klemmbuch
Klemmbuch Klemmbuch Klemmbuch Klemmbuch
Klemmbuch Klemmbuch Klemmbuch Klemmbuch
Klemmbuch Klemmbuch Klemmbuch Klemmbuch
Klemmbuch Klemmbuch Klemmbuch Klemmbuch
Klemmbuch Klemmbuch Klemmbuch Klemmbuch
Klemmbuch Klemmbuch Klemmbuch Klemmbuch
Klemmbuch Klemmbuch Klemmbuch Klemmbuch
Klemmbuch Klemmbuch Klemmbuch Klemmbuch
Klemmbuch Klemmbuch Klemmbuch Klemmbuch

Klemmbuch Klemmbuch Klemmbuch Klemmbuch
Klemmbuch Klemmbuch Klemmbuch Klemmbuch
Klemmbuch Klemmbuch Klemmbuch Klemmbuch
Klemmbuch Klemmbuch Klemmbuch Klemmbuch
Klemmbuch Klemmbuch Klemmbuch Klemmbuch
Klemmbuch Klemmbuch Klemmbuch Klemmbuch

Klemmbuch Klemmbuch Klemmbuch Klemmbuch
Klemmbuch Klemmbuch Klemmbuch Klemmbuch
Klemmbuch Klemmbuch Klemmbuch Klemmbuch
Klemmbuch Klemmbuch Klemmbuch Klemmbuch
Klemmbuch Klemmbuch Klemmbuch Klemmbuch
Klemmbuch Klemmbuch Klemmbuch Klemmbuch
Klemmbuch Klemmbuch Klemmbuch Klemmbuch
Klemmbuch Klemmbuch Klemmbuch Klemmbuch
Klemmbuch Klemmbuch Klemmbuch Klemmbuch
Klemmbuch Klemmbuch Klemmbuch Klemmbuch
Klemmbuch Klemmbuch Klemmbuch Klemmbuch
Klemmbuch Klemmbuch Klemmbuch Klemmbuch
Klemmbuch Klemmbuch Klemmbuch Klemmbuch
Klemmbuch Klemmbuch Klemmbuch Klemmbuch
Klemmbuch Klemmbuch Klemmbuch Klemmbuch
Klemmbuch Klemmbuch Klemmbuch Klemmbuch

Klemmbuch Klemmbuch Klemmbuch Klemmbuch
Klemmbuch Klemmbuch Klemmbuch Klemmbuch
Klemmbuch Klemmbuch Klemmbuch Klemmbuch
Klemmbuch Klemmbuch Klemmbuch Klemmbuch
Klemmbuch Klemmbuch Klemmbuch Klemmbuch
Klemmbuch Klemmbuch Klemmbuch Klemmbuch
Klemmbuch Klemmbuch Klemmbuch Klemmbuch
Klemmbuch Klemmbuch Klemmbuch Klemmbuch
Klemmbuch Klemmbuch Klemmbuch Klemmbuch
Klemmbuch Klemmbuch Klemmbuch Klemmbuch
Klemmbuch Klemmbuch Klemmbuch Klemmbuch
Klemmbuch Klemmbuch Klemmbuch Klemmbuch
Klemmbuch Klemmbuch Klemmbuch Klemmbuch
Klemmbuch Klemmbuch Klemmbuch Klemmbuch
Klemmbuch Klemmbuch Klemmbuch Klemmbuch
Klemmbuch Klemmbuch Klemmbuch Klemmbuch
Klemmbuch Klemmbuch Klemmbuch Klemmbuch
Klemmbuch Klemmbuch Klemmbuch Klemmbuch

Klemmbuch Klemmbuch Klemmbuch Klemmbuch
Klemmbuch Klemmbuch Klemmbuch Klemmbuch

Klemmbuch Klemmbuch Klemmbuch Klemmbuch
Klemmbuch Klemmbuch Klemmbuch Klemmbuch
Klemmbuch Klemmbuch Klemmbuch Klemmbuch
Klemmbuch Klemmbuch Klemmbuch Klemmbuch
Klemmbuch Klemmbuch Klemmbuch Klemmbuch
Klemmbuch Klemmbuch Klemmbuch Klemmbuch
Klemmbuch Klemmbuch Klemmbuch Klemmbuch
Klemmbuch Klemmbuch Klemmbuch Klemmbuch
Klemmbuch Klemmbuch Klemmbuch Klemmbuch
Klemmbuch Klemmbuch Klemmbuch Klemmbuch
Klemmbuch Klemmbuch Klemmbuch Klemmbuch
Klemmbuch Klemmbuch Klemmbuch Klemmbuch
Klemmbuch Klemmbuch Klemmbuch Klemmbuch
Klemmbuch Klemmbuch Klemmbuch Klemmbuch
Klemmbuch Klemmbuch Klemmbuch Klemmbuch
Klemmbuch Klemmbuch Klemmbuch Klemmbuch
Klemmbuch Klemmbuch Klemmbuch Klemmbuch
Klemmbuch Klemmbuch Klemmbuch Klemmbuch
Klemmbuch Klemmbuch Klemmbuch Klemmbuch
Klemmbuch Klemmbuch Klemmbuch Klemmbuch
Klemmbuch Klemmbuch Klemmbuch Klemmbuch
Klemmbuch Klemmbuch Klemmbuch Klemmbuch

Klemmbuch Klemmbuch Klemmbuch Klemmbuch
Klemmbuch Klemmbuch Klemmbuch Klemmbuch
Klemmbuch Klemmbuch Klemmbuch Klemmbuch
Klemmbuch Klemmbuch Klemmbuch Klemmbuch
Klemmbuch Klemmbuch Klemmbuch Klemmbuch
Klemmbuch Klemmbuch Klemmbuch Klemmbuch
Klemmbuch Klemmbuch Klemmbuch Klemmbuch
Klemmbuch Klemmbuch Klemmbuch Klemmbuch
Klemmbuch Klemmbuch Klemmbuch Klemmbuch
Klemmbuch Klemmbuch Klemmbuch Klemmbuch
Klemmbuch Klemmbuch Klemmbuch Klemmbuch

Klemmbuch Klemmbuch Klemmbuch Klemmbuch
Klemmbuch Klemmbuch Klemmbuch Klemmbuch
Klemmbuch Klemmbuch Klemmbuch Klemmbuch
Klemmbuch Klemmbuch Klemmbuch Klemmbuch
Klemmbuch Klemmbuch Klemmbuch Klemmbuch
Klemmbuch Klemmbuch Klemmbuch Klemmbuch
Klemmbuch Klemmbuch Klemmbuch Klemmbuch
Klemmbuch Klemmbuch Klemmbuch Klemmbuch
Klemmbuch Klemmbuch Klemmbuch Klemmbuch
Klemmbuch Klemmbuch Klemmbuch Klemmbuch
Klemmbuch Klemmbuch Klemmbuch Klemmbuch

Klemmbuch Klemmbuch Klemmbuch Klemmbuch
Klemmbuch Klemmbuch Klemmbuch Klemmbuch
Klemmbuch Klemmbuch Klemmbuch Klemmbuch
Klemmbuch Klemmbuch Klemmbuch Klemmbuch
Klemmbuch Klemmbuch Klemmbuch Klemmbuch
Klemmbuch Klemmbuch Klemmbuch Klemmbuch
Klemmbuch Klemmbuch Klemmbuch Klemmbuch
Klemmbuch Klemmbuch Klemmbuch Klemmbuch
Klemmbuch Klemmbuch Klemmbuch Klemmbuch
Klemmbuch Klemmbuch Klemmbuch Klemmbuch
Klemmbuch Klemmbuch Klemmbuch Klemmbuch
Klemmbuch Klemmbuch Klemmbuch Klemmbuch
Klemmbuch Klemmbuch Klemmbuch Klemmbuch
Klemmbuch Klemmbuch Klemmbuch Klemmbuch
Klemmbuch Klemmbuch Klemmbuch Klemmbuch
Klemmbuch Klemmbuch Klemmbuch Klemmbuch
Klemmbuch Klemmbuch Klemmbuch Klemmbuch
Klemmbuch Klemmbuch Klemmbuch Klemmbuch
Klemmbuch Klemmbuch Klemmbuch Klemmbuch
Klemmbuch Klemmbuch Klemmbuch Klemmbuch

Klemmbuch Klemmbuch Klemmbuch Klemmbuch
Klemmbuch Klemmbuch Klemmbuch Klemmbuch

Klemmbuch Klemmbuch Klemmbuch Klemmbuch
Klemmbuch Klemmbuch Klemmbuch Klemmbuch
Klemmbuch Klemmbuch Klemmbuch Klemmbuch
Klemmbuch Klemmbuch Klemmbuch Klemmbuch
Klemmbuch Klemmbuch Klemmbuch Klemmbuch
Klemmbuch Klemmbuch Klemmbuch Klemmbuch
Klemmbuch Klemmbuch Klemmbuch Klemmbuch
Klemmbuch Klemmbuch Klemmbuch Klemmbuch
Klemmbuch Klemmbuch Klemmbuch Klemmbuch
Klemmbuch Klemmbuch Klemmbuch Klemmbuch
Klemmbuch Klemmbuch Klemmbuch Klemmbuch
Klemmbuch Klemmbuch Klemmbuch Klemmbuch
Klemmbuch Klemmbuch Klemmbuch Klemmbuch
Klemmbuch Klemmbuch Klemmbuch Klemmbuch
Klemmbuch Klemmbuch Klemmbuch Klemmbuch
Klemmbuch Klemmbuch Klemmbuch Klemmbuch
Klemmbuch Klemmbuch Klemmbuch Klemmbuch
Klemmbuch Klemmbuch Klemmbuch Klemmbuch
Klemmbuch Klemmbuch Klemmbuch Klemmbuch
Klemmbuch Klemmbuch Klemmbuch Klemmbuch

Klemmbuch Klemmbuch Klemmbuch Klemmbuch
Klemmbuch Klemmbuch Klemmbuch Klemmbuch
Klemmbuch Klemmbuch Klemmbuch Klemmbuch
Klemmbuch Klemmbuch Klemmbuch Klemmbuch
Klemmbuch Klemmbuch Klemmbuch Klemmbuch
Klemmbuch Klemmbuch Klemmbuch Klemmbuch
Klemmbuch Klemmbuch Klemmbuch Klemmbuch
Klemmbuch Klemmbuch Klemmbuch Klemmbuch
Klemmbuch Klemmbuch Klemmbuch Klemmbuch
Klemmbuch Klemmbuch Klemmbuch Klemmbuch
Klemmbuch Klemmbuch Klemmbuch Klemmbuch
Klemmbuch Klemmbuch Klemmbuch Klemmbuch
Klemmbuch Klemmbuch Klemmbuch Klemmbuch
Klemmbuch Klemmbuch Klemmbuch Klemmbuch
Klemmbuch Klemmbuch Klemmbuch Klemmbuch
Klemmbuch Klemmbuch Klemmbuch Klemmbuch
Klemmbuch Klemmbuch Klemmbuch Klemmbuch

Klemmbuch Klemmbuch Klemmbuch Klemmbuch
Klemmbuch Klemmbuch Klemmbuch Klemmbuch
Klemmbuch Klemmbuch Klemmbuch Klemmbuch
Klemmbuch Klemmbuch Klemmbuch Klemmbuch
Klemmbuch Klemmbuch Klemmbuch Klemmbuch

Klemmbuch Klemmbuch Klemmbuch Klemmbuch
Klemmbuch Klemmbuch Klemmbuch Klemmbuch
Klemmbuch Klemmbuch Klemmbuch Klemmbuch
Klemmbuch Klemmbuch Klemmbuch Klemmbuch
Klemmbuch Klemmbuch Klemmbuch Klemmbuch
Klemmbuch Klemmbuch Klemmbuch Klemmbuch
Klemmbuch Klemmbuch Klemmbuch Klemmbuch
Klemmbuch Klemmbuch Klemmbuch Klemmbuch
Klemmbuch Klemmbuch Klemmbuch Klemmbuch
Klemmbuch Klemmbuch Klemmbuch Klemmbuch
Klemmbuch Klemmbuch Klemmbuch Klemmbuch
Klemmbuch Klemmbuch Klemmbuch Klemmbuch
Klemmbuch Klemmbuch Klemmbuch Klemmbuch
Klemmbuch Klemmbuch Klemmbuch Klemmbuch
Klemmbuch Klemmbuch Klemmbuch Klemmbuch
Klemmbuch Klemmbuch Klemmbuch Klemmbuch
Klemmbuch Klemmbuch Klemmbuch Klemmbuch
Klemmbuch Klemmbuch Klemmbuch Klemmbuch
Klemmbuch Klemmbuch Klemmbuch Klemmbuch
Klemmbuch Klemmbuch Klemmbuch Klemmbuch
Klemmbuch Klemmbuch Klemmbuch Klemmbuch

Klemmbuch Klemmbuch Klemmbuch Klemmbuch
Klemmbuch Klemmbuch Klemmbuch Klemmbuch
Klemmbuch Klemmbuch Klemmbuch Klemmbuch
Klemmbuch Klemmbuch Klemmbuch Klemmbuch
Klemmbuch Klemmbuch Klemmbuch Klemmbuch
Klemmbuch Klemmbuch Klemmbuch Klemmbuch
Klemmbuch Klemmbuch Klemmbuch Klemmbuch
Klemmbuch Klemmbuch Klemmbuch Klemmbuch

Klemmbuch Klemmbuch Klemmbuch Klemmbuch
Klemmbuch Klemmbuch Klemmbuch Klemmbuch
Klemmbuch Klemmbuch Klemmbuch Klemmbuch
Klemmbuch Klemmbuch Klemmbuch Klemmbuch
Klemmbuch Klemmbuch Klemmbuch Klemmbuch
Klemmbuch Klemmbuch Klemmbuch Klemmbuch
Klemmbuch Klemmbuch Klemmbuch Klemmbuch
Klemmbuch Klemmbuch Klemmbuch Klemmbuch
Klemmbuch Klemmbuch Klemmbuch Klemmbuch
Klemmbuch Klemmbuch Klemmbuch Klemmbuch
Klemmbuch Klemmbuch Klemmbuch Klemmbuch
Klemmbuch Klemmbuch Klemmbuch Klemmbuch
Klemmbuch Klemmbuch Klemmbuch Klemmbuch
Klemmbuch Klemmbuch Klemmbuch Klemmbuch

Klemmbuch Klemmbuch Klemmbuch Klemmbuch
Klemmbuch Klemmbuch Klemmbuch Klemmbuch
Klemmbuch Klemmbuch Klemmbuch Klemmbuch
Klemmbuch Klemmbuch Klemmbuch Klemmbuch
Klemmbuch Klemmbuch Klemmbuch Klemmbuch
Klemmbuch Klemmbuch Klemmbuch Klemmbuch
Klemmbuch Klemmbuch Klemmbuch Klemmbuch
Klemmbuch Klemmbuch Klemmbuch Klemmbuch
Klemmbuch Klemmbuch Klemmbuch Klemmbuch
Klemmbuch Klemmbuch Klemmbuch Klemmbuch
Klemmbuch Klemmbuch Klemmbuch Klemmbuch
Klemmbuch Klemmbuch Klemmbuch Klemmbuch
Klemmbuch Klemmbuch Klemmbuch Klemmbuch
Klemmbuch Klemmbuch Klemmbuch Klemmbuch
Klemmbuch Klemmbuch Klemmbuch Klemmbuch
Klemmbuch Klemmbuch Klemmbuch Klemmbuch
Klemmbuch Klemmbuch Klemmbuch Klemmbuch
Klemmbuch Klemmbuch Klemmbuch Klemmbuch
Klemmbuch Klemmbuch Klemmbuch Klemmbuch
Klemmbuch Klemmbuch Klemmbuch Klemmbuch
Klemmbuch Klemmbuch Klemmbuch Klemmbuch
Klemmbuch Klemmbuch Klemmbuch Klemmbuch

Klemmbuch Klemmbuch Klemmbuch Klemmbuch
Klemmbuch Klemmbuch Klemmbuch Klemmbuch
Klemmbuch Klemmbuch Klemmbuch Klemmbuch
Klemmbuch Klemmbuch Klemmbuch Klemmbuch
Klemmbuch Klemmbuch Klemmbuch Klemmbuch
Klemmbuch Klemmbuch Klemmbuch Klemmbuch
Klemmbuch Klemmbuch Klemmbuch Klemmbuch
Klemmbuch Klemmbuch Klemmbuch Klemmbuch
Klemmbuch Klemmbuch Klemmbuch Klemmbuch
Klemmbuch Klemmbuch Klemmbuch Klemmbuch
Klemmbuch Klemmbuch Klemmbuch Klemmbuch
Klemmbuch Klemmbuch Klemmbuch Klemmbuch
Klemmbuch Klemmbuch Klemmbuch Klemmbuch
Klemmbuch Klemmbuch Klemmbuch Klemmbuch
Klemmbuch Klemmbuch Klemmbuch Klemmbuch
Klemmbuch Klemmbuch Klemmbuch Klemmbuch
Klemmbuch Klemmbuch Klemmbuch Klemmbuch
Klemmbuch Klemmbuch Klemmbuch Klemmbuch
Klemmbuch Klemmbuch Klemmbuch Klemmbuch
Klemmbuch Klemmbuch Klemmbuch Klemmbuch
Klemmbuch Klemmbuch Klemmbuch Klemmbuch
Klemmbuch Klemmbuch Klemmbuch Klemmbuch

Klemmbuch Klemmbuch Klemmbuch Klemmbuch
Klemmbuch Klemmbuch Klemmbuch Klemmbuch
Klemmbuch Klemmbuch Klemmbuch Klemmbuch
Klemmbuch Klemmbuch Klemmbuch Klemmbuch
Klemmbuch Klemmbuch Klemmbuch Klemmbuch
Klemmbuch Klemmbuch Klemmbuch Klemmbuch
Klemmbuch Klemmbuch Klemmbuch Klemmbuch
Klemmbuch Klemmbuch Klemmbuch Klemmbuch
Klemmbuch Klemmbuch Klemmbuch Klemmbuch
Klemmbuch Klemmbuch Klemmbuch Klemmbuch
Klemmbuch Klemmbuch Klemmbuch Klemmbuch
Klemmbuch Klemmbuch Klemmbuch Klemmbuch
Klemmbuch Klemmbuch Klemmbuch Klemmbuch
Klemmbuch Klemmbuch Klemmbuch Klemmbuch
Klemmbuch Klemmbuch Klemmbuch Klemmbuch

Klemmbuch Klemmbuch Klemmbuch Klemmbuch
Klemmbuch Klemmbuch Klemmbuch Klemmbuch
Klemmbuch Klemmbuch Klemmbuch Klemmbuch
Klemmbuch Klemmbuch Klemmbuch Klemmbuch
Klemmbuch Klemmbuch Klemmbuch Klemmbuch
Klemmbuch Klemmbuch Klemmbuch Klemmbuch
Klemmbuch Klemmbuch Klemmbuch Klemmbuch

Klemmbuch Klemmbuch Klemmbuch Klemmbuch
Klemmbuch Klemmbuch Klemmbuch Klemmbuch
Klemmbuch Klemmbuch Klemmbuch Klemmbuch
Klemmbuch Klemmbuch Klemmbuch Klemmbuch
Klemmbuch Klemmbuch Klemmbuch Klemmbuch
Klemmbuch Klemmbuch Klemmbuch Klemmbuch
Klemmbuch Klemmbuch Klemmbuch Klemmbuch
Klemmbuch Klemmbuch Klemmbuch Klemmbuch
Klemmbuch Klemmbuch Klemmbuch Klemmbuch
Klemmbuch Klemmbuch Klemmbuch Klemmbuch
Klemmbuch Klemmbuch Klemmbuch Klemmbuch
Klemmbuch Klemmbuch Klemmbuch Klemmbuch
Klemmbuch Klemmbuch Klemmbuch Klemmbuch
Klemmbuch Klemmbuch Klemmbuch Klemmbuch
Klemmbuch Klemmbuch Klemmbuch Klemmbuch
Klemmbuch Klemmbuch Klemmbuch Klemmbuch
Klemmbuch Klemmbuch Klemmbuch Klemmbuch
Klemmbuch Klemmbuch Klemmbuch Klemmbuch
Klemmbuch Klemmbuch Klemmbuch Klemmbuch
Klemmbuch Klemmbuch Klemmbuch Klemmbuch
Klemmbuch Klemmbuch Klemmbuch Klemmbuch
Klemmbuch Klemmbuch Klemmbuch Klemmbuch

Klemmbuch Klemmbuch Klemmbuch Klemmbuch
Klemmbuch Klemmbuch Klemmbuch Klemmbuch
Klemmbuch Klemmbuch Klemmbuch Klemmbuch
Klemmbuch Klemmbuch Klemmbuch Klemmbuch
Klemmbuch Klemmbuch Klemmbuch Klemmbuch
Klemmbuch Klemmbuch Klemmbuch Klemmbuch

Klemmbuch Klemmbuch Klemmbuch Klemmbuch
Klemmbuch Klemmbuch Klemmbuch Klemmbuch
Klemmbuch Klemmbuch Klemmbuch Klemmbuch
Klemmbuch Klemmbuch Klemmbuch Klemmbuch
Klemmbuch Klemmbuch Klemmbuch Klemmbuch
Klemmbuch Klemmbuch Klemmbuch Klemmbuch
Klemmbuch Klemmbuch Klemmbuch Klemmbuch
Klemmbuch Klemmbuch Klemmbuch Klemmbuch
Klemmbuch Klemmbuch Klemmbuch Klemmbuch
Klemmbuch Klemmbuch Klemmbuch Klemmbuch
Klemmbuch Klemmbuch Klemmbuch Klemmbuch
Klemmbuch Klemmbuch Klemmbuch Klemmbuch
Klemmbuch Klemmbuch Klemmbuch Klemmbuch
Klemmbuch Klemmbuch Klemmbuch Klemmbuch
Klemmbuch Klemmbuch Klemmbuch Klemmbuch
Klemmbuch Klemmbuch Klemmbuch Klemmbuch

Klemmbuch Klemmbuch Klemmbuch Klemmbuch
Klemmbuch Klemmbuch Klemmbuch Klemmbuch
Klemmbuch Klemmbuch Klemmbuch Klemmbuch
Klemmbuch Klemmbuch Klemmbuch Klemmbuch
Klemmbuch Klemmbuch Klemmbuch Klemmbuch
Klemmbuch Klemmbuch Klemmbuch Klemmbuch
Klemmbuch Klemmbuch Klemmbuch Klemmbuch
Klemmbuch Klemmbuch Klemmbuch Klemmbuch
Klemmbuch Klemmbuch Klemmbuch Klemmbuch
Klemmbuch Klemmbuch Klemmbuch Klemmbuch
Klemmbuch Klemmbuch Klemmbuch Klemmbuch
Klemmbuch Klemmbuch Klemmbuch Klemmbuch
Klemmbuch Klemmbuch Klemmbuch Klemmbuch
Klemmbuch Klemmbuch Klemmbuch Klemmbuch
Klemmbuch Klemmbuch Klemmbuch Klemmbuch
Klemmbuch Klemmbuch Klemmbuch Klemmbuch
Klemmbuch Klemmbuch Klemmbuch Klemmbuch
Klemmbuch Klemmbuch Klemmbuch Klemmbuch
Klemmbuch Klemmbuch Klemmbuch Klemmbuch

Klemmbuch Klemmbuch Klemmbuch Klemmbuch
Klemmbuch Klemmbuch Klemmbuch Klemmbuch

Klemmbuch Klemmbuch Klemmbuch Klemmbuch
Klemmbuch Klemmbuch Klemmbuch Klemmbuch
Klemmbuch Klemmbuch Klemmbuch Klemmbuch
Klemmbuch Klemmbuch Klemmbuch Klemmbuch
Klemmbuch Klemmbuch Klemmbuch Klemmbuch
Klemmbuch Klemmbuch Klemmbuch Klemmbuch
Klemmbuch Klemmbuch Klemmbuch Klemmbuch
Klemmbuch Klemmbuch Klemmbuch Klemmbuch
Klemmbuch Klemmbuch Klemmbuch Klemmbuch
Klemmbuch Klemmbuch Klemmbuch Klemmbuch
Klemmbuch Klemmbuch Klemmbuch Klemmbuch
Klemmbuch Klemmbuch Klemmbuch Klemmbuch
Klemmbuch Klemmbuch Klemmbuch Klemmbuch
Klemmbuch Klemmbuch Klemmbuch Klemmbuch
Klemmbuch Klemmbuch Klemmbuch Klemmbuch
Klemmbuch Klemmbuch Klemmbuch Klemmbuch
Klemmbuch Klemmbuch Klemmbuch Klemmbuch
Klemmbuch Klemmbuch Klemmbuch Klemmbuch
Klemmbuch Klemmbuch Klemmbuch Klemmbuch
Klemmbuch Klemmbuch Klemmbuch Klemmbuch
Klemmbuch Klemmbuch Klemmbuch Klemmbuch

Klemmbuch Klemmbuch Klemmbuch Klemmbuch
Klemmbuch Klemmbuch Klemmbuch Klemmbuch
Klemmbuch Klemmbuch Klemmbuch Klemmbuch
Klemmbuch Klemmbuch Klemmbuch Klemmbuch
Klemmbuch Klemmbuch Klemmbuch Klemmbuch
Klemmbuch Klemmbuch Klemmbuch Klemmbuch
Klemmbuch Klemmbuch Klemmbuch Klemmbuch
Klemmbuch Klemmbuch Klemmbuch Klemmbuch
Klemmbuch Klemmbuch Klemmbuch Klemmbuch
Klemmbuch Klemmbuch Klemmbuch Klemmbuch
Klemmbuch Klemmbuch Klemmbuch Klemmbuch

Klemmbuch Klemmbuch Klemmbuch Klemmbuch
Klemmbuch Klemmbuch Klemmbuch Klemmbuch
Klemmbuch Klemmbuch Klemmbuch Klemmbuch
Klemmbuch Klemmbuch Klemmbuch Klemmbuch
Klemmbuch Klemmbuch Klemmbuch Klemmbuch
Klemmbuch Klemmbuch Klemmbuch Klemmbuch
Klemmbuch Klemmbuch Klemmbuch Klemmbuch
Klemmbuch Klemmbuch Klemmbuch Klemmbuch
Klemmbuch Klemmbuch Klemmbuch Klemmbuch
Klemmbuch Klemmbuch Klemmbuch Klemmbuch
Klemmbuch Klemmbuch Klemmbuch Klemmbuch

Klemmbuch Klemmbuch Klemmbuch Klemmbuch
Klemmbuch Klemmbuch Klemmbuch Klemmbuch
Klemmbuch Klemmbuch Klemmbuch Klemmbuch
Klemmbuch Klemmbuch Klemmbuch Klemmbuch
Klemmbuch Klemmbuch Klemmbuch Klemmbuch
Klemmbuch Klemmbuch Klemmbuch Klemmbuch
Klemmbuch Klemmbuch Klemmbuch Klemmbuch
Klemmbuch Klemmbuch Klemmbuch Klemmbuch
Klemmbuch Klemmbuch Klemmbuch Klemmbuch
Klemmbuch Klemmbuch Klemmbuch Klemmbuch
Klemmbuch Klemmbuch Klemmbuch Klemmbuch
Klemmbuch Klemmbuch Klemmbuch Klemmbuch
Klemmbuch Klemmbuch Klemmbuch Klemmbuch
Klemmbuch Klemmbuch Klemmbuch Klemmbuch
Klemmbuch Klemmbuch Klemmbuch Klemmbuch
Klemmbuch Klemmbuch Klemmbuch Klemmbuch
Klemmbuch Klemmbuch Klemmbuch Klemmbuch
Klemmbuch Klemmbuch Klemmbuch Klemmbuch
Klemmbuch Klemmbuch Klemmbuch Klemmbuch
Klemmbuch Klemmbuch Klemmbuch Klemmbuch
Klemmbuch Klemmbuch Klemmbuch Klemmbuch

Klemmbuch Klemmbuch Klemmbuch Klemmbuch
Klemmbuch Klemmbuch Klemmbuch Klemmbuch

Klemmbuch Klemmbuch Klemmbuch Klemmbuch
Klemmbuch Klemmbuch Klemmbuch Klemmbuch
Klemmbuch Klemmbuch Klemmbuch Klemmbuch
Klemmbuch Klemmbuch Klemmbuch Klemmbuch
Klemmbuch Klemmbuch Klemmbuch Klemmbuch
Klemmbuch Klemmbuch Klemmbuch Klemmbuch
Klemmbuch Klemmbuch Klemmbuch Klemmbuch
Klemmbuch Klemmbuch Klemmbuch Klemmbuch
Klemmbuch Klemmbuch Klemmbuch Klemmbuch
Klemmbuch Klemmbuch Klemmbuch Klemmbuch
Klemmbuch Klemmbuch Klemmbuch Klemmbuch
Klemmbuch Klemmbuch Klemmbuch Klemmbuch
Klemmbuch Klemmbuch Klemmbuch Klemmbuch
Klemmbuch Klemmbuch Klemmbuch Klemmbuch
Klemmbuch Klemmbuch Klemmbuch Klemmbuch
Klemmbuch Klemmbuch Klemmbuch Klemmbuch
Klemmbuch Klemmbuch Klemmbuch Klemmbuch
Klemmbuch Klemmbuch Klemmbuch Klemmbuch
Klemmbuch Klemmbuch Klemmbuch Klemmbuch
Klemmbuch Klemmbuch Klemmbuch Klemmbuch

Klemmbuch Klemmbuch Klemmbuch Klemmbuch
Klemmbuch Klemmbuch Klemmbuch Klemmbuch
Klemmbuch Klemmbuch Klemmbuch Klemmbuch
Klemmbuch Klemmbuch Klemmbuch Klemmbuch
Klemmbuch Klemmbuch Klemmbuch Klemmbuch
Klemmbuch Klemmbuch Klemmbuch Klemmbuch
Klemmbuch Klemmbuch Klemmbuch Klemmbuch
Klemmbuch Klemmbuch Klemmbuch Klemmbuch
Klemmbuch Klemmbuch Klemmbuch Klemmbuch
Klemmbuch Klemmbuch Klemmbuch Klemmbuch
Klemmbuch Klemmbuch Klemmbuch Klemmbuch
Klemmbuch Klemmbuch Klemmbuch Klemmbuch
Klemmbuch Klemmbuch Klemmbuch Klemmbuch
Klemmbuch Klemmbuch Klemmbuch Klemmbuch
Klemmbuch Klemmbuch Klemmbuch Klemmbuch
Klemmbuch Klemmbuch Klemmbuch Klemmbuch
Klemmbuch Klemmbuch Klemmbuch Klemmbuch

Klemmbuch Klemmbuch Klemmbuch Klemmbuch
Klemmbuch Klemmbuch Klemmbuch Klemmbuch
Klemmbuch·Klemmbuch Klemmbuch Klemmbuch
Klemmbuch Klemmbuch Klemmbuch Klemmbuch
Klemmbuch Klemmbuch Klemmbuch Klemmbuch

Klemmbuch Klemmbuch Klemmbuch Klemmbuch
Klemmbuch Klemmbuch Klemmbuch Klemmbuch
Klemmbuch Klemmbuch Klemmbuch Klemmbuch
Klemmbuch Klemmbuch Klemmbuch Klemmbuch
Klemmbuch Klemmbuch Klemmbuch Klemmbuch
Klemmbuch Klemmbuch Klemmbuch Klemmbuch
Klemmbuch Klemmbuch Klemmbuch Klemmbuch
Klemmbuch Klemmbuch Klemmbuch Klemmbuch
Klemmbuch Klemmbuch Klemmbuch Klemmbuch
Klemmbuch Klemmbuch Klemmbuch Klemmbuch
Klemmbuch Klemmbuch Klemmbuch Klemmbuch
Klemmbuch Klemmbuch Klemmbuch Klemmbuch
Klemmbuch Klemmbuch Klemmbuch Klemmbuch
Klemmbuch Klemmbuch Klemmbuch Klemmbuch
Klemmbuch Klemmbuch Klemmbuch Klemmbuch
Klemmbuch Klemmbuch Klemmbuch Klemmbuch
Klemmbuch Klemmbuch Klemmbuch Klemmbuch
Klemmbuch Klemmbuch Klemmbuch Klemmbuch
Klemmbuch Klemmbuch Klemmbuch Klemmbuch
Klemmbuch Klemmbuch Klemmbuch Klemmbuch
Klemmbuch Klemmbuch Klemmbuch Klemmbuch

Klemmbuch Klemmbuch Klemmbuch Klemmbuch
Klemmbuch Klemmbuch Klemmbuch Klemmbuch
Klemmbuch Klemmbuch Klemmbuch Klemmbuch
Klemmbuch Klemmbuch Klemmbuch Klemmbuch
Klemmbuch Klemmbuch Klemmbuch Klemmbuch
Klemmbuch Klemmbuch Klemmbuch Klemmbuch
Klemmbuch Klemmbuch Klemmbuch Klemmbuch
Klemmbuch Klemmbuch Klemmbuch Klemmbuch

Klemmbuch Klemmbuch Klemmbuch Klemmbuch
Klemmbuch Klemmbuch Klemmbuch Klemmbuch
Klemmbuch Klemmbuch Klemmbuch Klemmbuch
Klemmbuch Klemmbuch Klemmbuch Klemmbuch
Klemmbuch Klemmbuch Klemmbuch Klemmbuch
Klemmbuch Klemmbuch Klemmbuch Klemmbuch
Klemmbuch Klemmbuch Klemmbuch Klemmbuch
Klemmbuch Klemmbuch Klemmbuch Klemmbuch
Klemmbuch Klemmbuch Klemmbuch Klemmbuch
Klemmbuch Klemmbuch Klemmbuch Klemmbuch
Klemmbuch Klemmbuch Klemmbuch Klemmbuch
Klemmbuch Klemmbuch Klemmbuch Klemmbuch
Klemmbuch Klemmbuch Klemmbuch Klemmbuch
Klemmbuch Klemmbuch Klemmbuch Klemmbuch

Klemmbuch Klemmbuch Klemmbuch Klemmbuch
Klemmbuch Klemmbuch Klemmbuch Klemmbuch
Klemmbuch Klemmbuch Klemmbuch Klemmbuch
Klemmbuch Klemmbuch Klemmbuch Klemmbuch
Klemmbuch Klemmbuch Klemmbuch Klemmbuch
Klemmbuch Klemmbuch Klemmbuch Klemmbuch
Klemmbuch Klemmbuch Klemmbuch Klemmbuch
Klemmbuch Klemmbuch Klemmbuch Klemmbuch
Klemmbuch Klemmbuch Klemmbuch Klemmbuch
Klemmbuch Klemmbuch Klemmbuch Klemmbuch
Klemmbuch Klemmbuch Klemmbuch Klemmbuch
Klemmbuch Klemmbuch Klemmbuch Klemmbuch
Klemmbuch Klemmbuch Klemmbuch Klemmbuch
Klemmbuch Klemmbuch Klemmbuch Klemmbuch
Klemmbuch Klemmbuch Klemmbuch Klemmbuch
Klemmbuch Klemmbuch Klemmbuch Klemmbuch
Klemmbuch Klemmbuch Klemmbuch Klemmbuch
Klemmbuch Klemmbuch Klemmbuch Klemmbuch
Klemmbuch Klemmbuch Klemmbuch Klemmbuch
Klemmbuch Klemmbuch Klemmbuch Klemmbuch
Klemmbuch Klemmbuch Klemmbuch Klemmbuch

Klemmbuch Klemmbuch Klemmbuch Klemmbuch
Klemmbuch Klemmbuch Klemmbuch Klemmbuch
Klemmbuch Klemmbuch Klemmbuch Klemmbuch
Klemmbuch Klemmbuch Klemmbuch Klemmbuch
Klemmbuch Klemmbuch Klemmbuch Klemmbuch
Klemmbuch Klemmbuch Klemmbuch Klemmbuch
Klemmbuch Klemmbuch Klemmbuch Klemmbuch
Klemmbuch Klemmbuch Klemmbuch Klemmbuch
Klemmbuch Klemmbuch Klemmbuch Klemmbuch
Klemmbuch Klemmbuch Klemmbuch Klemmbuch
Klemmbuch Klemmbuch Klemmbuch Klemmbuch
Klemmbuch Klemmbuch Klemmbuch Klemmbuch
Klemmbuch Klemmbuch Klemmbuch Klemmbuch
Klemmbuch Klemmbuch Klemmbuch Klemmbuch
Klemmbuch Klemmbuch Klemmbuch Klemmbuch
Klemmbuch Klemmbuch Klemmbuch Klemmbuch
Klemmbuch Klemmbuch Klemmbuch Klemmbuch
Klemmbuch Klemmbuch Klemmbuch Klemmbuch
Klemmbuch Klemmbuch Klemmbuch Klemmbuch
Klemmbuch Klemmbuch Klemmbuch Klemmbuch
Klemmbuch Klemmbuch Klemmbuch Klemmbuch

Klemmbuch Klemmbuch Klemmbuch Klemmbuch
Klemmbuch Klemmbuch Klemmbuch Klemmbuch
Klemmbuch Klemmbuch Klemmbuch Klemmbuch
Klemmbuch Klemmbuch Klemmbuch Klemmbuch
Klemmbuch Klemmbuch Klemmbuch Klemmbuch
Klemmbuch Klemmbuch Klemmbuch Klemmbuch
Klemmbuch Klemmbuch Klemmbuch Klemmbuch
Klemmbuch Klemmbuch Klemmbuch Klemmbuch
Klemmbuch Klemmbuch Klemmbuch Klemmbuch
Klemmbuch Klemmbuch Klemmbuch Klemmbuch
Klemmbuch Klemmbuch Klemmbuch Klemmbuch
Klemmbuch Klemmbuch Klemmbuch Klemmbuch
Klemmbuch Klemmbuch Klemmbuch Klemmbuch
Klemmbuch Klemmbuch Klemmbuch Klemmbuch
Klemmbuch Klemmbuch Klemmbuch Klemmbuch

Klemmbuch Klemmbuch Klemmbuch Klemmbuch
Klemmbuch Klemmbuch Klemmbuch Klemmbuch
Klemmbuch Klemmbuch Klemmbuch Klemmbuch
Klemmbuch Klemmbuch Klemmbuch Klemmbuch
Klemmbuch Klemmbuch Klemmbuch Klemmbuch
Klemmbuch Klemmbuch Klemmbuch Klemmbuch
Klemmbuch Klemmbuch Klemmbuch Klemmbuch

Klemmbuch Klemmbuch Klemmbuch Klemmbuch
Klemmbuch Klemmbuch Klemmbuch Klemmbuch
Klemmbuch Klemmbuch Klemmbuch Klemmbuch
Klemmbuch Klemmbuch Klemmbuch Klemmbuch
Klemmbuch Klemmbuch Klemmbuch Klemmbuch
Klemmbuch Klemmbuch Klemmbuch Klemmbuch
Klemmbuch Klemmbuch Klemmbuch Klemmbuch
Klemmbuch Klemmbuch Klemmbuch Klemmbuch
Klemmbuch Klemmbuch Klemmbuch Klemmbuch
Klemmbuch Klemmbuch Klemmbuch Klemmbuch
Klemmbuch Klemmbuch Klemmbuch Klemmbuch
Klemmbuch Klemmbuch Klemmbuch Klemmbuch
Klemmbuch Klemmbuch Klemmbuch Klemmbuch
Klemmbuch Klemmbuch Klemmbuch Klemmbuch
Klemmbuch Klemmbuch Klemmbuch Klemmbuch
Klemmbuch Klemmbuch Klemmbuch Klemmbuch
Klemmbuch Klemmbuch Klemmbuch Klemmbuch
Klemmbuch Klemmbuch Klemmbuch Klemmbuch
Klemmbuch Klemmbuch Klemmbuch Klemmbuch
Klemmbuch Klemmbuch Klemmbuch Klemmbuch
Klemmbuch Klemmbuch Klemmbuch Klemmbuch

Klemmbuch Klemmbuch Klemmbuch Klemmbuch
Klemmbuch Klemmbuch Klemmbuch Klemmbuch
Klemmbuch Klemmbuch Klemmbuch Klemmbuch
Klemmbuch Klemmbuch Klemmbuch Klemmbuch
Klemmbuch Klemmbuch Klemmbuch Klemmbuch
Klemmbuch Klemmbuch Klemmbuch Klemmbuch

Klemmbuch Klemmbuch Klemmbuch Klemmbuch
Klemmbuch Klemmbuch Klemmbuch Klemmbuch
Klemmbuch Klemmbuch Klemmbuch Klemmbuch
Klemmbuch Klemmbuch Klemmbuch Klemmbuch
Klemmbuch Klemmbuch Klemmbuch Klemmbuch
Klemmbuch Klemmbuch Klemmbuch Klemmbuch
Klemmbuch Klemmbuch Klemmbuch Klemmbuch
Klemmbuch Klemmbuch Klemmbuch Klemmbuch
Klemmbuch Klemmbuch Klemmbuch Klemmbuch
Klemmbuch Klemmbuch Klemmbuch Klemmbuch
Klemmbuch Klemmbuch Klemmbuch Klemmbuch
Klemmbuch Klemmbuch Klemmbuch Klemmbuch
Klemmbuch Klemmbuch Klemmbuch Klemmbuch
Klemmbuch Klemmbuch Klemmbuch Klemmbuch
Klemmbuch Klemmbuch Klemmbuch Klemmbuch
Klemmbuch Klemmbuch Klemmbuch Klemmbuch

Klemmbuch Klemmbuch Klemmbuch Klemmbuch
Klemmbuch Klemmbuch Klemmbuch Klemmbuch
Klemmbuch Klemmbuch Klemmbuch Klemmbuch
Klemmbuch Klemmbuch Klemmbuch Klemmbuch
Klemmbuch Klemmbuch Klemmbuch Klemmbuch
Klemmbuch Klemmbuch Klemmbuch Klemmbuch
Klemmbuch Klemmbuch Klemmbuch Klemmbuch
Klemmbuch Klemmbuch Klemmbuch Klemmbuch
Klemmbuch Klemmbuch Klemmbuch Klemmbuch
Klemmbuch Klemmbuch Klemmbuch Klemmbuch
Klemmbuch Klemmbuch Klemmbuch Klemmbuch
Klemmbuch Klemmbuch Klemmbuch Klemmbuch
Klemmbuch Klemmbuch Klemmbuch Klemmbuch
Klemmbuch Klemmbuch Klemmbuch Klemmbuch
Klemmbuch Klemmbuch Klemmbuch Klemmbuch
Klemmbuch Klemmbuch Klemmbuch Klemmbuch
Klemmbuch Klemmbuch Klemmbuch Klemmbuch
Klemmbuch Klemmbuch Klemmbuch Klemmbuch
Klemmbuch Klemmbuch Klemmbuch Klemmbuch

Klemmbuch Klemmbuch Klemmbuch Klemmbuch
Klemmbuch Klemmbuch Klemmbuch Klemmbuch

Klemmbuch Klemmbuch Klemmbuch Klemmbuch
Klemmbuch Klemmbuch Klemmbuch Klemmbuch
Klemmbuch Klemmbuch Klemmbuch Klemmbuch
Klemmbuch Klemmbuch Klemmbuch Klemmbuch
Klemmbuch Klemmbuch Klemmbuch Klemmbuch
Klemmbuch Klemmbuch Klemmbuch Klemmbuch
Klemmbuch Klemmbuch Klemmbuch Klemmbuch
Klemmbuch Klemmbuch Klemmbuch Klemmbuch
Klemmbuch Klemmbuch Klemmbuch Klemmbuch
Klemmbuch Klemmbuch Klemmbuch Klemmbuch
Klemmbuch Klemmbuch Klemmbuch Klemmbuch
Klemmbuch Klemmbuch Klemmbuch Klemmbuch
Klemmbuch Klemmbuch Klemmbuch Klemmbuch
Klemmbuch Klemmbuch Klemmbuch Klemmbuch
Klemmbuch Klemmbuch Klemmbuch Klemmbuch
Klemmbuch Klemmbuch Klemmbuch Klemmbuch
Klemmbuch Klemmbuch Klemmbuch Klemmbuch
Klemmbuch Klemmbuch Klemmbuch Klemmbuch
Klemmbuch Klemmbuch Klemmbuch Klemmbuch
Klemmbuch Klemmbuch Klemmbuch Klemmbuch
Klemmbuch Klemmbuch Klemmbuch Klemmbuch
Klemmbuch Klemmbuch Klemmbuch Klemmbuch

Klemmbuch Klemmbuch Klemmbuch Klemmbuch
Klemmbuch Klemmbuch Klemmbuch Klemmbuch
Klemmbuch Klemmbuch Klemmbuch Klemmbuch
Klemmbuch Klemmbuch Klemmbuch Klemmbuch
Klemmbuch Klemmbuch Klemmbuch Klemmbuch
Klemmbuch Klemmbuch Klemmbuch Klemmbuch
Klemmbuch Klemmbuch Klemmbuch Klemmbuch
Klemmbuch Klemmbuch Klemmbuch Klemmbuch
Klemmbuch Klemmbuch Klemmbuch Klemmbuch
Klemmbuch Klemmbuch Klemmbuch Klemmbuch
Klemmbuch Klemmbuch Klemmbuch Klemmbuch

Klemmbuch Klemmbuch Klemmbuch Klemmbuch
Klemmbuch Klemmbuch Klemmbuch Klemmbuch
Klemmbuch Klemmbuch Klemmbuch Klemmbuch
Klemmbuch Klemmbuch Klemmbuch Klemmbuch
Klemmbuch Klemmbuch Klemmbuch Klemmbuch
Klemmbuch Klemmbuch Klemmbuch Klemmbuch
Klemmbuch Klemmbuch Klemmbuch Klemmbuch
Klemmbuch Klemmbuch Klemmbuch Klemmbuch
Klemmbuch Klemmbuch Klemmbuch Klemmbuch
Klemmbuch Klemmbuch Klemmbuch Klemmbuch
Klemmbuch Klemmbuch Klemmbuch Klemmbuch

Klemmbuch Klemmbuch Klemmbuch Klemmbuch
Klemmbuch Klemmbuch Klemmbuch Klemmbuch
Klemmbuch Klemmbuch Klemmbuch Klemmbuch
Klemmbuch Klemmbuch Klemmbuch Klemmbuch
Klemmbuch Klemmbuch Klemmbuch Klemmbuch
Klemmbuch Klemmbuch Klemmbuch Klemmbuch
Klemmbuch Klemmbuch Klemmbuch Klemmbuch
Klemmbuch Klemmbuch Klemmbuch Klemmbuch
Klemmbuch Klemmbuch Klemmbuch Klemmbuch
Klemmbuch Klemmbuch Klemmbuch Klemmbuch
Klemmbuch Klemmbuch Klemmbuch Klemmbuch
Klemmbuch Klemmbuch Klemmbuch Klemmbuch
Klemmbuch Klemmbuch Klemmbuch Klemmbuch
Klemmbuch Klemmbuch Klemmbuch Klemmbuch
Klemmbuch Klemmbuch Klemmbuch Klemmbuch
Klemmbuch Klemmbuch Klemmbuch Klemmbuch
Klemmbuch Klemmbuch Klemmbuch Klemmbuch
Klemmbuch Klemmbuch Klemmbuch Klemmbuch
Klemmbuch Klemmbuch Klemmbuch Klemmbuch
Klemmbuch Klemmbuch Klemmbuch Klemmbuch

Klemmbuch Klemmbuch Klemmbuch Klemmbuch
Klemmbuch Klemmbuch Klemmbuch Klemmbuch

Klemmbuch Klemmbuch Klemmbuch Klemmbuch
Klemmbuch Klemmbuch Klemmbuch Klemmbuch
Klemmbuch Klemmbuch Klemmbuch Klemmbuch
Klemmbuch Klemmbuch Klemmbuch Klemmbuch
Klemmbuch Klemmbuch Klemmbuch Klemmbuch
Klemmbuch Klemmbuch Klemmbuch Klemmbuch
Klemmbuch Klemmbuch Klemmbuch Klemmbuch
Klemmbuch Klemmbuch Klemmbuch Klemmbuch
Klemmbuch Klemmbuch Klemmbuch Klemmbuch
Klemmbuch Klemmbuch Klemmbuch Klemmbuch
Klemmbuch Klemmbuch Klemmbuch Klemmbuch
Klemmbuch Klemmbuch Klemmbuch Klemmbuch
Klemmbuch Klemmbuch Klemmbuch Klemmbuch
Klemmbuch Klemmbuch Klemmbuch Klemmbuch
Klemmbuch Klemmbuch Klemmbuch Klemmbuch
Klemmbuch Klemmbuch Klemmbuch Klemmbuch
Klemmbuch Klemmbuch Klemmbuch Klemmbuch
Klemmbuch Klemmbuch Klemmbuch Klemmbuch
Klemmbuch Klemmbuch Klemmbuch Klemmbuch
Klemmbuch Klemmbuch Klemmbuch Klemmbuch

Klemmbuch Klemmbuch Klemmbuch Klemmbuch
Klemmbuch Klemmbuch Klemmbuch Klemmbuch
Klemmbuch Klemmbuch Klemmbuch Klemmbuch
Klemmbuch Klemmbuch Klemmbuch Klemmbuch
Klemmbuch Klemmbuch Klemmbuch Klemmbuch
Klemmbuch Klemmbuch Klemmbuch Klemmbuch
Klemmbuch Klemmbuch Klemmbuch Klemmbuch
Klemmbuch Klemmbuch Klemmbuch Klemmbuch
Klemmbuch Klemmbuch Klemmbuch Klemmbuch
Klemmbuch Klemmbuch Klemmbuch Klemmbuch
Klemmbuch Klemmbuch Klemmbuch Klemmbuch
Klemmbuch Klemmbuch Klemmbuch Klemmbuch
Klemmbuch Klemmbuch Klemmbuch Klemmbuch
Klemmbuch Klemmbuch Klemmbuch Klemmbuch
Klemmbuch Klemmbuch Klemmbuch Klemmbuch
Klemmbuch Klemmbuch Klemmbuch Klemmbuch
Klemmbuch Klemmbuch Klemmbuch Klemmbuch

Klemmbuch Klemmbuch Klemmbuch Klemmbuch
Klemmbuch Klemmbuch Klemmbuch Klemmbuch
Klemmbuch Klemmbuch Klemmbuch Klemmbuch
Klemmbuch Klemmbuch Klemmbuch Klemmbuch
Klemmbuch Klemmbuch Klemmbuch Klemmbuch

Klemmbuch Klemmbuch Klemmbuch Klemmbuch
Klemmbuch Klemmbuch Klemmbuch Klemmbuch
Klemmbuch Klemmbuch Klemmbuch Klemmbuch
Klemmbuch Klemmbuch Klemmbuch Klemmbuch
Klemmbuch Klemmbuch Klemmbuch Klemmbuch
Klemmbuch Klemmbuch Klemmbuch Klemmbuch
Klemmbuch Klemmbuch Klemmbuch Klemmbuch
Klemmbuch Klemmbuch Klemmbuch Klemmbuch
Klemmbuch Klemmbuch Klemmbuch Klemmbuch
Klemmbuch Klemmbuch Klemmbuch Klemmbuch
Klemmbuch Klemmbuch Klemmbuch Klemmbuch
Klemmbuch Klemmbuch Klemmbuch Klemmbuch
Klemmbuch Klemmbuch Klemmbuch Klemmbuch
Klemmbuch Klemmbuch Klemmbuch Klemmbuch
Klemmbuch Klemmbuch Klemmbuch Klemmbuch
Klemmbuch Klemmbuch Klemmbuch Klemmbuch
Klemmbuch Klemmbuch Klemmbuch Klemmbuch
Klemmbuch Klemmbuch Klemmbuch Klemmbuch
Klemmbuch Klemmbuch Klemmbuch Klemmbuch
Klemmbuch Klemmbuch Klemmbuch Klemmbuch

Klemmbuch Klemmbuch Klemmbuch Klemmbuch
Klemmbuch Klemmbuch Klemmbuch Klemmbuch
Klemmbuch Klemmbuch Klemmbuch Klemmbuch
Klemmbuch Klemmbuch Klemmbuch Klemmbuch
Klemmbuch Klemmbuch Klemmbuch Klemmbuch
Klemmbuch Klemmbuch Klemmbuch Klemmbuch
Klemmbuch Klemmbuch Klemmbuch Klemmbuch
Klemmbuch Klemmbuch Klemmbuch Klemmbuch

Klemmbuch Klemmbuch Klemmbuch Klemmbuch
Klemmbuch Klemmbuch Klemmbuch Klemmbuch
Klemmbuch Klemmbuch Klemmbuch Klemmbuch
Klemmbuch Klemmbuch Klemmbuch Klemmbuch
Klemmbuch Klemmbuch Klemmbuch Klemmbuch
Klemmbuch Klemmbuch Klemmbuch Klemmbuch
Klemmbuch Klemmbuch Klemmbuch Klemmbuch
Klemmbuch Klemmbuch Klemmbuch Klemmbuch
Klemmbuch Klemmbuch Klemmbuch Klemmbuch
Klemmbuch Klemmbuch Klemmbuch Klemmbuch
Klemmbuch Klemmbuch Klemmbuch Klemmbuch
Klemmbuch Klemmbuch Klemmbuch Klemmbuch
Klemmbuch Klemmbuch Klemmbuch Klemmbuch
Klemmbuch Klemmbuch Klemmbuch Klemmbuch

Klemmbuch Klemmbuch Klemmbuch Klemmbuch
Klemmbuch Klemmbuch Klemmbuch Klemmbuch
Klemmbuch Klemmbuch Klemmbuch Klemmbuch
Klemmbuch Klemmbuch Klemmbuch Klemmbuch
Klemmbuch Klemmbuch Klemmbuch Klemmbuch
Klemmbuch Klemmbuch Klemmbuch Klemmbuch
Klemmbuch Klemmbuch Klemmbuch Klemmbuch
Klemmbuch Klemmbuch Klemmbuch Klemmbuch
Klemmbuch Klemmbuch Klemmbuch Klemmbuch
Klemmbuch Klemmbuch Klemmbuch Klemmbuch
Klemmbuch Klemmbuch Klemmbuch Klemmbuch
Klemmbuch Klemmbuch Klemmbuch Klemmbuch
Klemmbuch Klemmbuch Klemmbuch Klemmbuch
Klemmbuch Klemmbuch Klemmbuch Klemmbuch
Klemmbuch Klemmbuch Klemmbuch Klemmbuch
Klemmbuch Klemmbuch Klemmbuch Klemmbuch
Klemmbuch Klemmbuch Klemmbuch Klemmbuch
Klemmbuch Klemmbuch Klemmbuch Klemmbuch
Klemmbuch Klemmbuch Klemmbuch Klemmbuch
Klemmbuch Klemmbuch Klemmbuch Klemmbuch
Klemmbuch Klemmbuch Klemmbuch Klemmbuch

Klemmbuch Klemmbuch Klemmbuch Klemmbuch
Klemmbuch Klemmbuch Klemmbuch Klemmbuch
Klemmbuch Klemmbuch Klemmbuch Klemmbuch
Klemmbuch Klemmbuch Klemmbuch Klemmbuch
Klemmbuch Klemmbuch Klemmbuch Klemmbuch
Klemmbuch Klemmbuch Klemmbuch Klemmbuch
Klemmbuch Klemmbuch Klemmbuch Klemmbuch
Klemmbuch Klemmbuch Klemmbuch Klemmbuch
Klemmbuch Klemmbuch Klemmbuch Klemmbuch
Klemmbuch Klemmbuch Klemmbuch Klemmbuch
Klemmbuch Klemmbuch Klemmbuch Klemmbuch
Klemmbuch Klemmbuch Klemmbuch Klemmbuch
Klemmbuch Klemmbuch Klemmbuch Klemmbuch
Klemmbuch Klemmbuch Klemmbuch Klemmbuch
Klemmbuch Klemmbuch Klemmbuch Klemmbuch
Klemmbuch Klemmbuch Klemmbuch Klemmbuch
Klemmbuch Klemmbuch Klemmbuch Klemmbuch
Klemmbuch Klemmbuch Klemmbuch Klemmbuch
Klemmbuch Klemmbuch Klemmbuch Klemmbuch
Klemmbuch Klemmbuch Klemmbuch Klemmbuch
Klemmbuch Klemmbuch Klemmbuch Klemmbuch
Klemmbuch Klemmbuch Klemmbuch Klemmbuch

Klemmbuch Klemmbuch Klemmbuch Klemmbuch
Klemmbuch Klemmbuch Klemmbuch Klemmbuch
Klemmbuch Klemmbuch Klemmbuch Klemmbuch
Klemmbuch Klemmbuch Klemmbuch Klemmbuch
Klemmbuch Klemmbuch Klemmbuch Klemmbuch
Klemmbuch Klemmbuch Klemmbuch Klemmbuch
Klemmbuch Klemmbuch Klemmbuch Klemmbuch
Klemmbuch Klemmbuch Klemmbuch Klemmbuch
Klemmbuch Klemmbuch Klemmbuch Klemmbuch
Klemmbuch Klemmbuch Klemmbuch Klemmbuch
Klemmbuch Klemmbuch Klemmbuch Klemmbuch
Klemmbuch Klemmbuch Klemmbuch Klemmbuch
Klemmbuch Klemmbuch Klemmbuch Klemmbuch
Klemmbuch Klemmbuch Klemmbuch Klemmbuch
Klemmbuch Klemmbuch Klemmbuch Klemmbuch

Klemmbuch Klemmbuch Klemmbuch Klemmbuch
Klemmbuch Klemmbuch Klemmbuch Klemmbuch
Klemmbuch Klemmbuch Klemmbuch Klemmbuch
Klemmbuch Klemmbuch Klemmbuch Klemmbuch
Klemmbuch Klemmbuch Klemmbuch Klemmbuch
Klemmbuch Klemmbuch Klemmbuch Klemmbuch
Klemmbuch Klemmbuch Klemmbuch Klemmbuch

Klemmbuch Klemmbuch Klemmbuch Klemmbuch
Klemmbuch Klemmbuch Klemmbuch Klemmbuch
Klemmbuch Klemmbuch Klemmbuch Klemmbuch
Klemmbuch Klemmbuch Klemmbuch Klemmbuch
Klemmbuch Klemmbuch Klemmbuch Klemmbuch
Klemmbuch Klemmbuch Klemmbuch Klemmbuch
Klemmbuch Klemmbuch Klemmbuch Klemmbuch
Klemmbuch Klemmbuch Klemmbuch Klemmbuch
Klemmbuch Klemmbuch Klemmbuch Klemmbuch
Klemmbuch Klemmbuch Klemmbuch Klemmbuch
Klemmbuch Klemmbuch Klemmbuch Klemmbuch
Klemmbuch Klemmbuch Klemmbuch Klemmbuch
Klemmbuch Klemmbuch Klemmbuch Klemmbuch
Klemmbuch Klemmbuch Klemmbuch Klemmbuch
Klemmbuch Klemmbuch Klemmbuch Klemmbuch
Klemmbuch Klemmbuch Klemmbuch Klemmbuch
Klemmbuch Klemmbuch Klemmbuch Klemmbuch
Klemmbuch Klemmbuch Klemmbuch Klemmbuch
Klemmbuch Klemmbuch Klemmbuch Klemmbuch
Klemmbuch Klemmbuch Klemmbuch Klemmbuch
Klemmbuch Klemmbuch Klemmbuch Klemmbuch
Klemmbuch Klemmbuch Klemmbuch Klemmbuch

Klemmbuch Klemmbuch Klemmbuch Klemmbuch
Klemmbuch Klemmbuch Klemmbuch Klemmbuch
Klemmbuch Klemmbuch Klemmbuch Klemmbuch
Klemmbuch Klemmbuch Klemmbuch Klemmbuch
Klemmbuch Klemmbuch Klemmbuch Klemmbuch
Klemmbuch Klemmbuch Klemmbuch Klemmbuch

Klemmbuch Klemmbuch Klemmbuch Klemmbuch
Klemmbuch Klemmbuch Klemmbuch Klemmbuch
Klemmbuch Klemmbuch Klemmbuch Klemmbuch
Klemmbuch Klemmbuch Klemmbuch Klemmbuch
Klemmbuch Klemmbuch Klemmbuch Klemmbuch
Klemmbuch Klemmbuch Klemmbuch Klemmbuch
Klemmbuch Klemmbuch Klemmbuch Klemmbuch
Klemmbuch Klemmbuch Klemmbuch Klemmbuch
Klemmbuch Klemmbuch Klemmbuch Klemmbuch
Klemmbuch Klemmbuch Klemmbuch Klemmbuch
Klemmbuch Klemmbuch Klemmbuch Klemmbuch
Klemmbuch Klemmbuch Klemmbuch Klemmbuch
Klemmbuch Klemmbuch Klemmbuch Klemmbuch
Klemmbuch Klemmbuch Klemmbuch Klemmbuch
Klemmbuch Klemmbuch Klemmbuch Klemmbuch
Klemmbuch Klemmbuch Klemmbuch Klemmbuch

Klemmbuch Klemmbuch Klemmbuch Klemmbuch
Klemmbuch Klemmbuch Klemmbuch Klemmbuch
Klemmbuch Klemmbuch Klemmbuch Klemmbuch
Klemmbuch Klemmbuch Klemmbuch Klemmbuch
Klemmbuch Klemmbuch Klemmbuch Klemmbuch
Klemmbuch Klemmbuch Klemmbuch Klemmbuch
Klemmbuch Klemmbuch Klemmbuch Klemmbuch
Klemmbuch Klemmbuch Klemmbuch Klemmbuch
Klemmbuch Klemmbuch Klemmbuch Klemmbuch
Klemmbuch Klemmbuch Klemmbuch Klemmbuch
Klemmbuch Klemmbuch Klemmbuch Klemmbuch
Klemmbuch Klemmbuch Klemmbuch Klemmbuch
Klemmbuch Klemmbuch Klemmbuch Klemmbuch
Klemmbuch Klemmbuch Klemmbuch Klemmbuch
Klemmbuch Klemmbuch Klemmbuch Klemmbuch
Klemmbuch Klemmbuch Klemmbuch Klemmbuch
Klemmbuch Klemmbuch Klemmbuch Klemmbuch
Klemmbuch Klemmbuch Klemmbuch Klemmbuch

Klemmbuch Klemmbuch Klemmbuch Klemmbuch
Klemmbuch Klemmbuch Klemmbuch Klemmbuch

Klemmbuch Klemmbuch Klemmbuch Klemmbuch
Klemmbuch Klemmbuch Klemmbuch Klemmbuch
Klemmbuch Klemmbuch Klemmbuch Klemmbuch
Klemmbuch Klemmbuch Klemmbuch Klemmbuch
Klemmbuch Klemmbuch Klemmbuch Klemmbuch
Klemmbuch Klemmbuch Klemmbuch Klemmbuch
Klemmbuch Klemmbuch Klemmbuch Klemmbuch
Klemmbuch Klemmbuch Klemmbuch Klemmbuch
Klemmbuch Klemmbuch Klemmbuch Klemmbuch
Klemmbuch Klemmbuch Klemmbuch Klemmbuch
Klemmbuch Klemmbuch Klemmbuch Klemmbuch
Klemmbuch Klemmbuch Klemmbuch Klemmbuch
Klemmbuch Klemmbuch Klemmbuch Klemmbuch
Klemmbuch Klemmbuch Klemmbuch Klemmbuch
Klemmbuch Klemmbuch Klemmbuch Klemmbuch
Klemmbuch Klemmbuch Klemmbuch Klemmbuch
Klemmbuch Klemmbuch Klemmbuch Klemmbuch
Klemmbuch Klemmbuch Klemmbuch Klemmbuch
Klemmbuch Klemmbuch Klemmbuch Klemmbuch
Klemmbuch Klemmbuch Klemmbuch Klemmbuch
Klemmbuch Klemmbuch Klemmbuch Klemmbuch
Klemmbuch Klemmbuch Klemmbuch Klemmbuch

Klemmbuch Klemmbuch Klemmbuch Klemmbuch
Klemmbuch Klemmbuch Klemmbuch Klemmbuch
Klemmbuch Klemmbuch Klemmbuch Klemmbuch
Klemmbuch Klemmbuch Klemmbuch Klemmbuch
Klemmbuch Klemmbuch Klemmbuch Klemmbuch
Klemmbuch Klemmbuch Klemmbuch Klemmbuch
Klemmbuch Klemmbuch Klemmbuch Klemmbuch
Klemmbuch Klemmbuch Klemmbuch Klemmbuch
Klemmbuch Klemmbuch Klemmbuch Klemmbuch
Klemmbuch Klemmbuch Klemmbuch Klemmbuch
Klemmbuch Klemmbuch Klemmbuch Klemmbuch

Klemmbuch Klemmbuch Klemmbuch Klemmbuch
Klemmbuch Klemmbuch Klemmbuch Klemmbuch
Klemmbuch Klemmbuch Klemmbuch Klemmbuch
Klemmbuch Klemmbuch Klemmbuch Klemmbuch
Klemmbuch Klemmbuch Klemmbuch Klemmbuch
Klemmbuch Klemmbuch Klemmbuch Klemmbuch
Klemmbuch Klemmbuch Klemmbuch Klemmbuch
Klemmbuch Klemmbuch Klemmbuch Klemmbuch
Klemmbuch Klemmbuch Klemmbuch Klemmbuch
Klemmbuch Klemmbuch Klemmbuch Klemmbuch
Klemmbuch Klemmbuch Klemmbuch Klemmbuch

Klemmbuch Klemmbuch Klemmbuch Klemmbuch
Klemmbuch Klemmbuch Klemmbuch Klemmbuch
Klemmbuch Klemmbuch Klemmbuch Klemmbuch
Klemmbuch Klemmbuch Klemmbuch Klemmbuch
Klemmbuch Klemmbuch Klemmbuch Klemmbuch
Klemmbuch Klemmbuch Klemmbuch Klemmbuch
Klemmbuch Klemmbuch Klemmbuch Klemmbuch
Klemmbuch Klemmbuch Klemmbuch Klemmbuch
Klemmbuch Klemmbuch Klemmbuch Klemmbuch
Klemmbuch Klemmbuch Klemmbuch Klemmbuch
Klemmbuch Klemmbuch Klemmbuch Klemmbuch
Klemmbuch Klemmbuch Klemmbuch Klemmbuch
Klemmbuch Klemmbuch Klemmbuch Klemmbuch
Klemmbuch Klemmbuch Klemmbuch Klemmbuch
Klemmbuch Klemmbuch Klemmbuch Klemmbuch
Klemmbuch Klemmbuch Klemmbuch Klemmbuch
Klemmbuch Klemmbuch Klemmbuch Klemmbuch
Klemmbuch Klemmbuch Klemmbuch Klemmbuch
Klemmbuch Klemmbuch Klemmbuch Klemmbuch
Klemmbuch Klemmbuch Klemmbuch Klemmbuch
Klemmbuch Klemmbuch Klemmbuch Klemmbuch

Klemmbuch Klemmbuch Klemmbuch Klemmbuch
Klemmbuch Klemmbuch Klemmbuch Klemmbuch

Klemmbuch Klemmbuch Klemmbuch Klemmbuch
Klemmbuch Klemmbuch Klemmbuch Klemmbuch
Klemmbuch Klemmbuch Klemmbuch Klemmbuch
Klemmbuch Klemmbuch Klemmbuch Klemmbuch
Klemmbuch Klemmbuch Klemmbuch Klemmbuch
Klemmbuch Klemmbuch Klemmbuch Klemmbuch
Klemmbuch Klemmbuch Klemmbuch Klemmbuch
Klemmbuch Klemmbuch Klemmbuch Klemmbuch
Klemmbuch Klemmbuch Klemmbuch Klemmbuch
Klemmbuch Klemmbuch Klemmbuch Klemmbuch
Klemmbuch Klemmbuch Klemmbuch Klemmbuch
Klemmbuch Klemmbuch Klemmbuch Klemmbuch
Klemmbuch Klemmbuch Klemmbuch Klemmbuch
Klemmbuch Klemmbuch Klemmbuch Klemmbuch
Klemmbuch Klemmbuch Klemmbuch Klemmbuch
Klemmbuch Klemmbuch Klemmbuch Klemmbuch
Klemmbuch Klemmbuch Klemmbuch Klemmbuch
Klemmbuch Klemmbuch Klemmbuch Klemmbuch
Klemmbuch Klemmbuch Klemmbuch Klemmbuch
Klemmbuch Klemmbuch Klemmbuch Klemmbuch

Klemmbuch Klemmbuch Klemmbuch Klemmbuch
Klemmbuch Klemmbuch Klemmbuch Klemmbuch
Klemmbuch Klemmbuch Klemmbuch Klemmbuch
Klemmbuch Klemmbuch Klemmbuch Klemmbuch
Klemmbuch Klemmbuch Klemmbuch Klemmbuch
Klemmbuch Klemmbuch Klemmbuch Klemmbuch
Klemmbuch Klemmbuch Klemmbuch Klemmbuch
Klemmbuch Klemmbuch Klemmbuch Klemmbuch
Klemmbuch Klemmbuch Klemmbuch Klemmbuch
Klemmbuch Klemmbuch Klemmbuch Klemmbuch
Klemmbuch Klemmbuch Klemmbuch Klemmbuch
Klemmbuch Klemmbuch Klemmbuch Klemmbuch
Klemmbuch Klemmbuch Klemmbuch Klemmbuch
Klemmbuch Klemmbuch Klemmbuch Klemmbuch
Klemmbuch Klemmbuch Klemmbuch Klemmbuch
Klemmbuch Klemmbuch Klemmbuch Klemmbuch
Klemmbuch Klemmbuch Klemmbuch Klemmbuch

Klemmbuch Klemmbuch Klemmbuch Klemmbuch
Klemmbuch Klemmbuch Klemmbuch Klemmbuch
Klemmbuch Klemmbuch Klemmbuch Klemmbuch
Klemmbuch Klemmbuch Klemmbuch Klemmbuch
Klemmbuch Klemmbuch Klemmbuch Klemmbuch

Klemmbuch Klemmbuch Klemmbuch Klemmbuch
Klemmbuch Klemmbuch Klemmbuch Klemmbuch
Klemmbuch Klemmbuch Klemmbuch Klemmbuch
Klemmbuch Klemmbuch Klemmbuch Klemmbuch
Klemmbuch Klemmbuch Klemmbuch Klemmbuch
Klemmbuch Klemmbuch Klemmbuch Klemmbuch
Klemmbuch Klemmbuch Klemmbuch Klemmbuch
Klemmbuch Klemmbuch Klemmbuch Klemmbuch
Klemmbuch Klemmbuch Klemmbuch Klemmbuch
Klemmbuch Klemmbuch Klemmbuch Klemmbuch
Klemmbuch Klemmbuch Klemmbuch Klemmbuch
Klemmbuch Klemmbuch Klemmbuch Klemmbuch
Klemmbuch Klemmbuch Klemmbuch Klemmbuch
Klemmbuch Klemmbuch Klemmbuch Klemmbuch
Klemmbuch Klemmbuch Klemmbuch Klemmbuch
Klemmbuch Klemmbuch Klemmbuch Klemmbuch
Klemmbuch Klemmbuch Klemmbuch Klemmbuch
Klemmbuch Klemmbuch Klemmbuch Klemmbuch
Klemmbuch Klemmbuch Klemmbuch Klemmbuch
Klemmbuch Klemmbuch Klemmbuch Klemmbuch
Klemmbuch Klemmbuch Klemmbuch Klemmbuch